アーカイブズの現在・未来・可能性を考える

歴史研究と歴史教育の現場から

渡辺尚志 編

アーカイブズの現在・未来・可能性を考える——歴史研究と歴史教育の現場から　目次

編者まえがき

歴史学研究の研究蓄積は膨大であり、近年はアーカイブズ学に関する書物の数も増加している。また、歴史学とアーカイブズ学の関係のあり方を問うた研究も少なくない。そうしたなかで、本書は、歴史学をはじめとする各学問分野の研究者の立場から、アーカイブズ（文書館）の現状と未来、あるいはアーカイブズ（記録資料）の新たな利用可能性について論じたところに独自性があるといえよう。

研究者は、アーカイブズ（文書館）の利用者であると同時に、アーカイブズを内外から支える主体でもある。われわれは、そうした立場から、文書館としてのアーカイブズのあり方を考え、また記録資料としてのアーカイブズの新しい活用方法についての議論を提起しようとするものである。さらに、本書には、歴史資料に新たな角度から光を当てた資料研究の成果も収めた。

本書は、三部八章からなる。

第一部「日本前近代史研究とアーカイブズ」は、前近代史研究（近世・近代移行期を含む）における資料利用の新たな可能性を模索したものである。たとえば、第一章では、信濃国松代藩真田家文書という大名家文書のなかに、藩領の村々から提出された大量の「村方文書」が存在することに着目して、大名家文書から村社会を研究するという、新たな資料活用の可能性を提示している。

第二部「近現代の歴史研究・歴史教育とアーカイブズ」の各章では、研究者が実際に資料の調査・整理に携わった経験を生かして、アーカイブズ活用の可能性について具体的な検討を行なっている。アーカイブズ（文書館）において、さまざまな制約のなかで多様な資料をいかに適切かつ迅速に整理するか。記録資料をいかにして散逸の危機から守り、情報を公開しつつ後世に伝えていくか。記録資料を歴史研究・歴史教育にどう活用するか。こうした現場における切実な諸問題を具体的事例に基づいて考察する。

第三部「海外におけるアーカイブズと歴史研究」の各章は、視野を海外に拡げるとともに、それぞれ独自の視点からアーカイブズについて論じたものである。たとえば、第七章は、戦没者の慰霊の空間を「記憶の保管庫」としての広義のアーカイブズと捉えて、そこで想起される記憶の多様性とそれらの交錯について明らかにしている。

以下、各章の内容を簡単に紹介しておこう。

第一章・渡辺尚志「訴訟からみた近世社会の特質」は、信濃国松代藩真田家文書に含まれる訴訟関係資料を用いて、日本近世の武士－百姓関係の特質を追究したものである。近世の基幹的な身分・階級関係は武士と百姓の間の関係であり、その特質の解明は近世史研究の最重要課題である。本章は、百姓が武士（領主）に提起した訴訟を素材に、この課題に迫ろうとしたものである。本章で扱う真田家は、松代（現長野県長野市松代）に城をもつ一〇万石の大名である。同家に伝来した文書は七万二〇〇〇点余の多数にのぼり、全国的にみても質量ともに非常に充実した大名家文書群（大名アーカイブズ）である。

そして、真田家文書の大きな特色は、そのなかに藩領村々から提出された多数の「村方文書」を含んでいることである。大名家文書とは武士が作成した文書だけではないのであり、大名家文書を活用することによって新たな視角からの村落史研究が可能になる。そこでは、村方文書を用いた村落史研究では充分にみえてこない藩側の動向も明らかになってくるのである。本章は、そうした文書群の特性を生かして、大名アーカイブズの新たな活用法を模索する試みといえよう。

第二章・吉川紗里矢「慶応期幕府奏者番における師弟関係と手留管理」は、最幕末に幕府の奏者番を務めた上野国館林藩主秋元礼朝が実施した文書管理方式を明らかにしたものである。奏者番とは譜代大名が就任する役職の一つで、江戸城内での儀礼行為に関わり、とりわけ将軍から大名への下賜品や大名から将軍への献上品を披露するのが重要な職務であった。儀礼行為には確立した様式・作法があり、新任の奏者番は先任者を師範として師弟関係を結び、師範から役職の遂行に必要な文書を借りて書写することによって職務内容を学んでいった。そして、師範から継承した文書のなかでもとりわけ重要なのが、「手留」である。

手留とは、基本的には、奏者番の日記の一日分を抜粋し、そこに江戸城内の座席図を加えたものである。手留を見れば、特定の儀礼がどのように行なわれ、そこで参加者がどのような位置にいたかがわかるのであり、新任の奏者番は手留を携帯し適宜参照しながら、儀礼を支障なく遂行したのである。

秋元家に蓄積された手留は一一七七点の多数にのぼり、それらは簞笥に収められて管理された。手留の目録が作成され、簞笥の引出しにはそこに納められた手留の内容を示す貼紙が貼られた。また、手留には一点ごとに朱筆で内容による分類項目名がメモ書きされ、同内容の手留は帯によって一括された。本章は、こうした手留の管理方法の検討を通して、近世大名アーカイブズにおける文書管理方式の一端を具体的に明らかにしたものである。

第三章・古畑侑亮「明治前期における「好古家」の新聞受容」は、埼玉県比企郡番匠村の「好古家」小室元長を取り上げて、彼が新聞をどのように読み、新聞をめぐって同好の士といかなる関係を結んでいたかを検討したものである。「好古家」とは、「古い事物に対する近世以来の関心を引き継ぎ、収集され記録されてきた膨大な蓄積を背負った人々」(表智之)のことである。古いものを蒐集する「好古家」と、最新の情報を提供する新聞とは一見結びつかないようにみえるが、明治前期の新聞には好古・史蹟に関する記事が載ることも多く、新聞は「好古家」たちの情報蒐集・情報交換の場ともなっていたのである。そこで、新聞記事を通じて、読者と新聞記者、あるいは読者同士の相互関係が築かれ、「好古家」のネットワークが拡がり深まることになった。

本章では、そうした明治前期に特有の新聞受容のあり方が明らかにされている。また、小室元長は、自身が著した随筆のなかに、多数の新聞記事の抜書を収録している。その内容を精査することによって、当時の彼の問題関心や興味の所在にも迫ることができる。本章は、「好古家」のアーカイブズのなかの随筆と、随筆に収められた新聞記事に着目して、随筆という資料のもつ新たな可能性を探ろうとしたものである。

第四章・長島祐基「市民団体（市民アーカイブ多摩）における市民活動一次資料アーカイブズ化の取り組み」は、市民アーカイブ多摩における、「懸樋哲夫氏旧蔵電磁波運動資料」のアーカイブズ化の取り組みについて、当事者の立場から述べたものである。市民アーカイブ多摩は、東京都立川市に二〇一四年四月に開館した施設で、市民の手で運営され、市民運動・社会運動関係資料の収集・保存・公開を行なっている。また、「懸樋哲夫氏旧蔵電磁波運動資料」とは、長年電磁波が人体に及ぼす影響について考え、健康被害防止の取り組みを続けている懸樋哲夫氏が作成・授受・保存してきた資料群である。それが二〇一五年五月に市民アーカイブ多摩に寄贈されたことにより、同施設において目録作成・整理作業が行なわれることになったのである。

作業は現在も継続中であるが、著者はその作業を中心的に担っている立場から、作業の現状と方法、そして今後の課題についてきわめて具体的に論じている。それまで書籍・雑誌といった刊行資料を主に受け入れてきた同施設にとって、「懸樋哲夫氏旧蔵電磁波運動資料」のような一次資料の整理は初めての経験であり、限られた設備・予算のなかで試行錯誤と工夫が重ねられることになった。本章は、アーカイブズ学の整理論を意識しつつも、置かれた状況のなかで最善を尽くそうとする、貴重な実践記録である。

第五章・伴野文亮「一九六〇年代の一橋大学における「大学の自治」論と教職員組合」は、一九六〇年代において、「大学の自治」をめぐって交わされた多様な議論について、一橋大学に焦点を合わせて論じたものである。本章では、文部省・中央教育審議会・国立大学協会といった学外諸機関や、一橋大学の執行部・学生・教職員組合など、さまざまな立場からの発言が取り上げられているが、なかでも教職員組合と職員の組合員の意見を重点的に紹介している点が重要である。

従来の「大学の自治」をめぐる議論においては、教員・学生に比して、職員の声が取り上げられることは少なかった。そこには、職員にあっては、教員の教授会、学生の自治会のような、公的に意思を集約・公表できる場が限られていたという事情もあったろう。そうしたなかで、教職員組合は、職員が声を上げられる貴重な場であったといえよう。著者は、これまで長らく未整理だった一橋大学教職員組合の資料の整理に携わるなかで、職員の肉声が記された資料を発見したのであり、それが本章の貴重な成果だといえよう。本章を第一歩として、教職員組合と職員をも重要な主体として位置付けた、新たな「大学の自治」論、一九六〇年代論、大学論が展開されることを期待したい。一言で「大学の自治」といっても、各主体がそこに込めた意味や求める内容は、微妙に（あるいは明瞭に）異なっていたのであるから。

第六章・関原正裕「歴史教育における史料活用の可能性」は、高校教員の経験が長い著者が、一枚の画像資料を活用して、教員と生徒の対話をつくり出し、知識詰め込み型授業を乗り越えて、生徒が主体的に思考していくような授業をめざした実践報告である。取り上げられるのは、高校三年生の「日本史B」の「満州事変、国民は満州事変をどう見ていたか」という授業である。

この授業で、著者は、一九三一年（昭和六）一〇月四日付の『時事新報』に掲載された漫画を取り上げた。『時事新報』とは、福沢諭吉が一八八二年（明治一五）に創刊した日刊新聞で、取り上げられた漫画は「列国の蔭にかくれて吠える支那」と題されたものである。題名からわかるように、この漫画では、柳条湖事件以降の満州での関東軍の軍事行動を正当化し、他方で国際連盟や英米に日本の非を訴える中国国民政府を揶揄している。本章では、この漫画を活かして生徒との間に対話を成立させた過程がくわしく述べられるとともに、関連するほかの画像資料をも用いて、さらに魅力的な授業を展開し得る可能性についても模索されている。

第七章・新井隆「グアムにおける追悼・慰霊の空間」は、太平洋に浮かぶマリアナ諸島のグアム島に点在するアジア・太平洋戦争の「戦跡」と、そこで営まれる慰霊の行事に注目したものである。著者は、「戦跡」を、そこで戦争の記憶が想起される「記憶のアーカイブ」と捉え、さまざまに想起される記憶のかたちを明らかにしている。

「戦跡」とは、かつてそこで戦闘が行なわれた場所というだけにとどまらず、そこに碑や説明板が建てられ、そこで戦没者の追悼・慰霊行事が挙行されることによって、生者と死者、生者と生者の関係に固有の意味付けが与えられる場となる。同じ「戦跡」で行なわれる追悼・慰霊の行事であっても、主催者・参加者の違いやプログラムの構成如何で、想起される戦争の記憶は変わってくる。行事を通じて、異なる立場の人びとの間で戦争の記憶が「共有」「継承」されることもあれば、参加者一人一人が自らの立ち位置を厳しく問われることもあるのである。本章は、「戦跡」への着目によって、「歴史研究とアーカイブズ」という課題設定によって論じ得る問題の範囲を大きく拡げてみせたものといえるだろう。

第八章・上林朋広「キリー・キャンベルの収集活動から見る歴史意識の変容」は、二〇世紀の南アフリカにおいて、著名なコレクションを形成したキリー・キャンベルの収集活動の軌跡を追究したものである。キリー・キャンベルは、入植者の三世代目として南アフリカで生まれたイギリス系白人女性である。彼女は、南アフリカ、とりわけ彼女が住んだクワズールー・ナタール州の歴史に関する書物・手稿や、アフリカ人の伝統的工芸品などの膨大なコレクション（アーカイブズ）をつくり上げた。それは無秩序・無原則的な収集活動ではなく、彼女は収集するという行為を通じて、南アフリカの歴史を物語る秩序を構成し、そのなかに自分自身を、そして南アフリカに住む人びとを位置付けようとしたのである。

ただし、彼女の歴史意識と政治的立場は、時とともに変化していった。収集活動の開始から一九三〇年代半ばまでは、彼女は南アフリカ主義（イギリス系住民とアフリカーナーとの連帯を重視する立場）を支持していたが、その後彼女はアフリカーナー・ナショナリズムとは距離を置くようになる。それにともなって、彼女の収集活動にも微妙な基調の変化がみられるのである。本章からは、アーカイブズの構築も一つの歴史的な営みであり、しかも現実政治と深く関わる営みなのだということに気付かされる。

以上紹介したように、本書各章は多様な内容を有するが、いずれも歴史を研究する者の立場からアーカイブズについて論じた点では共通している。

本書は、一橋大学大学院社会学研究科において、二〇一三～二〇一五年度に行なわれた授業科目「先端課題研究13　社会科学におけるアーカイブズ活用の可能性」の参加者による共同研究の成果である。この科目は一般の授業科目とは異なり、社会学研究科に所属する複数の教員と院生が一つのテーマを共同で研究するというものである。本科目では、「社会科学におけるアーカイブズ活用の可能性」というテーマを設けて、歴史学をはじめとする各学問分野におけるアーカイブズ（文書館・記録資料）をめぐる議論の現状をふまえて、アーカイブズ（文書館）における収集・整理・保存のあり方の特質と、社会科学におけるアーカイブズ（記録資料）活用の可能性について、多方面からの議論を行なった。具体的には、教員と院生が交互に研究成果を発表したり、全員で施設見学やフィールドワークを実施したりしてきた。本書は、そうした成果を集約し、論文集として刊行するものである。

最後になるが、法政大学出版局編集部の前田晃一氏には、内容に関わるご指摘も含めて、編集作業全般にわたってたいへんお世話になった。ここに記して、厚く御礼申し上げたい。
なお、本書は、一橋大学大学院社会学研究科からの出版助成を得て刊行される。

二〇一六年一〇月

編者

第一部　日本前近代史研究とアーカイブズ

第一章　訴訟からみた近世社会の特質
――信濃国松代藩領を事例として

渡辺尚志

はじめに

近世の基幹的な身分・階級関係は武士と百姓の間の関係であり、その特質の解明は近世史研究の最重要課題である。そこで、本稿では、百姓が武士（領主）に起こした訴訟を取り上げて、武士－百姓関係の特質の一端に迫ってみたい。

本稿で使用する史料群は、信濃国松代藩真田家文書である。真田家は、松代（現長野県長野市松代）に城をもつ一〇万石の大名である。真田家文書は、現在、国文学研究資料館に五万五〇〇〇点余、真田宝物館に一万七〇〇〇点余が収蔵されている。全国的にみても、質量ともに非常に充実した大名家文書群（大名アーカイブズ）であるといえる。そのため、これまでも、歴史学[1]・アーカイブズ学[2]の双方から研究が進められてきた。

真田家文書は、大別して、藩庁各部局において作成・蓄積された支配・行政関係の文書群と、真田家のもとで管理されてきた「家」文書群からなるが、真田家文書の大きな特色は、そのなかに藩領村々から提出された多数の「村方文書」を含んでいることである。したがって、それらを活用すれば、大名家文書を用いて村落史研究ができるわけである。そして、大名家文書を用いることにより、百姓の願いや主張に対する藩庁各部局の対応がわかるという点において、村方文書を用いた研究では充分にみえてこない側面にも光を当てることが可能である。村落史研究の側からする、大名アーカイブズの新たな活用法ともいえよう。

筆者は、こうした視角から、すでに若干の考察を行なってきた。(3) ただし、まだまだ検討すべき素材は数多くあり、またほかの地域をみても同様の視角からの分析事例は必ずしも多くない。(4) そこで、本稿では、新たな事例を取り上げて、近世の武士－百姓関係の特質について若干の論点を提示したい。

なお、真田家文書中に村方から提出された文書が多く存在する要因として、松代藩領には中間支配機構が存在しなかったという点をあげておきたい。松代藩のような一〇万石規模の藩領では、大庄屋・割元等とよばれる中間支配機構が置かれるケースが多く、村方からの願いや訴訟のかなりの部分は彼らによって処理されていた。しかし、松代藩領では大庄屋等が置かれなかったため、村方から直接藩庁各部局に文書が差し出されることになり、それが真田家文書中に多くの「村方文書」が含まれる要因の一つとなったと思われる。文書群（アーカイブズ）のあり方と、それを伝えた組織体（この場合は松代藩）の構造とは密接に連関しているのである。

本稿で取り上げる一件は、信濃国更級郡上五明村《かみごみょう》（五明村ともいう）で起こったものである。上五明村は松代藩領で、千曲川の左岸に立地する。南は松代藩領網掛村《あみかけ》に接し、千曲川の対岸は幕府領坂木村であった。村高は「元禄郷帳」では五四五石余、「天保郷帳」では六五七石余。ただし、文政五年（一八二二）の松代藩の検地では、村高五二三石余、うち田三九〇石余、畑一三二石余であった。天保一〇年（一八三九）には繭仲買人二三人、杏干売買人一五人がおり、特産物にサツマイモがあった。

また、対岸の坂木村は幕府領（中之条代官所支配）で、安永八年（一七七九）の村高一六九二石余、人口二一一三人の大村であった。ただし、坂木村と上五明村の領域は千曲川の両岸に明確に分かれていたわけではなく、千曲川の流路変更にともなって、川の同じ側において地続きで境を接している場所も存在した。

一　争論の発端と争点

本稿で扱う一件は、上五明村の領域内の荒地開発をめぐるものである。この一件は、天保五年（一八三四）一月、上五明村の八郎兵衛・杢右衛門・九郎次（九郎治）の三人が、小前惣代として、次のような願書を内々に道橋方役所（道橋奉行所）に差し出すことによって始まった。

史料1（真田家文書く八七七）(5)

〔端裏付箋〕
「道橋方　一」
〔端裏書〕
「小前惣代願書」

乍恐以書附御内々奉願上候

一当村東先年国役御石積外名所馬場与申所、坂木村与出入仕蒙　御裁許、御境筋相立候時節ゟ茂、千曲川筋之儀者坂木村之方へ突寄、絶水之節茂川並宜敷、右場所凡壱万五千歩茂拾ヶ年以前村方ニて割地仕候得共、大高持人別者鍬入不仕、小高持小前之者共者不残開発仕、小前一同難有仕合ニ奉存罷有候処、田畑自然与多分相成候へハ、大高持之者迷惑之筋ニ罷成候故か、其後村役元より無手入之趣申触候ニ付、無拠開発手入差扣仕候間、当節一統柳立ニ相成、小前之者難渋至極ニ奉存候、依之先年之通割地ニ仕開発之儀、村役元江願立仕候得者、大高持人別之差障ニ罷成候儀ニ附、鍬入差留候程之儀ニ付、願取上申間敷暦（ママ）前之儀ニ付、此段御内々奉願上候、殊ニ近年打続違作ニ付、此上之取続ニ茂罷成候間、何卒右場所　御内見之上開発被　仰附被成下置候様奉願上候、尚又当村之儀者田方多御高五百石計之内、居屋鋪共畑高〆九拾石計ニ而、凡人別六百人余茂御座候間、村面御本田之所江野菜其外品々畑物仕附仕罷有候間、自然与違作之節者扶食差詰り小前之者困窮仕候、依之右場所私共惣代ニ而御願立仕、村方小前難渋者共ニ而開発仕度候間、何卒以　御情願之通被　仰附被成下置候ハヽ、重々難有仕合奉存候、此段幾重ニも御憐愍之　御意奉仰候、以上

上五明村
願人　八郎兵衛
同　杢右衛門
同　九郎治

天保五年午正月

史料1における八郎兵衛らの願いの趣旨は、以下のようなものであった。当村の東側の千曲川河川敷に馬場という所がある。そこをめぐっては以前に坂木村との争いがあり、裁許によって境界が画定された[6]。そこで、当村の領域とされた馬場の土地約一万五〇〇〇歩について、一〇年前に村方で割地を行ない（村人たち

に土地を分割・配分したのである）、銘々がそこを耕地に開発できるようにした。多くの土地を所持する者たち（大高持）は開発を行なわなかったが、所持地の少ない一般百姓たち（小高持小前）はこぞって開発を行なった。

ところが、大高持が小高持の耕地の増加を心よく思わなかったせいか、その後村役人から開発の中止を命じられた。そのため、当該地は現在では柳が生えているだけである。馬場での耕地開発ができないと小前の経営に差支える。しかし、小前たちから村役人に願い出ても、大高持の支障を理由に却下されることは明白なので、今回は村役人をとばして道橋方役所に内々で願い上げるしだいである。近年は不作続きであり、小前たちにとって開発の重要性は増している。凶作の際には食糧難でとりわけ小前たちが困窮するので、当所を小前たちの手で開発したい。どうか当所を検分のうえ、開発を命じてほしい。

このように、八郎兵衛らは、道橋方役所に千曲川河川敷の開発を命じて（許可して）ほしいと願っているわけである。河川敷は上五明村の領域（村の土地）であるが、特定の所持者はいない。村全体のものである。したがって、秩序ある開発を行なうためには、まずそこを区画して個々の村人たちに分配する必要がある。それが割地である。

そして、一度は割地が実施されたのだが、開発をめぐっては大高持と小前との間に温度差があった。大高持はすでに充分な土地を持っているせいか開発には消極的であり、大高持の意向に配慮した村役人によって開発は中止させられた。しかし、小前たちは少しでも所持耕地を増やしたいのであり、その思いは天保の飢饉時の食糧難によってさらに増幅された。そこで、史料1のように、もはや村役人を見限って道橋方役所に直訴したのである。

八郎兵衛・杢右衛門・九郎次の三人は、天保五年二月にも、道橋方役所に内々の口上書を提出している（く八八〇）。そこでは、史料1同様、小前たちによる河川敷開発の許可を願っているのだが、史料1以降の動きとして以下の点が述べられている。

①このほど、道橋方の役人による河川敷の検分があり、(7)こうした場所を開発もせずに放置しておくのはいかがなものかとの内意が示された。なお、この検分は、史料1の提出を受けて実施された可能性が高い。

②この内意を受けて、二月八日に寄合が開かれた。その場で、小前たちは難渋者のみによる開発を主張したが、大高持（大前）は聞き入れなかった。小前たちは、村役人がこの件を取り上げてくれないならば、独自に小前惣代を立てて直接藩に訴え出ると主張した。

③小前たちは八郎兵衛・惣助・勇五郎を惣代に立て、惣代の家に行ってそれぞれ自分たちの意向を伝えた。小前たちのうち、八郎兵衛を頼る難渋者は四三人いた。

④あくまで難渋者による開発を主張したのは小前の一部であり、彼らは八郎兵衛と、新たに九郎次・杢右衛門を惣代に立てた。八郎兵衛は大高持、九郎次は長百姓（他領の百姓代に相当）であった。

⑤小前惣代たち（八郎兵衛・九郎次・杢右衛門）は、柳の植えられているような場所（開発対象地）は道橋奉行の管轄だと考えて、道橋方役所に願い出た。

⑥小前惣代たちは、上五明村は、戸数一四〇軒余、村高約五〇〇石、そのうち畑は六〇石余（史料1には九〇石とあり）で畑が少ないため、五〇石ほどの田に野菜などの畑作物を植えており、凶作の節は食料が不足すると主張している。

⑦大高持は再度割地をする場合には軒別割での分配を考えているが、八郎兵衛たち小前惣代は、それは先年の割地のときと同様、その後開発を中止にする目論見ではないかと疑っており、難渋している小前だけでの開発を願っている。

こうした小前惣代の主張に対して、村役人は次のような願書を道橋方元締に差し出している。

史料2（く八八一）

〔端裏付箋〕
「道橋方三」
〔端裏書〕
「　　　　五明村役人共」

乍恐以書付奉願候

当村御普請所外川除柳立之場所、先達　外　御用向ゟ　御内見分被成下置候上、当時川並宜様ニ相見ひ（ママ）候ニ付、右柳立村方開発等之望人等ハ無之哉之旨　御内意被成下置難有仕合奉存候、右ニ付村中内談仕候所、一統開発之義仕度決着仕候上、割合方之義ニ付、両様之申立ニ相成村役人当惑仕、役人共ニ而精々取調和談一致仕度種々心配仕候処、難渋之ものニ而開発仕度願惣代之もの并右申立候人別不残江理解申候得共、不行届無余義段々　御趣意も御座候ニ付、荒地御掛り様江奉願、何卒村方相治り開発之義茂相成候様奉願候ニ付、此段奉申上候、右御掛り様ニ而御聞済ニも相成、弥開発等ニ茂罷成候ハヽ、尚其節右場所柳伐取之義者当　御役所様江奉願度奉存候、此上幾重ニ茂　御憐愍之程奉願候、以上

天保五午年二月

上五明村
名主　栄五郎㊞
組頭　喜兵衛㊞
長百姓　良助㊞

道橋方
御元〆様

史料2で、村役人は、道橋方役人の開発を促す内意を受けて村中で相談したところ、開発については意見が一致したが、村人たちへの土地の配分方法については意見が分かれたと述べている。これは、先述したところをもふまえると、大高持たちが全戸への軒別均等割を求めたのに対して、難渋している小前たちが難渋者だけへの配分を主張して対立したものと捉えられる。

史料2によると、村役人は、難渋者やその惣代の説得に当たっており、大高持たちの主張に沿って村方の意向をまとめようとしていたことがわかる。しかし、説得工作は成功しなかったため、村役人は藩の荒地掛り（郡奉行所内の役職だと思われる）に、村内の意見を一致させたうえで開発を行ないたい旨を願い出た。そして、その旨を道橋方役所にも報告しているのである。また、荒地掛りの了承を得て開発に取りかかる際には、当該場所に生えている柳の伐採についてあらためて道橋方役所に願い出るつもりだと述べている。

ここでは、村役人が、荒地掛りと道橋方役所の双方に願書を提出していることに注意しておきたい。松代藩の職制において、新田開発は郡奉行所（荒地掛り）の担当、水害防除のために河川敷に植えられた柳の扱いを含む治水や河川管理は道橋方の担当であった(8)。そのため、村役人は、河川敷の開発については荒地掛りに願い出ているのである。そして、開発実現の暁には柳の伐採が必要になるため、あらかじめ道橋方にも報告しているわけである。このように、村役人には、案件によって藩のいずれの部局に申請すればよいか判断できるだけの知識が要求された。

村役人から荒地掛りに出された願書は、真田家文書中に現存している。それが、次の史料3である。

史料3（く八八二）

〔端裏書〕

「午二月　村方開発願　上五明村」

乍恐以書付奉願候

当村御普請所外籾石御上納場所続、先年御趣意有之候ニ付奉願水除柳立ニ仕置候場所、去ル未年奉願柳伐取仕、村方割合開発仕候所、翌申年大水ニ而作毛者勿論地所押堀損地ニ罷成候ニ付、尚亦右場所柳植込無手入ニ仕置候処、当時川並宜敷先年被　仰含之御趣意茂御座候ニ付、可相成御義ニ御座候ハヽ、右場所開発仕度、村中一統及相談、割合之義者彼是勘弁之上、一村軒別割合ニ而開発仕候様申談事候処、別紙人別書立之通百弐拾余人ハ軒別ニ而割合方仕度旨申立、拾余人ハ人別限難渋之もの共ニ而開発仕度旨申立候得者、村中一和御願難申立、何卒熟談一致仕度精々内評取調仕候得共、不行届当惑至極奉存候、人別限ニ而開発相成候ハヽ、此上右大勢之内ゟ茂多分同様ニ申出候ハヽ、一村混雑之基ひと恐入嘆鋪奉存候、何卒格段之以　御憐愍、一村相治り開発之義相成候様奉蒙　御賢慮度奉願上候、幾重ニ茂御慈悲之　御意奉仰候、以上

上五明村
名主　榮五郎㊞
組頭　喜兵衛㊞
長百姓　良助㊞

天保五午年二月
荒地御掛り
御役所

〔下ケ札〕

「本文彼是勘弁と申候義者、右場所先年御料所坂木村与及出入、莫太之諸雑用相掛り、御上様ニ而も厚以　御情被下切、且ハ長年賦等ニ被成下置、右御上納幷他借才覚金返済方等高割ニ而今以出金罷在候得共、今般開発之義者軒別平均ニ割合仕候心得ニ而御座候」

史料3で、村役人は、難渋者のみによる開発を認めると、軒別割を主張している百姓たちのなかからも開発を希望する者が出てくることが予想され、そうなると村内が混乱すると危惧している。そこで、荒地掛り役所に、軒別割による開発を命じてほしいと願っているのである。また、坂木村との訴訟費用を高割で負担しているにもかかわらず、土地は軒別割での分配とすることで、充分小前へは配慮しているとも述べている。

こうした村役人の動きの一方、史料1では、小前惣代は河川敷の開発を道橋方役所に願い出ている。これは、本来なら荒地掛りに願い出るべきもので筋違いのようにも思われるが、道橋方役所の側では願書を受理したうえ検分まで実施している。そこから、河川敷の開発は柳の生えている場所の利用に関する問題でもあり、その意味で道橋方役所にも関わる問題であったことがわかる。複数の部局にまたがる案件だったといえる。少なくとも、小前惣代と道橋方の役人はそのように理解したのであった。ただし、この点はあとで問題になる。

上五明村で上記のような対立が起こっていた時期、村方から願書を上げられた道橋方ではどのような動きがあったのだろうか。史料2が作成された天保五年二月に、道橋方手附の春日安治は道橋奉行所に二通の「口上覚」を提出している。そのうちの一通は、次のような内容である（く八七八）。

春日安治が、上五明村の東側の「柳立之場所」（国役普請によって築かれた土堤と千曲川との間の河川敷）の柳を伐採して耕地に開発しても治水に支障がないかどうか検分したところ、支障はないと判断された。また、当該地所の南は網掛村の領域、東は坂木村の領域だが、いずれもすでに開発されている。よって、道橋奉行所から上五明村に当該地所の開発を命じるなら、村と藩の双方のためになると思われる。

すなわち、この「口上覚」は春日安治による実地検分報告書であり、これが史料2の「御内見分」に該当すると思われる。彼は千曲川の流れ具合や隣接する河川敷の開発状況を見て、上五明村の開発には問題なしとの報告を上げているのである。なお、この「口上覚」には、春日の検分に同行した宮川長太夫と永野長十郎が奥書している。

天保五年二月に春日安治が提出したもう一通の「口上覚」が、次の史料4である。こちらのほうが、後に提出されたものである。宛所はないが、先の「口上覚」と同様、道橋奉行所に差し出されたものであろう。

史料4（く八七九）

〔包紙〕

「　口上覚　　　　御手附

弐　　　　　　　　　春日安治」

口上覚

上五明村分地川辺柳立之場所、内見分被仰渡出役見分仕、先達申上候通、当時開発仕候共川除差障不相成候場所ニ付、村方存意相尋候処、先年指柳被仰渡候場所故銘々開発之儀不申立罷在候旨申聞候付、此上篤与評義いたし存意申聞候様申渡引取仕候、其後徳間村出役向江役人小前惣代之者罷出申聞候者、先達而柳立御見分之儀荒地懸御役所江申立候処、右場所開発之儀者、先年此方ニ而申含請書等も差出置候趣被仰聞候、右ニ付村方評義仕候処、小前ニ而者難渋之者共計ニ而開発仕度旨、大前ニ而者軒別

割ニ可致与申聞、何れ銘々開発者仕度含ニ御座候得共、未熟談仕兼罷在候旨申聞候、此段御聞置被成下候様御内々申上候、以上

二月

御手附
春日安治

史料4から、史料2で述べられていた、村方から荒地掛りへの開発願いが承認されたことと、それが道橋方にも報告されていることがわかる。もちろん、道橋方も開発に異存はない。問題は開発方法である。それについては、春日は上から特定の方法を指示することはせず、村内での評議がまとまるのを待つ姿勢を示している。ところが、先述のとおり、小前と大前（大高持）との間で、難渋者のみによる開発か軒別割かをめぐって意見が対立していたのであった。

また、史料4では、春日が道橋奉行に命じられて内検分を行なったと記されているが、その前段階には史料1のような小前惣代からの内願があったのである。河川敷の開発問題は、藩の発案ではなく、そもそも小前たちの要求から起こったことであった。そして、小前たちはこの問題を村役人任せにはしておらず、史料4にあるように、春日への報告にも村役人とともに小前惣代が出向いて、直接状況を報告しているのである。なお、ここまでの話はすべて内々で進められていることにも注意しておきたい。

天保五年に至るまでの経緯は、別の史料（く八九七）では次のように述べられている（史料3をも参照）。上五明村の字東河原に関しては、先年坂木村（幕府領）との間で争いとなり、幕府の裁許によって村境が定められた。それを受けて、上五明村の領域になった「古高荒所」（古くは高請地であったが、当時は荒地になっていた地所）を、文政六年（一八二三）に村方で相談のうえ開発を願い出た。当該の地所に関しては、坂木村との争論において莫大な訴訟費用がかかっており、その費用は村人たちが惣高割で負担していた。訴訟費用を藩や

その他からの借金で賄い、それを高割で返済していたのである。そこで、当該地所も高割で村人たちに配分すべきところ、大小の百姓を問わず村全体が訴訟費用の負担で難儀していたため、軒割で配分して開発を進めた。ところが、文政六年八月と翌文政七年に洪水が起こり、開発地は荒地に戻ってしまった。そこで、以後の洪水を防ぐために、藩に願って荒地一面に柳を植えた。[9]

その後、文政一三年（＝天保元年）に、郡方（郡奉行所）役人の町田源左衛門・宮原繁之助から荒地の開発を命じられた。そのとき、上五明村では、坂木村の意向を確認したうえで開発したいと返答して、その旨の請書は出したもののすぐには開発に取りかからなかった。[10]

ところが、このたび長百姓九郎次・八郎兵衛（八郎平）・杢右衛門が頭取になり、ほかの一四、五人も仲間に入れて、町田源左衛門らや村役人に断りもなく、道橋方役所に荒地の開発を願い出た。そのため、天保五年二月七日に突然道橋方の役人（手附・元締・立会各一名）が検分に訪れ、村役人に開発の可否について尋ねた。

村役人は即答を避け、従来から当該地所に関わってきた町田源左衛門に事態を報告した。町田は開発を許可し、開発方法については村中で相談するよう指示した。村中で相談したところ、一二〇余人（く八九六によれば一三三名）は先例どおりの軒別割を主張し、九郎次・八郎兵衛・杢右衛門ほか一四、五人（く八九一によれば一八人）の小前は「人別限」（開発を希望する難渋者だけに人数を限定しての開発ということであろう）での開発を主張してまとまらなかった。

町田がさらに村内での評議を命じたため相談を続けるうち、九郎次ら三人は道橋方元締に「人別限」での開発を内々に願い出た。それを聞いた村役人が町田らに報告したところ、町田は九郎次らの行動を心得違いだとしながらも、あくまで村内での意思統一を求めた。

それでも合意は成立しなかったため、一二〇余人の側は連印で軒別割開発の願書を町田に提出した。同時に、道橋方役所にも経緯を報告したところ、道橋方役所は開発を命じる立場にはないとのことであった。そこで、道橋方役所には、開発が許可されしだい柳の伐採を願い出たいと申し上げた。

以上の経緯を記した史料（く八九七）は、明らかに村内多数派（村役人や一二〇余人の側）の立場に立っており、村役人が作成したものと推測される。おそらく、町田源左衛門かその周辺に、内々に差し出したものではなかろうか。藩（郡奉行所）では、こうした非公式の文書もきちんと保存しているのである。そこでは、村内少数派の頭取については、次のように批判的に述べられている（く八九四、く八九五をも参照）。

まず、九郎次について。彼は養右衛門の子だが、文政七年に本家筋の長百姓（永長百姓ともあり）三左衛門の養子になり、翌年三左衛門が死去した後は長百姓の地位と、三左衛門に認められていた所持石高一五石分の諸役免除の特権を継承した。しかし、九郎次は三左衛門家を継いだ後も親の養右衛門方に同居している。そして、実父の養右衛門は長百姓となった九郎次の名代として村役人の寄合に出席していながら、そのほうが都合のいいときは「小前」を称している。

養右衛門のもう一人の子勇八は粂右衛門家を継いだが、勇八も養右衛門と一家同様であり（勇八も養右衛門と同居）、養右衛門・勇八・九郎次の三家は実際には一家同然である。つまり、養右衛門・勇八・九郎次は名目上では三軒の別々の百姓家だが、実際には勇八・九郎次は養右衛門方に同居し、勇八・九郎次の印鑑も養右衛門が管理しているのである。

かように、養右衛門は「強欲強情」であり、九郎次も「強情もの」である。養右衛門は、村の元右衛門が河川敷を開発したが当時は荒地になっていた場所を、天保四年に勝手に再開発した。また、養右衛門・九郎次は、坂木村の領域内の荒地（河川敷）を、上五明村の村人たちの先頭に立って開発し、そこを小作したりしていた（ここから、彼らが河川敷の開発にとりわけ熱心だったことがわかる）。

八郎兵衛（八郎平）は八郎兵衛の子で、多五右衛門の別家であり、上五明村と隣村網掛村に計一六、七石の土地を所持して、相応に豊かな暮らしをしていた。彼も「強情之者」「強情不法之者」「我儘もの」である。

杢右衛門ほか一四、五名の者は、九郎次・八郎兵衛ほどのことはないが、それぞれ「一クセ宛有之候もの」である。なお、杢右衛門は、「人別限」での開発を主張する側の惣代だったが、自らは荒地の配分を希望していない（く八九一、く八九六）。[11]

二　争論の展開と結末

それでは、その後の展開をみていこう。天保五年三月三日に、九郎次・杢右衛門・八郎兵衛は道橋方役所元締に次のような願書を提出している。

史料5（く八八三）
〔端裏付箋〕
「道橋方四」

乍恐以書付奉願上候

一先月七日当村東川式柳立之場所、上徳間村　御出役向ゟ御手附様　御元〆様　御立会様　御出役被成下置処、右様之場所捨置候者如何哉之旨　御内意有之候ニ付、村役元へ大小一同打寄相談仕候処、小前難渋之者共願候者、大高持之御方御勘弁之上難渋之者計ニ開発為致候様頼入候、尤開発致候上者御収納作得之儀者、村方江取上宜敷取計呉候様頼入候得共、大前之者共聞入無御座、然処拾ヶ年以前割地仕候例ニ此度茂割地致度含ニ而難渋之者之頼茂聞入不申含ニ茂奉存候間、私共ヲ惣代ニ相頼候ニ付、小前難渋者之為取続ニ仕度御内々御願申上候処、村方ニ而者町田源左衛門様方江割地ニ而開発仕度御願立仕候、依之私共ニ町田様ゟ御尋有之由御触到来仕早々罷出候処、九良治儀者長百性乍相勤如何相心得候而道橋方様江御願仕候哉与蒙　御尋、其上人数限ニ而開発致度由、右二ヶ條答書差出候旨被　仰渡候ニ付、左之通り申上候

一当村柳立之場所開発之儀ニ付蒙　御尋候処、川式柳立之儀者八ヶ年以前差柳仕候節茂、道橋方様江御願立仕差柳被　仰付候場所ニ御座候得者、道橋方様御持地与奉存、柳伐取其上開発仕度旨御内々申立仕候儀ニ御座候、是迄難渋之者開発仕度由御願立仕呉候様、年々村役元江申出候得共、聞入無之打捨罷在候、然処当正月十一日ニ茂大小一同相談致野山開発致候様相談決着仕候故、河原柳立之場所茂開発致度由役元江小前之者共願候得共、取上無御座候故ニ付、私共惣代ニ相頼候儀ニ付惣代ニ罷出候、小前之儀者開発致候上者御収納作得者村方江取上宜敷取計へ呉候様頼入候得共、聞入無御座、殊ニ極難渋之者取続ニ茂相成候儀ニ付、任頼惣代罷出御内々御申立仕候儀ニ御座候、此段　御尋ニ付有躰御答申上候、以上

右之通り御答書差上候得者、此書面手続計ニ有之、柳之儀ハ道橋方支配、地所者御郡方之支配筋違之願立、九良治義長百性ニ而乍罷有地所者何方之御支配ニ候哉、答書差出候与被　仰候

此段川原開発之儀ニ付、惣代被相頼申立仕候儀ニ付、長百性相勤罷有地所儀如何相弁道橋方様江御内々申立候哉与蒙　御尋候処、川式柳立ニ御座候得者　道橋方様御持場与相心得御内々申立仕候、川式柳立之外者　御郡方様御持場与奉存候、右之外何ニ而茂相心得候儀無御座候、此段御尋ニ付有躰御答申上候、以上

右之通り差上候得者、長百性ニ而　道橋方江願立仕候者筋違候、殊ニ先年長百性頭立小前惣代ニ而開発可致書面差出、其上寅年ニ茂三役人ニ而右様之書面差出置候上ニ而、此度如何相心得　道橋方江

申立候哉之旨、細々蒙御尋候間、右書面之儀先年役人ニ而差上置候儀者申送り茂無御座、河式柳立之儀者　道橋方様御持場与而已相心得御申立仕候与申上候得者、開発之儀者此方、柳之儀　道橋方、九良治義長百性ニ而道橋方江申立候儀者筋違ニ有之間、心得違之書面差出候様被　仰渡候得共、右柳立之場所全御郡方様御持場与者不存御内願仕候儀を筋違ニ無之候ハヾ、筋違願立ニ者無之段答書可差出候、左候得者　御奉行所江其段申立候上者蒙　御咎ヲ候而茂宜敷候ハヾ、右之書面可出候与被　仰渡候間、筋違之御願立仕恐入候段御答書差出候得者、蒙　御咎ヲ奉恐入候、川式柳立者道橋方様御持場与御答書差上候得者、蒙　御咎可申与難渋至極ニ奉存候間、明四日迄御日延仕置、此段以　御情御勘弁之上、幾重ニ茂御申立相成候様御賢慮之御内意被成下置候様、一重ニ　御憐愍之御意奉仰候、以上

天保五午三月

上五明村
九良治㊞
杢右衛門㊞
八郎兵衛（爪印）

道橋御役所
御元〆様

史料5からは、以下の経緯がわかる。先述したように、天保五年二月に、一二〇余人の側は連印で軒別割開発の願書を町田源左衛門に提出した。それを受けて、町田は九郎次・杢右衛門・八郎兵衛を呼び出して、九郎次は長百姓を務めていながら、どういうつもりで道橋方役所に開発を出願したのか、またなぜ「人別限」での開発を望むのか、と問いただした。

九郎次らは、①八年前（文政八年か）に柳を植えたときも道橋方役所に願い出たので、そこは道橋方役所の管轄地だと考えて、今回も道橋方役所に開発を内願した、②難渋者の生活維持のため彼らによる開発を希望したが、何度頼んでも村役人が藩に取り次いでくれないため、自分たちが惣代になって願い出た、と返答した。

すると、町田から、柳は道橋方（道橋奉行所）の支配、地所は郡方（郡奉行所）の支配であり、地所の開発は郡方へ願い出るべきところ、筋違いの道橋方に願い出たのはどういうことか、九郎次は地所をどこの役所の管轄だと心得ているのか、と再度尋ねられた。

そこで、柳の生えている場所は道橋方の管轄、それ以外の柳の生えていない河川敷は郡方の管轄だと理解している旨を返答したところ、町田は、文政一三年には村役人らから町田らに開発に関する書面（注(10)参照）を提出しておきながら、今回はどういうつもりで筋違いの道橋方に願い出たのか、と詰問した。

九郎次らが、文政一三年の件は申し送りがなかったと答えると、町田は九郎次に、心得違いをした旨の書面を提出するよう求めた。そして、筋違いだと思っていないなら、処罰を覚悟でその旨の書面を出すがよいと恫喝した。そのため、九郎次らは、筋違いであったことを認めても、「川式柳立」（柳の生えている河川敷）は道橋方の管轄だという主張を続けても、どちらにしても処罰されるかもしれないという窮地に立たされてしまい、道橋方元締に助けを求めているのである。

史料5に対して道橋方元締から何らかの指示があったかどうかは不明だが、天保五年三月五日に九郎次は町田源左衛門に心得違いを詫びる一札を差し出している（く八八五）。三人の小前惣代のなかでも、長百姓であることを理由に、町田からとりわけ厳しく叱責された九郎次は、単独で詫書を提出せざるを得なかったのであろう。

そして、九郎次は同月に、町田に詫書を提出したことを道橋方役所に報告するとともに、史料5の内願は聞き流してほしいと願っている（く八八四）。これ以上道橋方役所に縋ることは諦めて、町田に謝罪することで事態を収束させようと考えたものと思われる。

一方、同じく天保五年三月に、九郎次の実父養右衛門は、上五明村の重吉・勝良治（勝郎次）・良右衛門とともに、郡方での吟味筋ありということで、手鎖のうえ松代城下の町宿である紺屋町伝右衛門方に預けられた[12]。四月一日には、養右衛門が勝手に手鎖を外したことが発覚し、それに対する詫びと執り成しを願う一札を、養右衛門および彼の親類・組合、村役人、町宿が、町宿預けの状況検分に来た郡方手附二名に差し出している（く八八八）。

さらに、天保五年四月には、上五明村の源左衛門が藩にも村役人にも無断で、川原を耕地に開発していたことが発覚し問題化した。それを示すのが、次の史料6である。

史料6（く八八九）

〔端裏書〕

「弐　上五明村　源左衛門一条」

乍恐以書付御訴奉申上候

当村東河原開発場之義段々奉願候処、今以　御調中ニ御座候所、今日村方ゟ申送候者、右御願仕候場所之内、坂木村割地近辺之内少々宛四五箇所誰人歟切発シ仕候段見届申送候、然処当村源左衛門義昨日私曲養右衛門組合惣代代り合之趣ヲ以参り居、同人江少々心当り之筋有之候ニ付、右場所手入仕候段相尋候処、同人申聞候者、私儀者畑地抔茂所持不仕候ニ付手入仕候段相答候、乍然御内々ニ致呉候様申聞候得共難打捨置、此段奉　御訴候、右場所　御調中ニ右様之始末御座候而者難相済義ニ付、

乍恐源左衛門被　召出　御吟味被成下置候様奉願上候、此上幾重ニ茂御慈悲之　御意奉仰候、以上

上五明村
名主　栄五郎㊞
組頭　喜兵衛㊞
長百性　良助㊞

天保五午年四月

町田源左衛門様

史料6にある通り、源左衛門は、河川敷の開発問題が未決着であるにもかかわらず、坂木村との境に近い場所で四、五か所の耕地開発を勝手に行なっていた。源左衛門が自分は畑地を所持していないので河川敷を開発したと認めたため、村役人が町田源左衛門に源左衛門の吟味を願っているのである（く八八九）。

なお、このとき村役人は別件（後述する役代一件）での養右衛門らの吟味に関わって松代城下に来ていた。村役人は城下で村方からの注進を受けて源左衛門を問いただし、その結果を町田に報告しているわけである。源左衛門の行為は、村方での合意や藩の許可を得ないフライングであり、かつ村境近辺での開発は坂木村との争論を再発させかねない危険なものであった。だからこそ、村役人は事態をすぐさま町田に訴え出たのである。

源左衛門自身は、四月二一日に、次のような内容の口書を村役人に差し出している（く八八六）。それによると、源左衛門が川原の開発を考えるようになったきっかけは、天保四年秋の勝郎次との会話であった。そのとき二人は、お互い難渋しているので、村の東の川原を開発したいものだと話し合った。その後、天保五年一月に、九郎次らが道橋方役所に開発を願い出たとき、源左衛門は仲間に加わりたいと申し出た。しかし、

二月上旬の道橋方役人の検分の後で開かれた村寄合の際には、一転して村全体での軒別割開発という主張に賛同した。村の多数が村全体での開発を主張したことと、当時小前惣代だった勇五郎・惣助が、惣右衛門分の割地を源左衛門がもらえるように取り計らうと言ったことが、源左衛門が意見を変えた理由であった。

ところが、二月中旬に、難渋者のみによる開発を主張する頭立《かしらだち》（村役人を補佐して村運営に参画する役職）小兵衛や八郎兵衛から「裏返り者」（裏切者）と嘲笑されたことをきっかけに、源左衛門は再度小兵衛らの仲間に戻ることになった。その際、杢右衛門宅で、小兵衛から「融通帳」と表紙に記された帳面の、長い前文（具体的内容は不明）を読み聞かされたうえ、連印の箇所に爪印を捺した。その後、源左衛門が、開発の件に進展がないことに焦れていたとき、養右衛門から「其元（源左衛門）ト我等（養右衛門）ハあの河原ニ命ヲ掛候河原ニ御座候、夫ゟ其元ハ段々引続難渋故開発致度候ハヽ、被致よ」と言われたので、開発に着手した。しかし、今は心得違いに気付いたので、藩への執り成しを村役人に頼むと述べられている。

以上の口書の内容で注目すべきは、次の三点である。

①養右衛門らのグループは、おそらく要求の趣旨等を記した長い前文をもつ「融通帳」（連印帳）を作成して結束を固めている。

②養右衛門が源左衛門に、「其元ト我等ハあの河原ニ命ヲ掛候」と言っているように、彼らは新たな耕作地の獲得と、それによる難渋からの脱却を強く望んでいる。耕地開発と農業経営の拡大による生活の安定化を目指しているのである。

③この口書のような村役人宛の文書（印が捺されており原本である）も、真田家文書中に保存されている。おそらく、村役人が藩（郡奉行所）に提出したのであろう。ここから、藩（郡奉行所）は一件の関連文書を、宛所の別なく一括保存しようとしていたことがわかる。

一方、上五明村の村役人は、四月二五日に、二通の文書を郡奉行所に提出している。そのうちの一通を、次に示そう。

史料7（く八八七）

〔端裏書〕
「四
午四月廿五日坂木村分地養右衛門開作之事　上五明村役人」

乍恐以書取奉伺候

先年御料所坂木村与及地論、数年来之間御上様　御苦脳《ママ》ニ罷成、莫太之諸雑用金相掛り以　御情頂戴切、又者長御年賦等ニ被成下置、種々　御厚恩頂戴仕候得共、村方必至与難渋困窮ニ罷成、一同当惑仕罷在候、右場所之義茂夫々　御裁許之上御境立被成下置、当時坂木村進退ニ被　仰付候場所開発仕候趣、追々承知仕、右様之義仕出し候ニ村役元江茂一向沙汰不仕、年来相手方ニ罷成難渋仕候、御他領之者共江右様之規定仕候段、於村方ニ一同心外至極ニ奉存候、右場所ニ付此上何様之異変可指起哉難計、後難之程村方一同心配仕罷在候、右之義茂此度被　召出候養右衛門抔頭取仕候様ニ一同承知仕候、村役人ニ而差留仕度候得共、御他領江相懸り候義、殊ニ強情者故村役人ニ而穿鑿致兼迷惑仕罷在候、乍恐奉蒙　御賢慮、坂木村江返地仕、村方之者以来右場所江手入不仕候様被仰付被成下置度奉願上候、且亦当村御高地之義茂村方ニ而者作り余り上平村江相頼ミ多分之小作入仕置候程之義、然処右様御他領之地面迄開発仕候得者、自然与村方之御高地手入養等茂行届兼可申哉与是亦迷惑至極ニ奉存候、此上幾重ニ茂以　御情奉蒙　御内意度奉願上候、以上

上五明村

名主　栄五郎㊞
組頭　喜兵衛㊞
長百性　良助㊞

天保五午年四月

御郡御奉行所

史料7から、養右衛門ら一部の村民が、村役人に断りもなく、坂木村が進退する河川敷の土地を開発していることがわかる。史料7に「御他領（坂木村）之者共江右様之規定仕候」とあるところからすると、この開発行為は坂木村の許可を得たうえでのことだったようである。「年来相手方ニ罷成」といった表現からは、養右衛門らがむしろ坂木村側と気脈を通じて、上五明村の村役人と対抗している状況を読み取ってよいのではないか。自村分の河川敷が開発できないのなら、坂木村分の河川敷を開発するという姿勢である。

しかし、こうした養右衛門らの行為は、村役人や多くの村人たちにとっては「心外至極」なものであり、坂木村との再度の争論の火種になりかねないものと思われた。また、当時上五明村には手余り地があり、他村の者に小作を頼んでいるような状況だったので、坂木村分の土地の開発は上五明村の高請地の耕作をさらに不充分なものにしかねないと危惧された。だが、養右衛門は「強情者」なので、村役人の手には負えない。そこで、郡奉行所から養右衛門らに、坂木村分の開発地を同村に返し、以後上五明村の者が坂木村分の土地を開発しないよう命じてほしいと願っているのである。ここからは、養右衛門らが坂木村と結んで、上五明村の村役人と対立しているという構図がみえてくる。

別の文書（く八九〇）では、村役人はこの点について、「先年及出入　御裁許之上当時坂木村進退地ニ被仰付候場所、右村之者共江同腹仕、小作地ニ引請開発仕候義、出入以前ゟ馴合罷在候哉、乍恐村方一同心外至極ニ奉存候」と述べられている。

四月二五日に、上五明村の村役人が郡奉行所に差し出したもう一通の文書では、養右衛門と二人の男子勇八・九郎次の行状に関して、前述した史料（く八九七）とほぼ同内容のことを記したうえで、彼らの行為は「一村可覆巧」であり、「御上様御苦悩」となり、「困窮之御百姓一同」にとっては「難渋至極」であると述べられている。そして、以後は、養右衛門が九郎次の名代として村役人の会合に出席することを禁止し、勇八・九郎次を養右衛門と別居させ、印鑑も別々に所持するよう命じてほしいと願っている。

その後しばらくの間の状況は、史料が残っておらず不明である。そして、かなり間をおいて、一〇月（天保六年カ）作成の次の史料が真田家文書中に残っている。

史料8（く八九三）

〔端裏書〕
「上五明村開発場之義ニ付申上」

上五明村
九郎治
杢右衛門
八郎兵衛

右之者共、上五明村東千曲川辺坂木村境続砂溜之場所開発仕度趣道橋方江願出候ニ付、元〆其外手附ニ而見分仕候由ニ付、村役人ゟ其段私共江申出候処、元来右場所者先年開発之義申渡割地仕開発手初仕候処、出水ニ而作土押流候ニ付、無余義柳立為仕置候処、近年土砂相溜、猶又開発ニも可相成所、坂木村境筋先年出入ニ相成候場所之内、網懸村字海老嶋辺ゟ開発手初為仕候付、右場所荒々出来之上者、手初可仕趣申含罷在候所、右之者共道橋方江願出、手違之趣ニ而村内混雑仕候付、右惣代之者共江相尋候所、九郎治義者元来長百姓之義ニ付、先年有地改之節夫々受書差出、其後も見分之節書面差出置候義を村役人頭立等江も申談不仕、道橋方江願出候之義者如何之心得哉之旨相尋候所、心得違之取計仕奉恐入候段書面差出申候、然ル所右九郎治義者元来村方ニ而も不宜者ニ而、色々村内混雑為仕、役人頭立迷惑仕候段、別紙之趣申出候、一躰九郎治義者小前養右衛門子ニ而、長百姓三左衛門養子相成、二男勇八義者同村粂右衛門跡目相続仕、当節両家共養右衛門方江持込、父子三人三判所持仕三家一家ニ相成、折節村役元寄合之節親養右衛門小前ニ而子九郎治名代与号役場出席仕、都合宜節者勝手次第之義申出、都合悪敷節者小前之趣等申出、村役元混雑趣、其上村内混雑之義を相好甚以迷惑之趣申聞候、依之右之者共被召出、右願方一条心得違之趣御取調被成下、右開発場村役人江取計方被仰付候様、其上九郎治父子取計方不宜趣御糺被成下候様仕度奉存候、此段御内々申上候、以上

十月

〔下ケ札〕

「九郎治午年如何之書面出しいつれニ右書付有之哉、此段者九郎治不埒至極、杢右衛門、八郎兵衛ハ不埒之筋も無之哉、九郎兵衛（九郎次カ）末条之不埒ハ別段之咎申付候ものか」

史料8は作成者・宛所をともに欠いているが、内容から町田源左衛門が上役（郡奉行カ）に提出したものと思われる。史料8で、町田は、村役人側の主張を踏まえて、[13]河川敷の開発については村役人に取り計らわせることと、養右衛門・九郎次父子の心得違いの取り計らいを糾明することが望ましいと、内々に上申しているのである。

これに対して、上役は下ケ札で、天保五年に九郎次が差し出した書付の所在を尋ねるとともに、「九郎治不埒至極」との判断を示している。また、杢右衛門・八郎兵衛についても、不埒の有無について尋ねている。

この一件に関して現存する最後の文書は、天保六年一〇月のものである（く八九五）。これは、養右衛門・九郎次・勇八の親子三人から郡奉行所に差し出された答書で、名主八左衛門・組頭多五右衛門・長百姓栄五郎が奥書している。この文書は、郡奉行所から、九郎次・勇八がそれぞれ他家を継ぎながら、今もって実家の養右衛門家に同居している理由を尋ねられたことへの返答書であり、次のような弁明がなされている。

九郎次は、文政八年に三左衛門家を継いだときはまだ幼少であり、また三左衛門家は困窮して家も破損していた。そこで、三左衛門の家を養右衛門の屋敷地に引き移して物置にし、九郎次は養右衛門と同居していた。しかし、こうしたことは藩の許可を得て行なうべきであり、また九郎次の経営が立ち直るまでは長百姓役の休役を願うべきであった。それをしなかったのは不行き届きであり、申し訳ない。九郎次の経営が好転し家作が出来上がるまでは、長百姓を休役させてほしい。

一方、勇八が養子に入った粂右衛門家は屋敷高一斗八升四合を所持するだけで、家も破損していた。そして、勇八が養子に入ると、粂右衛門は坂木村の親類の元に引っ越し、さらには江戸に出て、天保四年に病死した。勇八は経営が苦しく、近年の不作もあって、家作の再建もままならない。しかし、一、二年のうちには再建したい。

以上のように、九郎次らは、親子三人の同居が心得違いであったことを詫び、郡奉行所の「御慈悲」「御情之御意」を願っている。また、村役人は、九郎次らの弁明と謝罪を聞き届けたうえで奥書している。

これ以降の推移を示す史料が残されていないため、最終的な決着の仕方は不明なのだが、ここまでの流れからすると、養右衛門らの主張は退けられ、村役人らの主張する方式で開発が認められたものと思われる。ただし、実際に開発が進められたかどうか、進められたとしてどの程度の成果が上がったのかは不明である。

ところで、以上の一件が起こった天保五年には、上五明村で「団右衛門役代一件」と称される今一つの一件がもちあがっていた。[14] 役代とは、村人のなかから選ばれ、他村からの入作人に代わって入作地(他村の者の側からすれば出作地である)の管理をし、そこに課される諸負担を入作人に代わって務める存在である。また、団右衛門は、坂木村の名主を務める有力百姓であり、天保五年時には上五明村に二三石余の土地(入作地)を所持して、上五明村の者に小作させていた。この入作地の管理方法をめぐって、団右衛門と上五明村が争ったのが「団右衛門役代一件」である。

天保五年三月に、上五明村の村役人・永長百姓・頭立惣代・小前惣代らは、代官所に対して次のように述べている。団右衛門の上五明村における所持地に関しては、古来より「村役元」=名主が役代を務めてきた。ところが、天保五年二月に、団右衛門が、今年は自分の小作人らに役代を務めさせたいと言い出し、三月には小作人のうち四人(重吉・勝郎次・勇八(ほかの史料では養右衛門)・良右衛門)を「役代引請人別惣代」(役代の代表、ほかの史料では「役代」とも記されている)にしたので、以後の入作地への役賦課については彼らに命じてほしいと言ってきた。「役代引請人別惣代」のほか四、五人の小作人(小兵衛・兵左衛門・金作・庄松ら)は役代になることを承諾したが、それ以外の六人の小作人はすぐには承諾しなかったところ、団右衛門は彼らの小作地を取り上げると恫喝した。六人の小作人の訴えを受けて、村役人らは団右衛門に「是迄之仕来り、村方郷法」を守るよう求めている。

この件で養右衛門は「小作人之内弁別之者」とされている(く九〇九)。彼は、団右衛門に言われて、一度は難色を示したものの、結局は役代を引き受けている。この一件が団右衛門のイニシアティブによって起こされたものであることは確かだが、養右衛門がそれに呼応して役代の惣代を引き受け、ほかの小作人たちの説得に当たっていることも事実である。また、勝郎次・良右衛門・小兵衛・兵左衛門・庄松は、河川敷開発に関しては養右衛門の側に付いている。すなわち、「団右衛門役代一件」で村方と対立したメンバーは、河川敷開発一件で村役人らと対立したメンバーと、かなりの程度重複しているのである。

この一件は、天保五年六月に済口証文が作成されて解決しているが、そこでは役代はこれまでの仕来りどおり「村役元」＝名主が務めることとされた。村側の主張が認められたのである。小酒井大悟氏は、「この対立は、換言すれば、役代を掌握し、自分の出作地への権限を強化しようとした地主と、これを拒否し、村外地主の出作地に関与しようとし続ける村の対立といえよう。結局、地主団右衛門の計画は失敗に終わった。地主団右衛門は、上五明村側の抵抗に遭ったため、出作地の役代を変更することができず、役代を通じた名主・地元村の関与を制限することはできなかったのである」と評価している（注(14)小酒井論文一六一～一六二頁）。

おわりに

ここで、本稿で明らかにした点をまとめておこう。

①この一件は、河川敷の耕地開発をめぐるものであったが、開発の推進自体については、上五明村の多数派（村役人と大高持ら）・少数派（難渋の小前ら）、藩の郡奉行所・道橋方役所とも異存はなかった。問題は、河川敷の土地の村民への分配方法如何と、藩の許可を得る際の手続きの進め方、そして坂木村との摩擦の回避であった。

②この件に関する藩内の所管部局としては、郡奉行所と道橋方役所（道橋奉行所）が存在した。開発自体は郡奉行所の管轄、開発対象地に生えている柳の伐採（ひいては千曲川の治水）に関しては道橋方役所の管轄だったのである。文政期以来、村では郡奉行所から開発についての許可や指示を受けていた。村役人－郡奉

行所ルートで開発の話が進められていたのである。それに対して、村役人と対立する少数派の側は、道橋方役所に開発を出願した。従来の村役人－郡奉行所ルートとは別の、少数派－道橋方役所ルートを新設することで、自分たちの主張を実現しようとしたわけである。

少数派が本当に従来からの経緯や、藩内各部局の守備範囲について無理解だった可能性もあるが、本稿では養右衛門・九郎次らがそれらを承知のうえで、あえて道橋方役所に出願するという戦術を選択したという可能性を指摘しておきたい。複数の部局にまたがる案件というのはままあるものであり、養右衛門らがその境界性を巧みに利用したとも考えられるのである。[15]

③しかし、こうした少数派の戦術は、結局功を奏することはなかった。その理由としては、郡奉行所と道橋方役所との力関係があげられる。人員配置等の面で、郡奉行所の影響力は、道橋方役所のそれを凌駕していたのである。[16] そのため、途中から、道橋方役所はこの一件から手を引くことになる。

今一つの理由として、村民の多数が村役人側を支持したことがある。村外・村内の双方の力関係が相まって、少数派の要求は実現しなかったと思われる。

④郡奉行所と道橋方役所はその権限の範囲をめぐって微妙な関係にあったが、郡奉行所は直接道橋方役所を批判することはせず、道橋方役所を頼った村内少数派の惣代の責任を追及した。あくまで、藩庁内部は一枚岩でそこに対立はなく、一件の責任は訴え出る先を間違えた百姓の側にあるという姿勢をとったのである。武士に誤りはなく、謝罪すべきは百姓の側であるというのが、身分制社会の建前であった。

⑤この一件は、正式の裁判ではなく、一貫して内々の吟味によって処理された。非公式のやりとりによって処理される案件が多かったことが、近世の武士－百姓関係の一特質だといえる。藩にとっては領内村々がたとえ表面上ではあっても平穏無事に治まっていることが重要であり、そのため村内対立はできるだけ内々に処理しようとした。そして、村側もそうした藩の志向性を充分承知したうえで行動していたのである。

⑥養右衛門ら少数派は、河川敷の開発で耕作地を増やすことによって、経営の改善を図ろうとしていた。また、坂木村領の土地まで開発したり、団右衛門の役代となって小作地経営を安定させたりしようとするなど、土地と農業への強い執着をみせている。村役人とは対立しつつも、村や農業に依拠して暮らしていこうという姿勢においては、ほかの村人たちと同様だった。

⑦ただし、養右衛門らは、自分たちの要求を実現するために、坂木村の者と「同腹」し「馴合」ったり、坂木村の団右衛門に従うことで、村内における数的劣勢を挽回しようとしている。このように、隣村と連携することで、村内の対立で優位に立とうとした点に、彼らの戦術の特徴があった。

⑧養右衛門らの、隣村と結びつき、また村役人を飛び越えて道橋方役所に願い出るといった行動は、彼らの「強情者」「一クセ宛有之候もの」という個性によるところが大きい。彼らのような人格類型が村々において台頭し、それが従来の村落秩序を動揺させていたところに、一九世紀における松代藩地域の特徴をみることができる。[17]

⑨しかし、一方で、養右衛門らが村内では多数派になれず、彼らの要求も最終的には通らなかったと思われる点にも留意する必要がある。「団右衛門役代一件」にみられる村外地主の権限強化の動きや、村外と結んだ「強情者」の主張は、村内多数派すなわち村全体の意向を覆すほどの力はもたなかったのである。「強情者」の従来の仕来りを破る行動によって揺れる村と、それにもかかわらず村民の多数意志によって集団としてのまとまりを維持する村、この両面を一九世紀の村のあり方として、ともに重視することが肝要である。

⑩アーカイブズ学では史料の保管・管理方法を重視するが、その点で興味深いのは、この一件に関する文書のうち、村方から道橋方役所に差し出された文書には端裏に「道橋方　壱」などと記された付箋が貼付されていることである。

すなわち、天保五年一月の文書（史料1、く八七七）には「道橋方　壱」、同年二月の文書（く八八〇）には

「道橋方　弐」、同月の文書（史料2、く八八一）には「道橋方　三」、同年三月の文書（史料5、く八八三）には「道橋方　四」、同月の文書（く八八四）には「道橋方　五」といった具合である。

この付箋は、郡奉行所において、道橋方役所に提出された文書を区別・特定するために貼付されたものと思われる。なぜなら、道橋方役所の役人が、自らに宛てて差し出された文書にわざわざ「道橋方　壱」などと記した付箋を貼付する必要はないからである。このことは、一件の終結後に、道橋方役所に差し出されたものも含めて、関連文書が郡奉行所において一括保存されたことを示唆している。このようなかたちで、宛先の如何にかかわらず、一件文書をその主管部局が一括保存することによって、一件の全貌を後の参考に供することが可能となったのである。

注

（1）近年のまとまった成果として、渡辺尚志編『藩地域の構造と変容――信濃国松代藩地域の研究』（岩田書院、二〇〇五年）、渡辺尚志・小関悠一郎編『藩地域の政策主体と藩政――信濃国松代藩地域の研究Ⅱ』（岩田書院、二〇〇八年）、荒武賢一朗・渡辺尚志編『近世後期大名家の領政機構――信濃国松代藩地域の研究Ⅲ』（岩田書院、二〇一一年）、福澤徹三・渡辺尚志編『藩地域の農政と学問・金融――信濃国松代藩地域の研究Ⅳ』（岩田書院、二〇一四年）、渡辺尚志編『藩地域の村社会と藩政――信濃国松代藩地域の研究Ⅴ』（岩田書院、近刊）などがある。

（2）近年の重要な成果として、国文学研究資料館編『近世大名のアーカイブズ資源研究――松代藩・真田家をめぐって』（思文閣出版、二〇一六年）がある。

（3）渡辺尚志『近世の村落と地域社会』（塙書房、二〇〇七年）第三編、同『武士に「もの言う」百姓たち』（草思社、二〇一二年）。

（4）安藤正人『江戸時代の漁場争い』（臨川書店、一九九九年）など、いくつかの貴重な研究はある。

（5）本稿で扱う上五明村一件の関係史料に関するデータは、『史料館所蔵史料目録第四十三集　信濃国松代真田家文書目録（その四）』（国文学研究資料館内国立史料館、一九八六年）四二～四三頁に収められている。本稿の典拠史料については、本文中で、同目録における文書番号によって示すこととする。

（6）文化一四年（一八一七）に、上五明・網掛両村と坂木村とが千曲川の河川敷の耕地開発をめぐって争い、幕府は係争地の検地を実施したうえで村境を画定した。

（7）検分は二月七日に行なわれた（く八九七）。

（8）道橋方役所については、金澤真嗣「松代藩道橋方の組織と水論処理」（渡辺尚志編『藩地域の村社会と藩政』岩田書院、近刊、所収）を参照。

（9）河川敷の開発地が荒地に戻ってしまった原因としては、洪水という自然的要因と、村役人による開発停止措置という人為的要因が存在したようである。そして、後者の背景には、開発に対する村内の足並みの乱れや、坂木村との争論再発の懸念などがあったものと思われる。

（10）文政一三年の請書とは、次のようなものであった（く九〇〇）。

〔端裏付箋〕
「〇此書付之趣ニてハ、当時開発可申合候場所も、矢張此続ニて無手入ニて可然場所ニハ有之間敷哉　弥右衛門」

〔端裏書〕
「文政十三寅年　開発受書　上五明村役人」

乍恐以書付御答奉申上候

当村石積外無高反別之内、田畑地続少々宛開発仕候処、村東荒所一円開発仕候ハヽ、多分之助成ニ可相成趣、仰含被成下候処、右地続坂木村境辺迄ハ先年出入ニ付　公辺御検地之節御趣意有之、少々開発手入仕候分、無手入被仰渡候場所ニ御座候得ハ、早速之開発ニ者相成兼候ニ付、連々相心懸向村之様子次第見計、少々ツヽ手入仕、其時々御訴可申上奉存候、御尋ニ付此段奉申上候、以上

上五明村

名主　卯左衛門㊞
組頭　多五右衛門㊞
長百性　勇吉㊞

文政十三寅年十一月

町田源左衛門様
宮原繁之助様

この史料にあるように、河川敷の荒地のうち坂木村との境界に近い場所は、争論を受けて開発停止とされたのであった。そこで、上五明村としても、町田らの指示もあり開発したいのはやまやまだが、坂木村との争論再発の懸念もあって、むやみに開発には踏み切れないのであった。そのため、村側としては、坂木村の動向を注視しつつ、少しずつ慎重に開発を試みたいとの意向を示しているのである。なお、付箋において同様の懸念を示している弥右衛門とは、郡奉行岡野弥右衛門である。郡奉行の懸念もあって、文政一三年以降もすぐには開発は進まなかった。

(11) この点は、頭立小兵衛も同様であった。
(12) この町宿預けは、後述する役代一件の吟味の過程で行なわれたものである。
(13) 村役人側が一件の経緯を上申した文書として、(天保六年) 六月付のもの (く八九二) が残されている。
(14) 「団右衛門役代一件」については、小酒井大悟「松代藩領下の役代と地主・村落」(渡辺尚志編『藩地域の構造と変容――信濃国松代藩地域の研究』岩田書院、二〇〇五年、所収) において分析されている。
(15) 百姓が、状況に応じて訴え出る部局を選択している事例については、注 (3) の二冊の拙著を参照されたい。
(16) 注(8)金澤論文参照。
(17) 他村の事例については、注(3)の二冊の拙著を参照。

第二章　慶応期幕府奏者番における師弟関係と手留管理

吉川紗里矢

はじめに

本稿は、秋元家の奏者番関係史資料を分析し、慶応期の奏者番秋元礼朝《ひろとも》がいかに手留を収集し、分類し、集約したのかに関して考察する。その際、慶応期における奏者番の就任状況を踏まえつつ、手留を中心として現用段階から非現用段階に至る変遷を追究したい。

奏者番は譜代大名が就任する役職の一つで、主に武家関係の殿中儀礼を担当する。特に拝謁者の名前と献上物・下賜品を披露する役目がよく知られている。奏者番は月番制ではなく日番制をとる。大名役の奏者番は、みずからの藩臣から押合・右筆・留役を任命し、彼らに支えられて職務を全うした(1)。一八世紀前半には、奏者番から寺社奉行を兼ね、大坂城代・京都所司代を経て、老中へと登りつめる昇進過程が定着した。こうした昇進過程の定着にともなって、一七世紀には数名であった奏者番の人数は、一八世紀後半には二〇名以上に増えた。増加していく傾向にあった奏者番では、師弟関係による新人教育を行っていた。

従来、奏者番研究では、儀礼勤務に関する研究[2]と昇進過程に関する研究[3]が中心であった。しかし、近年では、特に役職文書の研究が進展している。その先駆となったのは、鹿倉秀典氏の研究である。鹿倉氏は秋元文庫の箪笥「典謁記」とその収蔵史料を紹介し、奏者番を多く輩出した秋元家から、慶応期の藩主秋元礼朝が収集したことを指摘した[4]。

次に、小宮木代良氏は、「典謁記」収蔵史料の中心が手留(点数は一一五〇点以上)であり、ほかにも江戸城内の日記や廻章、手留目録などもあることを明らかにした。それだけでなく、その手留は師弟関係(「師範」から「新役」へ)を軸に伝来している点も指摘した[5]。手留を一つの史料形態として注目した点と、役職文書と師弟関係を結びつけた点で、小宮氏の研究は画期的である。

そして、奏者番の手留とそれを収納した箪笥との関係を論じたのが、大友一雄氏である。そこでは、手留を帯で封じてから箪笥に収納し、箪笥に貼られたラベルにより分類されたことを指摘している。この分類方法が検索手段として優れ、職務上重要な機能を果たしたと、大友氏は評価している。また、「典謁記」だけでなく三宅家の箪笥と比較して、家ごとに分類が異なる点を指摘した。手留に関しては、日記を抜粋した史料であるとし、その貸借は師弟間だけでなく同僚間でもあることを明示した。師弟関係に関しては、奏者番に就任するとすぐに師弟関係が結ばれ、師範は弟子へ手留などの役職文書を貸し与えたことを、寛政期を事例に明らかにしている[6]。

大友氏の研究を受けた小宮氏は、手留の流通が師弟関係の解消(手離という)を契機に、師弟間に限られた状態から同僚間にまで拡大する経緯を解明した。ここにおいて、師弟関係における結成から解消までの期間が明らかになったのである。また、手留箪笥が役職就任直後から作成されていたことも指摘している[7]。

以上、奏者番の研究を整理した。しかしながら、手留の分類がいかに成立し、どのように簞笥が用いられ、帯封の後に簞笥に収納されたのかという、奏者番就任から離任後までの期間を歴史的に考察する視角が必要ではないかと思われる。そこで、本稿では、秋元礼朝の奏者番関係史資料を分析し、慶応期の奏者番がいかに手留を収集し、分類し、集約したのかに関して考察を試みたい。その際、従来注目されている簞笥の貼紙はもちろん、『手留目録』の分類や帯封による集約などにも範囲を広げて、可能な限り現用段階から非現用段階に至る変遷を考察する必要があるだろう。簞笥・手留・『目録』・帯封などが十分に揃った秋元家の奏者番関係史資料を中心に分析することで、簞笥が残存しない手留群にも新たな研究の俎上に載せることも期待できるだろう。

さて、本論に入る前に、基礎的事項を確認したい。

まず、奏者番の手留とは、勤務日記や心得を抜粋した史料である。手留は日記の一日分が記されている場合が多く、縦一六センチ×横七センチからなる折本状（帖装形態）であり、文章と絵図で構成されている。文章は奏者番の日記であり、絵図には「席図」と呼ばれる江戸城内の座席図がある。表紙には、年月日・表題・最初に手留を作成した人物名（「〇〇守留」）・筆写過程（「〇〇守写」）が記されている（写真1）。

次に、師弟関係の形成について、奏者番の場合、新役（新人）は江戸城で任命されると、すぐに奏者番の師範と師弟関係を結ぶ。帰宅後、改めて師範の屋敷に出掛けて挨拶をし、奏者番手留などの役職文書を伝授される。これらの伝授された文書は手留が中心であることが多く、添付された「手留目録」[8]にすべて記載される（写真2）。

以下、秋元家の簞笥内の秩序分析に関しては、原則として写真目録の『館林市立図書館蔵秋元文庫奏者番手留目録』[9]を使用しつつ、現秩序と照らし合わせて行った。

一　慶応期における奏者番の就任状況と師弟関係

本節では、秋元家の奏者番関係史資料がいかに収集され始めたのかという問題を検討したい。そのためには、まず慶応期における奏者番の就任状況を踏まえる必要があるだろう。従来、奏者番の就任状況に関する研究[10]は寛政期を対象にしたものであった。しかし、本稿で検討する慶応期は、文久改革における奏者番の廃止・再設置が行われた後の状況であり、寛政期とは異なる状況にある可能性が高い。そこで、秋元礼朝の事例から慶応期における奏者番の就任状況を検討する必要性がある。その上で、秋元礼朝が奏者番就任時に受け取った「手留目録」から、初期の手留収集の状況を明らかにする。以下、秋元礼朝が奏者番に就任する背景を確認し、礼朝の師弟関係、「新役」に関する手留の分析などを通じて、手留収集の初発段階を考察したい。

1　将軍不在の江戸城における奏者番就任

弘化二年（一八四五）に三方領地替えが行われた際、秋元家は村山藩から館林藩に六〇〇〇〇石で転封した。この時の藩主は秋元志朝であり、徳山藩主毛利広鎮の二男から養子となったという経歴を有していた。

写真1：奏者番手留
出典：館林市立図書館秋元文庫収蔵（筆者撮影）

元治元年（一八六四）になると、志朝は将軍家茂に従って上洛した。この時は第一次長州征討の直前であり、志朝はその調停を斡旋しようとした。しかし、一〇月二七日、長州藩との内通疑惑が生じ、蟄居させられた。これにより、秋元礼朝へ家督は譲られた。この時、礼朝はこの年の八月一五日に御目見えしたばかりであった。(11)

礼朝が奏者番に就任したのは、慶応二年（一八六六）三月二四日である。秋元家では、四代の喬知（元禄～正徳期）、七代の凉朝（宝暦期）が老中にまで登りつめ、喬知（延宝期）・喬房（享保期）・凉朝（延享期）・永朝（安永～天明期）が奏者番に就任している。(12)つまり、天明期の秋元永朝が奏者番を退任してから、慶応期の秋元礼朝が奏者番に就任するまでの間、秋元家から幕府役人を輩出することがなかったといえる。

さて、秋元礼朝の『日記』から奏者番就任日の記事を開くと、次のようにある。なお、文中の割注は［割注］「〇〇」と示した。

史料1　『日記』慶応二年三月二四日条(13)

●三月廿四日　　当番松平左衛門尉

一御用之儀御座候間、今五時致登　城候様昨夕老衆連名之奉書到来ニ付六半時［割注］「服紗小袖所麻半袴」着用登　城坊主部屋江罷出候、

一御用召ニ付罷出候段以坊主御目見衆江申達候、

一御奏者番当番ニ迄今日之吹聴申述、御用之程難計候附共、若哉御奏者番被　仰付候は万端宜敷相頼候旨申置候、

一老衆登　城相済、芙蓉之間江罷越候、

一廻り前御目付衆ゟ寄候様被申聞候ニ付、雁之間縁頰ニ着座、

一廻り之様子ニて御目付雁之間縁頬着座、自分は縁ニ着座、
一老衆羽目之間之方ゟ御黒書院溜替席桜之間江御越御渡物有之、夫ゟ詰衆伺御機嫌相済芙蓉之間江罷出、老衆着座ゟ横畳共一間程間置致平服候と、御奏者番被　仰付候旨和泉守殿被　仰渡相済引、菊之間縁頬ゟ御障子外江出座立扣居老衆菊之間縁頬迄御越ニ付、当番同道芙蓉之間ゟ中之間江相越末図之通着座、老衆御引掛中之間江御列座ニ付、自分扇子取少シ進出結構被　仰付難有旨御礼申上候と、当番進被出同役被　仰付難有旨御礼被申上老衆ニは奥江被入候、夫ゟ芙蓉之間江出当番之次ニ着座、当番同道部屋江引加役衆左京大夫江当番ゟ引合候、
一此度自分師範近江守候得共、今日登　城無之候ニ付部屋内進退之儀委細当番ゟ伝達有之候、

慶応二年三月二三日、明日の登城を命じる老中奉書が、礼朝に下る。翌二四日、礼朝は登城する。奏者番の当番松平近説に対して、礼朝は「若哉御奏者番被　仰付候は万端宜敷相頼候」と言っている。そのため、奏者番の就任を察していたようである。老中水野忠精が「御奏者番被　仰付候」と奏者番の就任を命じた。その後、当番松平近説が「結構被　仰付難有」と、礼朝に代わって、老中に御礼を言った。

その後、礼朝は当番に従って、奏者番の下部屋へ入る。ここで、当番が寺社奉行青山忠敏に新人奏者番の礼朝を紹介している。また、ここで礼朝の師範は朽木綱張であることが判明したものの、彼は登城していなかった。それゆえ、礼朝は当番から、その後の予定を記した伝達書を受け取っている。伝達書に従って、老中・若年寄・御側御用取次への挨拶回りを済ませ、江戸城をあとにした。

ここで、礼朝の事例と寛政期の事例を比較したい(14)。寛政期における奏者番の任命は、老中に就任が告げられた後に、中奥の御座之間において将軍御前で行われていた。しかし、慶応期では、将軍ではなく老中が、奏者番を直接任命している。これは、当時将軍家茂が上洛していたためである。また、寛政期の就任日には、

現職の寺社奉行と奏者番が下部屋に押しかけ、それぞれ新人と挨拶をしていた。慶応期では、寺社奉行一人しかおらず、さらに師範役の朽木綱張も不在という状況であった。

ところで、慶応二年三月時点で奏者番や寺社奉行が何名いたのであろうか。大友氏が作成した「奏者番一覧表」(15)によれば、寺社奉行兼奏者番四名と奏者番九名の合計一三名がいることになる。礼朝の『日記』(16)を読み進めると、寺社奉行は土屋采女正寅直・内藤若狭守頼直・松平中務大輔親良・青山左京大夫忠敏の四名、奏者番には堀左京亮直賀・松平左衛門尉近説・朽木近江守綱張・水野肥前守忠順・秋元但馬守礼朝の五名、合計九名が江戸城に登城したことが確認できる。(17)先ほどの「奏者番一覧表」にはこれらに加えて牧野河内守誠成・松平和泉守乗秩・松平弾正忠正雅・大久保加賀守忠礼といった人物が奏者番であったようである。これらの人物は、自藩にいるのか、将軍にともなって上洛している可能性がある。いずれにせよ、寛政期の奏者番が二〇名超えであったことと比較すれば少ない。(18)

2　慶応期奏者番の勤務と師弟間の文書伝達

慶応二年三月二四日、江戸城をあとにした秋元礼朝は、師範朽木綱張の屋敷に着いた。朽木家の押合に出会い、「万端伝達」を依頼する。それから、押合の案内により、ようやく綱張に対面ができた。綱張は弘化三年(一八四六)六月から文久元年(一八六一)五月、元治二年(一八六五)三月から慶応三年(一八六七)二月まで奏者番を勤めた人物である。朽木綱張を情報源とする「朽木近江守留」の記載をもつ手留の数は六〇四点もあり、総数一一七七点の秋元手留の過半数を占めている。(19)ここから、秋元家にとって朽木綱張の影響は強かったと考えられる。

さて、礼朝は師範綱張と対面し、「手留目録」と手留を伝授された。この「手留目録」は書状形態であり、同時に伝授した手留の表紙の部分(年月日・表題・筆写過程)を記した史料である。「典謁記」に収納されている「手留目録」は二通ある（写真2）。この二通の目録の内容はほぼ一致しているが、一通にだけ付箋と朱筆がある。つまり、訂正された「手留目録」と浄書の「手留目録」の二通存在するのである。そこで、朽木綱張から伝授された手留を考察する前に、二通の「手留目録」を検証したい。

次の史料はその付箋と朱筆がある「手留目録」である。なお、朱筆は網掛けで示し、付箋は「(付箋)○○」で表した。

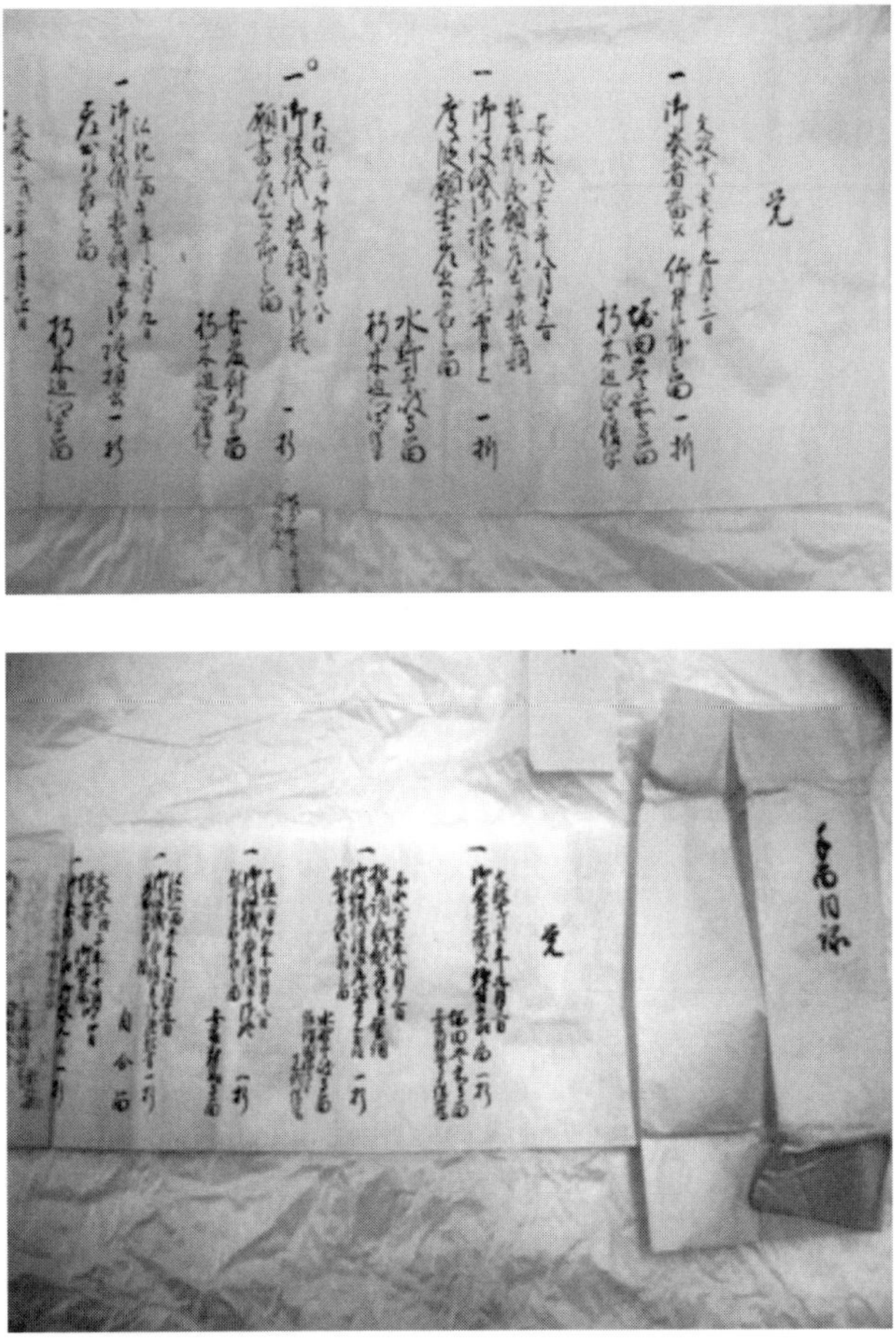

写真2：二通の「手留目録」
出典：館林市立図書館秋元文庫収蔵（筆者撮影）。
上が付箋つきの「手留目録」であり、下が付箋なしの「手留目録」である。

史料2 「手留目録」

覚

一　御奏者番被　仰付候節之留　一折
文政十丁亥年九月十二日
堀田豊前守留
朽木近江守借写

一　誓詞之義願差出并誓詞
安永八乙亥年八月十三日

一　御役儀御礼御席次第申上　一折
度段願差出候節之留
水野壱岐守留
朽木近江守ゟ借写
天保二辛卯年四月十八日

○

一　御役儀之誓詞并御礼　一折
願書差出候節之留
「(付箋)　此分無之候ニ付
安藤対馬守留　御用之及御問合」
朽木近江守ゟ借写
弘化三丙午年六月十九日

一　御役儀之誓詞并御礼　　一折
願書差出候節之留
文政十一戊子年十月十四日
朽木近江守留
一　御参詣之節御使先ニて　　一折
増上寺　御霊屋江
致　御目見候留
堀田豊前守留
朽木近江守ゟ借写
文政十一戊子年六月廿日
上野　御霊屋
一　御参詣之節御使先致　　一折
御目見候留
堀田豊前守留
朽木近江守ゟ借写
天保四癸巳年正月廿日
一　東叡山　御参詣之節助先ニて　一折
致　御目見候留
安藤対馬守留

弘化四丁未年四月廿九日

増上寺

一　有章院様御霊屋江　一折

御参詣之節豫参相勤候留

朽木近江守留

文政十二乙丑年正月廿九日

増上寺　御霊屋江

一　御参詣之節助番相勤候留　一折

但　御成之節加役衆一人も

登　城無之候事

堀田豊前守留

朽木近江守ゟ借写

天保五甲午年七月十四日

紅葉山惣　御霊屋江

一　御参詣ニ付豫参相勤候留　一折

但小雨ニ付手傘相用候事

安藤対馬守留

朽木近江守ゟ借写

弘化三丙午年九月十七日

紅葉山　御宮并四ヶ所御霊屋

一　大猷院様　文恭院様御霊屋江　一折

御参詣之節豫参相勤候留
　　　　　　　　　　　　　　　　朽木近江守留
　弘化三丙午年七月朔日
月次之御礼其外御礼衆
一　有之節御役儀之御礼　　　　　　一折
申上候留
　　　　　　　　　　　　　　　　朽木近江守留
　寛政六甲寅年四月廿八日
一　月次当番之留　　　　　　　　　一折
　　　　　　　　　　　　　　牧野日向守留
　　　　　　　　　　　　　　朽木近江守借写
　文政十丁亥年十一月廿五日
一　水戸殿御屋敷豫出火登　　　　　一折
城致候之留
　　　　　　　　　　　　　　堀田豊前守留
　　　　　　　　　　　　　　朽木近江守借写
　天保三壬辰年十月廿三日
一　大名小路細川越中守屋敷　　　　一折
出火致登　城候節之留
　　　　　　　　　　　　　　安藤対馬守留
　　　　　　　　　　　　　　朽木近江守借写

一　火事并地震之節之覚　　　　　一冊
一　御本丸席図　　　　　　　　　一冊
一　御礼日勤方心得　　　　　　　一冊
一　西御丸席々伝達留　　帙入二冊
　　〆十六折
　　　五冊

この「手留目録」からは、礼朝に伝授された手留が任命（奏者番の就任）・役儀誓詞（役職就任に際し誓詞を提出する）・役儀御礼（役職就任の御礼）・初当番（就任後初めての当番）・二度目の当番・火事地震対策・月次御礼・紅葉山参詣・増上寺参詣・上野参詣に関する手留であることと、席図集、勤務心得などの役職文書が伝達されていることが分かる。手留の「留」に着目すれば、堀田正民が五折と一番多く、安藤信由が四折、朽木綱張が三折の順になっている（表1）。

さて、史料2には、「○」印や「此分無之候ニ付御用之及御問合」という付箋が貼られ、朱筆で追加されている手留もあり、改められていることが分かる。そこで、先述したもう一通の「手留目録」と照合すれば、もう一通の「手留目録」には朱筆や付箋などの訂正がなく、史料2を改めて浄書したものであることが分かる。これらを考慮すれば、礼朝就任時に渡された「手留目録」が史料2であり、史料2の内容と伝授された手留が一致していないという事態が生じた。そのため、師範から新たな「手留目録」が伝来したと思われる。「手留目録」の誤記は、師範朽木綱張が江戸城に登城していなかった点も考えれば、師範側が十分な準備を行っていなかったといえるだろう。

以上、慶応期の奏者番就任状況を秋元礼朝の事例から検討してきた。慶応期の奏者番就任は、将軍不在時の任命・同僚と師範の不在・伝達文書の不備があったと指摘できる。こうした不十分な奏者番就任を経て、秋元礼朝はいかなる手留管理を行ったのか。この問題を次節以降で検討する。

No.	年月日	表題	留
1	文政 10 年 9 月 12 日	御奏者番被　仰付候節之留	堀田豊前守留
2	安永 8 年 8 月 13 日	誓詞之義願差出并誓詞御役儀御礼御席次第申上度段願差出候節之留	水野壱岐守留
3	天保 2 年 4 月 18 日	御役儀之誓詞并御礼願書差出候節之留　※	安藤対馬守留
4	弘化 3 年 6 月 19 日	御役儀之誓詞并御礼願書差出候節之留	朽木近江守留
5	文政 11 年 10 月 14 日	増上寺　御霊屋江御参詣之節御使先ニて致　御目見候留	堀田豊前守留
6	文政 11 年 6 月 20 日	上野　御霊屋御参詣之節御使先致御目見候留	堀田豊前守留
7	天保 4 年 1 月 20 日	東叡山　御参詣之節助先ニて致　御目見候留	安藤対馬守留
8	弘化 4 年 4 月 29 日	増上寺　有章院様御霊屋江御参詣之節豫参相勤候留	朽木近江守留
9	文政 12 年 1 月 29 日	増上寺　御霊屋江御参詣之節助番相勤候留	堀田豊前守留
10	天保 5 年 7 月 14 日	紅葉山惣　御霊屋江御参詣ニ付豫参相勤候留	安藤対馬守留
11	弘化 3 年 9 月 17 日	紅葉山　御宮并四ヶ所御霊屋大猷院様　文恭院様御霊屋江御参詣之節豫参相勤候留	朽木近江守留
12	弘化 3 年 7 月 1 日	月次之御礼其外御礼衆有之節御役儀之御礼申上候留	朽木近江守留
13	寛政 6 年 4 月 28 日	月次当番之留	牧野日向守留
14	文政 10 年 11 月 25 日	水戸殿御屋敷豫出火登　城致候之留	堀田豊前守留
15	天保 3 年 10 月 23 日	大名小路細川越中守屋敷出火致登　城候節之留	安藤対馬守留
16	不明	火事并地震之節之覚	不明
17	不明	御本丸席図	不明
18	不明	御礼日勤方心得	不明
19	不明	西御丸席々伝達留	不明（2 冊）

表 1：朽木綱張から秋元礼朝に宛てた「手留目録」（慶応 2 年 3 月 24 日）
出典：館林市立図書館秋元文庫奏者番手留類簞笥「手留目録」より筆者作成。
No. 8 は朱筆、※は、「此分無之候ニ付御用之及御問合」と記した附札あり。

二　伝達の「目録」と管理の『目録』からみた新役

近世後期において、新役は師範と師弟関係を結び、師範は新役へ「手留目録」と手留などを伝達することが慣例となっていた。前節のように、秋元礼朝は師範朽木綱張から手留類一九点を伝授された。しかし、手留の「留」に着目すれば、堀田正民や安藤信由といった人物を情報源とする手留が多い。彼らは礼朝といかなる関係にあるのであろうか。

また、「手留目録」に収録された手留がすべて新役に関わるものなのか。これは、当該期における「新役」とは何かという問題でもある。この点に関して、冊子体の『手留目録』の分類から明らかにしたい。

1　近世後期における秋元系統の「手留目録」と新役手留

まず、「典謁記」に収納されている「御奏者番系」[20]を見てみよう。これは、元禄期から慶応期までの奏者番の師弟関係を系図化した史料である。これによれば、安藤信由は綱張の師範であり、堀田正民はそのまた師範である。つまり、堀田正民→安藤信由→朽木綱張→秋元礼朝という師弟関係の系統（秋元系統）が確認でき、「手留目録」には秋元系統の手留が多いことが分かる。しかし、ここで秋元系統内において、まったく同じ内容の手留が伝達されたのか、あるいは師範ごとに異なる内容の「手留目録」の伝達が行われたのかという問題が生じるだろう。

そこで、秋元系統における「手留目録」を検証し、秋元礼朝が伝授された「手留目録」の位置を明らかにしたい。その様相を明らかにするために、新役側の就任状況を収録した奏者番手留だけでなく、師範側の史料である「師範伝達留」を用いて考察する。

まず、本多康禎から堀田正民への「手留目録」（表2）を検討したい。それは、手留のなかに「手留目録」が収録されているため、「典謁記」収蔵手留から、秋元礼朝以外の「手留目録」を確認することが可能である。堀田豊前守留の「御奏者番被　仰付候節之留」がその手留である。堀田正民は、文政一〇年（一八二七）九月一二日に奏者番に就任した一三〇〇〇石の近江宮川藩主である。[21] 秋元家の手留群には、正民の「留」数

No.	年月日	表題	留
1	寛政5年12月18日	御役儀被　仰付候ニ付誓詞之節之留	牧野越中守留
2	寛政2年3月25日	於御用番和泉守殿宅御役儀之誓詞且御礼願書差出候留	脇坂淡路守留
3	寛政2年4月1日	御役儀之御礼申上候留	脇坂淡路守留
4	文政9年3月15日	御役儀之御礼申上候留	松平伯耆守留
5	天明4年5月25日	初御番之留	板倉周防守留
6	文化9年2月22日	初御番相勤候節之留	松平伯耆守留
7	文化9年4月17日	二度目当番之留	松平伯耆守留
8	安永4年3月8日	二度目御番相勤候節之留	脇坂淡路守留
9	不明	於出火登　城之留	堀田相模守留
10	不明	火事并地震之覚	松平紀伊守留
11	寛政6年9月10日	月並講釈之節当番之留	脇坂淡路守留
12	天明8年4月1日	月次其外御礼有之肝煎相勤候留	松平右京亮留
13	寛政9年7月28日	月次御礼其外御礼衆有之助番相勤候留	牧野越中守留
14	安永7年7月14日	紅葉山　御霊屋江御参詣之節当番相勤候留	松平右京亮留
15	寛政9年7月14日	紅葉山　御成之節豫参罷出候節之留	牧野越中守留
16	寛政7年8月11日	松平儀二郎元服并不時御礼之節当番之留	堀田相模守留
17	天明5年4月15日	月次御礼無之参詣之御礼衆有之節留	板倉周防守留
18	安永3年4月29日	増上寺御参詣御使者　御目見登　城之留	脇坂淡路守留
19	寛政2年4月30日	増上寺　有章院様　御霊屋江　御参詣ニ付豫参相勤候節之留	脇坂淡路守留
20	寛政9年10月14日	増上寺江被為　成候節助番相勤候留	西尾隠岐守留
21	安政3年5月8日	上野　御参詣助先　御目見登　城之留	脇坂淡路守留
22	安永3年4月20日	上野　御成　御使先　御目見登　城之留	脇坂淡路守留
23	不明	上野　御参詣之節豫参相勤候節之留	土屋能登守留
24	寛政2年4月20日	上野　大猷院様御霊前　御参詣ニ付為　豫参罷出候処雨天ニ付御成御延引被　仰出候節之留	脇坂淡路守留
25	不明	太刀披露畳目	不明
26	不明	御本丸席絵図	不明
27	不明	御礼日勤方心得覚	不明

表2：本多康禎が堀田正民に宛てた「手留目録」（文政10年9月12日）
出典：館林市立図書館秋元文庫奏者番手留類簞笥「御奏者番被　仰付候節之留」（堀田豊前守留）より筆者作成。

は三七点ある。

「手留目録」から、堀田正民が師範本多康禎から手留類二七点を受け取ったことが分かる（表2）。前節の事例（一九点）と比べれば多い。その内容は、役儀誓詞（No.1〜2）・役儀御礼（No.3〜4）・初当番（No.5〜6）・二度目当番（No.7〜8）・火事（No.9〜10）・月次御礼（No.11〜13）・紅葉山参詣（No.14〜15）・不時御礼（No.16〜17）・増上寺参詣（No.18〜20）・上野参詣（No.21〜24）・席図や心得（No.25〜27）である。「留」に注目してみると、脇坂安董が九折と最も多く、次は松平宗発と牧野貞善が三折ずつである。礼朝の場合と同じく、自身の系統（脇坂安董→牧野貞善→松平宗発→本多康禎→堀田正民）にゆかりのある「留」が多い。[22]

つぎに、堀田正民から安藤信由への「手留目録」（表3）を検討しよう。秋元家の奏者番関係史資料には、堀田正民から安藤信由に伝達した「手留目録」に関する史料がない。それは、史料2の「手留目録」に、奏者番任命の手留が一点（堀田正民留）しかないということと関係すると思われる。秋元家では、就任時以降には任命に関する手留は伝授されなかったのであろう。しかしながら、東京大学史料編纂所には師弟関係における日記に特化した「師範伝達留」[23]という史料がある。ここに幸いにも堀田正民が安藤信由を指導した時の「師範伝達留」も存在する。そこに収録された「手留目録」を分析しよう。

天保二年（一八三一）八月一七日に、堀田正民は新役の安藤信由へ「手留目録」と手留類を貸し与えている（表3）。手留類の総数は一七点と、本多康禎から堀田正民に宛てた「手留目録」の二七点と比較して、全体的な手留の数は減少している。内容を見ると、堀田正民は自身の任命を追加し、三山の参詣に関しては自身の事例に全て塗り替えた。[24]また、正民は初当番・二度目当番という手留を省いている。つまり、正民は独自に手留を選択したといえる。

そして、安藤信由から朽木綱張（弘化三年就任）への「手留目録」を検討したい。しかし、朽木近江守留「御役儀被　仰付候節之留」には「手留目録」が収録されていないという史料的制約がある。そこで、安藤信由が内藤信親を指導した時の「師範伝達留」[25]に収録されている「手留目録」を参考にし、その内容を推察する（参考1）。

天保七年（一八三六）一一月二〇日、師範から新役へ宛てた手留類は二〇点である。内容は任命・誓詞提出・増上寺参詣・上野参詣・紅葉山参詣と堀田正民の形式を踏襲している。任命の手留を除きそれぞれに安

№.	年月日	表題	留
1	文政10年9月12日	御奏者番被　仰付候節之留	自分（堀田正民）
2	安永8年8月13日	誓詞之儀願差出_誓詞御役儀之御礼　御席次第申上度段願差出候節之留	水野壱岐守
3	天明7年3月13日	御役儀誓詞之留	水野壱岐守
4	文化9年3月13日	御役儀被　仰付ニ付誓詞之節之留	松平伯耆守
5	文化10年9月28日	御役儀被　仰付ニ付誓詞之留	自分（堀田正民）
6	不明	火事地震之覚	諏訪因幡守
7	文化3年2月15日	月並御礼其外御礼衆有之自分肝煎相勤候節之留	松平右京亮
8	寛政6年4月28日	月次当番之留	牧野日向守
9	文政元年5月8日	紅葉山惣　御霊屋江御参詣之節予参之留	土屋相模守
10	文政12年1月29日	増上寺　御霊屋江御参詣之節助番相勤候留　但御事之節加役衆壱人も登　城無之候事	自分（堀田正民）
11	文政11年10月14日	増上寺　御霊屋江御参詣之節御使先致御目見候節之留	自分（堀田正民）
12	文政12年6月12日	増上寺　惇信院様　御霊屋江御参詣之節予参相勤候留	自分（堀田正民）
13	文政11年6月20日	上野　御霊屋江御参詣之節 御使先致御目見候留	自分（堀田正民）
14	文政11年4月20日	上野　御霊屋江御参詣之節助先致御目見候留	自分（堀田正民）
15	文政12年9月20日	大猷院様　御霊屋江　心観院様御霊前御参詣之節予参相勤候留	自分（堀田正民）
16	不明	御礼日勤方心得	不明
17	不明	御本丸席図	不明
18	不明	太刀披露畳目	不明

表3：堀田正民が安藤信由に宛てた「手留目録」（天保2年8月17日）
出典：「師範伝達留」3（東京大学史料編纂所所蔵維新史料引継本ーIほー143）より筆者作成。

No.	年月日	表題	留
1	文政 10 年 9 月 12 日	御奏者番被　仰付候節之留	堀田豊前守
2	安永 8 年 8 月 3 日	誓詞之義願差出并誓詞御役儀御礼御席次第申上度段願差出候節之留	水野壱岐守
3	天明 7 年 3 月 13 日	御役儀誓詞之留	水野壱岐守
4	文政 10 年 9 月 28 日	御役儀被　仰付候ニ付誓詞之留	堀田豊前守
5	天保 2 年 8 月 18 日	御役儀之誓詞并御礼差出候節之留	自分
6	文政 11 年 10 月 14 日	増上寺　御霊屋江御参詣■■■（虫損「之節御」ヵ）使先致　御目見之留	堀田豊前守
7	天保 5 年 6 月 12 日	増上寺　惇信院様　御霊前御廟所江御参詣之節予参相勤候留	自分
8	文政 11 年 6 月 20 日	上野　御霊前江　御参詣之節御使先致　御目見候留	堀田豊前守
9	天保 4 年 1 月 20 日	東叡山　御参詣之節助先ニて致御目見候留	自分
10	文政元年 5 月 8 日	紅葉山惣　御霊屋江御参詣之節予参之留	土屋相模守
11	天保 5 年 7 月 14 日	紅葉山惣　御霊屋江御参詣ニ付予参相勤留　但小雨ニ付傘相用候事	自分
12	文政 12 年 4 月 20 日	大猷院様　御霊前　心観院様　御霊前御参詣之節予参相勤候留	堀田豊前守
13	文政 12 年 1 月 29 日	増上寺　御霊前江御参詣之節助番相勤候留　但御成之節加役衆壱人も登　城無之候事	堀田豊前守
14	寛政 6 年 4 月 28 日	月次当番之留	牧野日向守
15	文政 10 年 11 月 25 日	水戸殿御屋敷出火ニ付登　城致候節之留	堀田豊前守
16	天保 3 年 3 月 23 日	大名小路細川越中守屋敷就出火致登　城候節之留	自分
17	不明	本丸席図	不明
18	不明	御礼日勤方	不明
19	不明	火事地震之覚	松平紀伊守
20	不明	太刀披露畳目	不明

参考 1：安藤信由が内藤信親に宛てた「手留目録」（天保 7 年 11 月 20 日）
出典：「師範伝達留」8（東京大学史料編纂所所蔵維新史料引継本－Ⅰほ－143）より筆者作成。

藤信由自身の手留を追加し、古い手留を取り除いているため、新たに「手留目録」を更新しようとしたのであろう。なお、安藤信由は在任中に三名の奏者番（内藤信親・戸田氏綏・朽木綱張）を指導したが、戸田氏綏を指導した時の「師範伝達留」[26]も現存している。そこからは、内藤信親に宛てた手留に一折加えた「手留目録」を貸し与えている。したがって、朽木綱張が同じような手留を伝授された可能性は高い。

以上、秋元系統の「手留目録」からは、基本的にみずからの師範から与えられた「手留目録」が新役へ強く影響を与えていることが明らかになった。ただし、秋元系統の師範はそれを基にして、自身が与える「手留目録」を独自に更新した。特筆すべきなのは、師範の影響を受けつつも自身の手留で塗り替えた堀田正民である。通常、初当番・二度目当番は新役にとって画期となる時期であるが、正民はそれを省いた。安藤信由は正民の形式を踏襲しつつ近例に改めた。安藤信由と朽木綱張の「手留目録」を比較すると、安藤が発した「目録」は、月次御礼などを二点追加し、自らの系統を情報源にしているという特徴がある。朽木綱張は、みずからの手留を加えつつ、堀田正民から自身へと繋がる系統の手留を中心に秋元礼朝へ伝達したのである。

2 『手留目録』における「新役」の分類

前項で、秋元系統は多様な種類の手留を伝えていたものの、堀田正民の改変以降になると、同じ内容の手留を代々伝達していたことが明らかになった。そうした手留を秋元礼朝は継承したといえる。しかし、「手留目録」に記載された手留は、すべて「新役」に分類される手留であるのかという問題が残る。慶応期における奏者番は、どの手留を「新役」として認識していたのであろうか。それは手留の分類にとどまらず、秋元礼朝の手留収集の初発段階を推察する手がかりとなるのではないか。新役は奏者番勤務の最初の時期にあたる。そのため、他の分類に比べて「新役」に分類された手留から収集を始めた可能性が高い。そこで、朽木綱張と秋元礼朝の『手留目録』を素材として、幕末期における「新役」の手留とその作成に関して解明したい。

まず、簞笥「典謁記」のなかには、『朽木近江守手留目録』[27]（以下『朽木目録』）と『自留目録』[28]という二冊の『手留目録』がある。前述の「手留目録」は書状形態であったが、これらは冊子形態である。『朽木目録』は、朽木綱張が作成した手留を記した目録である。全体的な『朽木目録』の分析については後述し、ここでは、「新役」に関する部分のみに注目したい。この『朽木目録』には「新役之部」が設けられ、ここから朽木綱張によって「新役」に分類した手留が判明する（表4）。『朽木目録』には、弘化三年（一八四六）六月一八日「御役儀被　仰付候節之留」から慶応元年（一八六六）五月一〇日「明細書差出候付致登　城候留」までの一五点、則ち約二〇年間が「新役之部」の対象となっている。「新役」に関する手留が二〇年間にもわたるというのは、「御奏者番再勤被　仰付候節之留」という手留があるように、朽木綱張が奏者番を再任した背景があるためである。「新役之部」には、初任の場合は任命日・明細書・月次御礼とその前日・初当番とその前日・西丸初当番などの手留が収録され、再任の場合は、再任日・役儀誓詞・役儀御礼・明細書などの手留が収録されている。また、他の奏者番の任命日も収録している。そのため、朽木の場合では自身と同僚の新役を対象にしていたといえる。

さて、こうした『朽木目録』（表4）と、朽木綱張が秋元礼朝に宛てた「手留目録」（表1）を比較すると、「月次之御礼其外御礼衆有之節御役儀之御礼申上候留」の一点しか一致しない[29]。すなわち、「手留目録」に収録されている三山は、本来「新役」の分類に入るものではないといえる。

なお、『朽木目録』には、手留が約六〇〇点収録されている。この『朽木目録』は『自留目録』と異なり、一つ書の上に朱筆で「〇」と丸印が付けられている。これは『朽木目録』のうち、簞笥「典謁記」に収納されている手留のみに付けられている。その丸印は四九〇点もの手留に記されている。このことにより、礼朝は師範の作成した手留の約八割を伝授されたことが分かる。「〇」印は「新役之部」のすべての手留につけられている。「〇」印は秋元家が収納した手留に記される記号であり、師範の「新役」に関する手留はすべて伝授されていた。

次に、『自留目録』[30]を見ていきたい。『自留目録』は秋元礼朝自身が作成した手留を記した目録であり、「自留」とは礼朝自身の情報が入った手留を示す。表5は『自留目録』の「新役之部」の一覧である。秋元礼朝の『自留目録』には、慶応二年三月二四日から七月六日までの一九点、約三ヶ月間の手留が「新役之部」の対象となっている。一覧表を見ると、「御役成二日目為見習罷出候留」のように、就任日から何日目の手留という表記がある。その傾向は、就任二日目から七日目まで続き、手留に「御役成何日目」と表記された。この表記は『朽木目録』には確認できない。また、八日目以降の手留は何日目とは記載されないもの

No.	年月日	表題
1	弘化3年6月18日	御役儀被　仰付候節之留
2	弘化3年6月23日	於檜之間御三家使者御逢有之候ニ付見習罷出候留
3	弘化3年6月23日	明細書差出候付致登　城候留
4	弘化3年6月30日	月並前日為見習致登　城候節之留
5	弘化3年6月19日	（未詳）
6	弘化3年7月1日	月並之御礼其外御礼衆逢候節御役儀之御礼申上候留
7	弘化3年7月2日	初当番前日致登　城候留
8	弘化3年7月3日	紀伊殿於御座間御対顔有之其外躑躅之間被仰渡拝領物有之候節初当番相務留
9	弘化3年7月11日	西丸初当番相勤候留
10	弘化4年5月22日	太田摂津守土岐伊予守同役被　仰付候節御役先ニ申致登　城候留
11	弘化3年8月23日	芙蓉之間御縁頬被　仰渡候致見習候之留
12	安政5年10月9日	御養君様江　御代替御祝儀後献上之使者於檜之間謁之申上稲葉長門守土井大隅守松平大蔵少輔御奏者番被仰付候節当番相勤候留　　但大隅守師範本豊前殿之処不快ニ付不被出頼ニ付追出迄之処致心添候事
13	元治2年3月4日	御奏者番再勤被　仰付候節之留
14	元治2年3月11日	御役儀之誓詞并御礼願書差出候留
15	元治2年3月15日	御役儀之御礼申上候留
16	慶応元年5月10日	明細書差出候付致登　城候留
17	慶応2年3月24日	（未詳）

表4：『朽木近江守綱張手留目録』のうち「新役之部」

出典：館林市立図書館秋元文庫奏者番手留類簟笥『朽木近江守手留目録』より筆者作成。

なお、末尾に「〆十五折」とあるため、No.5とNo.17は対象外と考えられる。

№.	年月日	表題
1	慶応 2 年 3 月 24 日	御奏者番被　仰付候節之留
2	慶応 2 年 3 月 25 日	御役成二日目為見習罷出候留　但席々見習有之
3	慶応 2 年 3 月 26 日	御役成三日目為見習罷出候節之留　但躑躅之間御天守番之頭組中引渡有之
4	慶応 2 年 3 月 27 日	御役成四日目為見習罷出候処黒鷺御杉戸際替席御謁有之候節之留
5	慶応 2 年 3 月 28 日	御役成五日目致登　城候処黒鷺御杉戸際替席松平筑前守伺御機嫌御謁躑躅之間関東郡代附組頭甘利八右衛門被　仰渡拝領物有之節致見習候留
6	慶応 2 年 3 月 29 日	御役成六日目為見習罷出候節之留　但席々伝達目録揃
7	慶応 2 年 3 月 30 日	御役成七日目為見習致登　城候処大廊下御謁御右筆部屋縁頬被　仰渡拝領物躑躅之間拝領物有之当番出席見習致着座候留
8	慶応 2 年 4 月 1 日	月御礼衆御謁有之候節御役儀之御礼申上候留
9	慶応 2 年 4 月 2 日	芙蓉之間御右筆部屋縁頬躑躅之間被　仰渡有之并明細書差出候節之留
10	慶応 2 年 4 月 3 日	初御番前日為見習罷出候節寺院奉書渡拝領物有之候留
11	慶応 2 年 4 月 4 日	初御番相勤候節之留
12	慶応 2 年 4 月 28 日	月次御礼無之御白書院縁頬替席大坂加番備御謁有之節為見習登　城之留
13	慶応 2 年 5 月 4 日	端午前日檜之間拝領物有之致見習候節之留
14	慶応 2 年 5 月 6 日	大廊下外様大名御謁菊之間隠居家督跡目被　仰渡証文躑躅之間跡目被　仰渡有之節当番之留
15	慶応 2 年 5 月 9 日	為見習登　城候引候処帝鑑之間御譜代衆伺御機嫌御謁其外席々被　仰渡有之節当番之留
16	慶応 2 年 5 月 16 日	檜之間無上覚院門跡遺物差上之候節見習之留
17	慶応 2 年 6 月 13 日	為見習罷出候処師範送答伝達有之候節之留
18	慶応 2 年 6 月 29 日	檜之間土御門使者吉田陰陽大允被　仰渡拝領物之節見習之留
19	慶応 2 年 7 月 6 日	西湖之間御添并師範今日ニて最早百日見習も相済候付歓被申述右ニ付以口達書壱通被相渡且師範此度御退其役御供ニて上坂依之御存心得松平中務大輔江頼置候旨伝達之留

表５：『自留目録』のうち「新役之部」

出典：館林市立図書館秋元文庫奏者番手留類箪笥『自留目録』より筆者作成。
なお、末尾に「〆」はない。№.８の「月」は朱筆。

の、「新役之部」に該当している。八日目は四月一日であり、月次御礼が行われたため、朱筆で「月」の表示をつけている。[31] 九日目・一〇日目も「新役之部」として収録する。一一日目は初当番であった。初当番後には、礼朝は拝領物の下賜行事を「見習」した日を中心に手留を作成している。慶応二年七月六日、師範朽木綱張から、就任より一〇〇日に及び、見習が終わったことを記した口達書が渡された。この手離れが行われた手留で「新役之部」は終わっている。朽木家と比較すれば、秋元家では見習の手留が多い傾向がある。

以上、『手留目録』の「新役之部」を分析し、礼朝が伝授された「手留目録」と比較した結果、「新役」に分類される手留以外のものも入っていたことが明らかになった。また、朽木綱張と秋元礼朝の「新役」に属する手留も差違がある。『朽木目録』は二度の新役を経験した綱張の経歴を色濃く反映しつつ、任命日・初当番など新役での画期となる時点での手留を重視し、同僚の就任に関する手留までも収録している。秋元礼朝は、自身の「新役」に関する手留で収斂し、「見習」を重視している。秋元家は、『朽木目録』の約八割もの手留を伝授されたように、師弟関係の影響を強く受けている。『目録』の「新役之部」に関しては、朽木家と秋元家では収録内容の傾向が異なる。

三　『目録』・簞笥・朱筆メモ・帯封の相互関係

前節では、書状の「手留目録」と冊子の『手留目録』があり、前者は師範から新役への伝達に用いられ、後者は手留の管理に使われたことを指摘した。また、秋元系統の「手留目録」と『手留目録』の「新役之部」を比較すると、新役時には直接関係のない手留まで伝授されたことが明らかになった。それでは、その後秋元礼朝はどのように手留を伝授し、手留を管理したのであろうか。この問題に対し、まず、冊子の『手留目録』を分析することで、礼朝の手留管理を考察する。次に、現状の簞笥やそのなかの手留配置などを注視し、『手留目録』・簞笥・朱筆メモ・帯封の相互関係を明らかにしたい。

1 『手留目録』の分類と簞笥「典謁記」の貼紙

朽木綱張と秋元礼朝の『手留目録』の分類に注目し、それに記された手留数などから秋元家の手留収集の状況や、簞笥との関係性を考察したい。

まず、『手留目録』の分類を見ていきたい。双方の『手留目録』の冒頭には目次が記されており、そこから目録の分類が判明する（表6）。『朽木目録』には、「一年始之部御具足御鏡御用」、「一八朔之部　一五節句之部」、「一月並之部」、「一不時」、「一紅葉山」、「一上野」、「一増上寺」、「一上使御名代盆料」、「一総出仕土用寒入初雪伺御機嫌都て総出仕事」、「一公家衆宮門跡」、「一参勤御暇都て御礼」、「一御鳥拝領」、「一御能御座席奉行」、「一席々被仰渡拝領物」、「一新役」、「一元服」、「一御三家　一日光寺院拝領物」、「一添新」、「一遠御成」、「一管弦奏楽非常退役」、「一雑」、「一御内書」、「一三季献上鯖代」、「一御祝儀事之部」、「一嘉定玄猪」、「一御縁組」の二六項目で成り立っている。一方、『自留目録』は『朽木目録』から「一嘉定玄猪」を除いた二五項目である。この項目を見るかぎり、秋元礼朝の『自留目録』の分類方法は、師範の分類方法を踏襲したと考えられる。

次に、手留数に注目したい。『朽木目録』にはそれぞれの部類に手留が記載されているが、『自留目録』には「一年始之部御具足御鏡御用」、「一八朔之部　一五節句之部」、「一総出仕土用寒入初雪伺御機嫌都て総出仕事」、「一席々被仰渡拝領物」、「一新役」、「一御祝儀事之部」の六項目にしか手留が記載されていない。『自留目録』が作成途中であったかのように思われるほどの状況にみえるが、実際に秋元但馬守「留」の手留の分類（朱筆メモ）をみても、この六項目のみである。自留の数量も七一折と少ない。このように、慶応期の奏者番秋元礼朝は、自身の手留をほとんど作成していないことが明らかになった。慶応期では、自留を大量に作る時代ではなかったといえる。

『朽木近江守手留目録』		『自留目録』		典謁記の貼紙	
題目	手留数	題目	手留数	題目	見出数
一年始之部御具足御鏡御用	34	一年始之部御具足御鏡御用	2	年始	3
一八朔之部　一五節句之部	31	一八朔　一五節句之部	2	八朔五節句	3
一月並之部	117	一月並之部	0	月並	8
一不時	29	一不時	0	増上寺	1
一紅葉山	19	一紅葉山	0	上使御名代盆料	2
一上野	25	一上野	0	惣出仕土用寒入初雪伺御機嫌都て出仕	4
一増上寺	16	一増上寺	0	公家衆宮門跡	1
一上使御名代盆料	3	一上使御名代盆料	0	参勤御暇都て御礼	1
一惣出仕土用寒入初雪伺御機嫌都て出仕事	60	一惣出仕土用寒入初雪伺御機嫌都て出仕事	14	御鳥拝領	1
一公家衆宮門跡	17	一公家衆宮門跡	0	御能御座席奉行	1
一参勤御暇都て御礼	14	一参勤御暇都て御礼	0	上野	2
一御鳥拝領	5	一御鳥拝領	0	不時	2
一御能御座席奉行	10	一御能御座席奉行	0	元服	1
一席々被仰渡拝領物	86	一席々被仰渡拝領物	29	御三家日光寺院拝領物	1
一新役	15	一新役	20	添	1
一元服	6	一元服	0	遠御成	1
一御三家　一日光寺院拝領物	8	一御三家　一日光寺院拝領物	0	管弦奏楽非常退役	1
一添新	6	一添新	0	雑	2
一遠御成	15	一遠御成	0	御内書	1
一管弦奏楽非常退役	7	一管弦奏楽非常退役	0	三季献上鯖代	1
一雑	28	一雑	0	御祝儀	1
一御内書	11	一御内書	0	紅葉山	1
一三季献上鯖代	4	一三季献上鯖代	0	新役	2
一御祝儀事之部	9	一御祝儀事之部	4	御縁組	1
一嘉定玄猪	10	一御縁組	0	将軍宣下御転任御兼任御任槐嘉祥玄猪度々被仰渡拝領物	7
一御縁組	6				

表6：事項別分類の変遷

出典：館林市立図書館秋元文庫奏者番手留類簞笥、『朽木近江守手留目録』、『自留目録』より筆者作成。

写真３：奏者番手留類簞笥「典謁記」とその引出
出典：館林市立図書館秋元文庫収蔵（筆者撮影）。
左が簞笥「典謁記」であり、右がその引出である。なお、右の前列は６段目の引出、後列は７段目の引出である。

次に、簞笥「典謁記」を検討したい（写真3）。秋元文庫の簞笥は二棹あり、それぞれのフタの中央に「典謁記」と直に墨書され、「番外　明治八年九月改、」「貳箱ノ内」との貼紙が張られている[32]。この「典謁」とは、奏者番の唐名である。「貳箱」とは、奏者番簞笥が二棹あることを示す。簞笥の引出はそれぞれ七段あり、一つの引出に対して、それぞれの空間を区切るための中板が六枚あり、中板によって各段は七分割されている。双方とも、一段目から六段目までは同じ大きさであるが、七段目は他の段数と異なり大きく作られている（写真3）。また、一箱目七段目及び二箱目のすべての段に中板はない。それゆえ、他の段数より収納されている手留が多い。ところで、前述したとおり手留は折本状である。そのため、上から手留を持ち出すときには手留が開いて取り出しにくいという欠点がある。その欠点を補うべく「典謁記」では、一箱目一段目から六段目までの引出の底部分が円形に切り取られている。その穴から手留を押し上げることで、手留が取りやすい構造になっている。なお、二箱目には中板や穴などの細工はないが、手留以外の史料は多数あり、『手留目録』はここに収納されている。

　ところで、簞笥が作成された時期は、いつごろであろうか。礼朝の奏者番就任の後、師範杤木綱張が渡した[33]「書付」には「一留入候箱之事」という箇条があり、そのため、慶応二年（一八六六）三月

1段目	1-7	1-6	1-5	1-4	1-3	1-2	1-1
	月並	右ニ同	右ニ同	八朔五節句	右ニ同	右ニ同	年始
2段目	2-7	2-6	2-5	2-4	2-3	2-2	2-1
	右ニ同	右ニ同	右ニ同	右ニ同	右ニ同	右ニ同	月並
3段目	3-7	3-6	3-5	3-4	3-3	3-2	3-1
	公家衆宮門跡	右ニ同	右ニ同	右ニ同	惣出仕	上使御名代	増上寺
4段目	4-7	4-6	4-5	4-4	4-3	4-2	4-1
	右ニ同	不時	右ニ同	上野	御能御座席奉行	御鳥拝領	参勤御暇都て御礼
5段目	5-7	5-6	5-5	5-4	5-3	5-2	5-1
	右ニ同	雑	管弦奏楽非常退役	遠御成	添	御三家日光寺院拝領物	元服
6段目	6-7	6-6	6-5	6-4	6-3	6-2	6-1
	御縁組	右ニ同	新役	紅葉山	御祝儀	三季献上鯖代	御内書
7段目	7-7	7-6	7-5	7-4	7-3	7-2	7-1
			席々被仰渡拝領	嘉祥玄猪	将軍宣下御転任御兼任槐		

参考2：秋元文庫奏者番手留類簞笥典謁記の貼紙配置図

出典：館林市立図書館秋元文庫奏者番手留類簞笥典謁記より筆者作成。

なお、7段目は別々に区切る中板がないため7-8が存在する。また、他の引出よりも約1.5倍程度高さがあるため手留数が多い。

には作成されていたと考えられる。そして、二年後の明治元年（一八六八）には役割を終え、明治八年（一八七五）に改められた。

さて、一箱目の引出はそれぞれ事項別の分類を示す貼紙がはられている点に注目しなければならない。それらは先行研究[34]が示すとおり、「年始」、「右ニ同」、「八朔五節句」、「月並」、「増上寺」、「上使御名代」、「惣出仕」、「公家衆宮門跡」、「参勤御暇都て御礼」、「御鳥拝領」、「御能御座席奉行」、「上野」、「不時」、「元服」、「御三家日光寺院拝領物」、「添」、「遠御成」、「管弦奏楽非常退役」、「雑」、「御内書」、「三季献上鯖代」、「御祝儀」、「紅葉山」、「新役」、「御縁組」、「将軍宣下御転任御兼任」、「嘉祥玄猪」、「席々被仰渡拝領物」の二八種類の貼紙が記されている（参考2）。これらの貼紙は収納部分の分類を明示したものである。

この中で、「右ニ同」という貼紙は、右側の分類と同じであることを示している。したがって、右から左へと順に配置されている。この貼紙の順番は、当初『目録』と同じような順番で並べられた可能性がある。「月並」などの特定の手留が増加した結果、貼紙の更新や配置換えがなされたと考えられる。なお、二箱目には貼紙が貼られていない。

2　帯による集約と手留の朱筆メモ

『朽木目録』の分類が『自留目録』や簞笥の貼紙の分類法に影響を与えたことが明らかになった。本項では、簞笥内部の現秩序に注目しつつ、手留をまとめた帯封や手留に直接書かれた分類表記などを検討し、秋元家における手留分類の相互関係を明らかにしたい。

手留の表紙には、年月日・表題・筆写過程などの情報が記されている。しかし、秋元家の場合では、手留の裏側にも情報がある。裏側の右上部分に「月」や「新」などの文字が朱筆で記されている（写真4）。実は、この手留に記された小さな朱筆メモも、分類の上では看過できない要素である。なぜなら、それはこの手留がどの分類に当てはまるのかを朱で表示しているからだ。

表7は朱筆メモで記された手留の数量を示した表である。朱筆メモでは、「月（月次御礼）」、無記入、「席（席々被仰渡拝領物）」、「年（年始御礼）」、「出（惣出仕）」の順に数が多い。総数が一〇点以上の手留は簞笥貼紙の分類と、ほぼ同様の分類がなされている。朱筆メモを記した手留は全体の八割ほどもあり、秋元手留では手留単体の分類方法が成立していた。

次に、一点しか存在しないような朱筆メモに焦点をあててみよう。それらの手留のなかでは、西丸で行われた殿中儀礼を示すものが多い。単に西丸で行われたことを指す「西」や「西丸」の場合と、他の儀礼をも示す「西節（西丸での五節句）」、「雑西（西丸でのその他の行事）」の場合との、二種類の表示方法がある。また、本来は五節句に入るはずの「七（七夕）」や『目録』の分類名・簞笥の貼紙にもないものや、複数の殿中儀礼

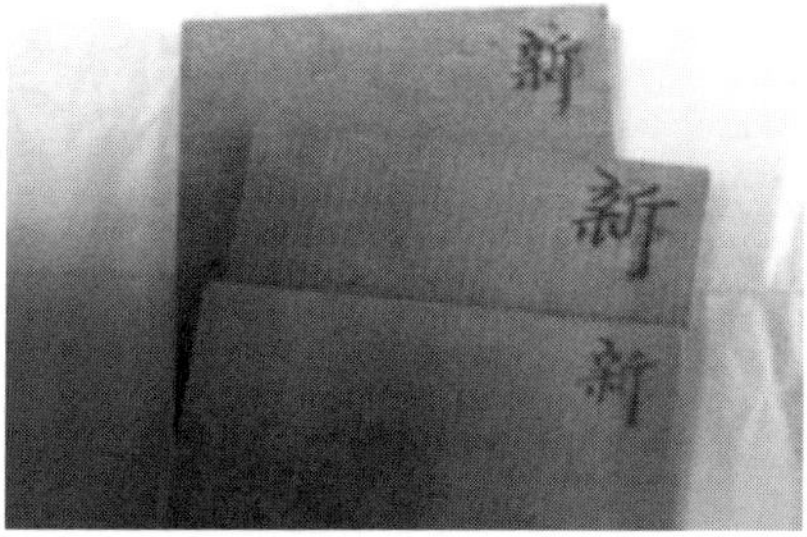

写真４：朱筆メモと帯
出典：館林市立図書館秋元文庫収蔵（筆者撮影）。
左の写真の右上に、朱筆で「新」とメモされている。右の写真は手留に帯がされており、「遠御成　全」と墨書されている。

表７：朱筆メモの数量
出典：館林市立図書館秋元文庫所蔵典謁記より筆者作成。

朱筆	内容	一箱目	二箱目	総数
月	月次御礼	164	61	225
無記入	（朱筆がない）	23	187	210
席	席々被仰渡拝領物	89	57	146
年	年始御礼	89	11	100
出	総出仕	52	22	74
節	五節句儀礼	57	9	66
不	不時御礼	41	5	46
新	新役	18	27	45
雑	雑	34	1	35
増	増上寺参詣	16	3	19
内	御内書	15	0	15
遠	遠御成	15	0	15
添	添役	10	4	14
使	上使	7	6	13
能	御能	10	3	13
公	公家衆に対する儀礼	10	1	11
上	上野参詣	8	1	9
季	三季献上	7	2	9
門	宮門跡に対する儀礼	8	0	8
縁	御縁組	7	0	7
元	元服儀礼	6	1	7
参	参勤御礼（大名が国元から江戸へ登った際に行われる）	7	0	7
三	御三家に対する儀礼	6	0	6
非	火事などの非常処置	4	2	6

（次頁に続く）

暇	御暇御礼（大名が江戸から国元へ帰る際に行われる）	6	0	6
玄	玄猪儀礼	5	0	5
退	奏者番の退職	4	1	5
嘉	嘉定儀礼	5	0	5
朔	八朔儀礼	3	1	4
鳥	御鳥の拝領	4	0	4
日	日光門跡に対する御礼	4	0	4
祝	御祝儀	1	2	3
寒	寒入儀礼	3	0	3
紅	紅葉山参詣	3	0	3
土	土用儀礼	1	1	2
西席々	西丸席々被仰渡拝領物	1	1	2
席々	席々被仰渡拝領物	1	1	2
管	管弦奏楽	1	0	1
講	月次講釈	1	0	1
雑月	雑および月次御礼	1	0	1
雑西	西丸での雑	1	0	1
節西	西丸での五節句儀礼	1	0	1
節西添	西丸での添役の五節句儀礼	1	0	1
増西	増上寺および上使	0	1	1
増席	増上寺および席々被仰渡拝領物	0	1	1
増名	増上寺および名代	0	1	1
蔵	不明	0	1	1
月出	月次御礼および総出仕	0	1	1
月機	月次御礼および席々被仰渡拝領物	0	1	1
出添	添役での総出仕	0	1	1
名	名代	1	0	1
七	七夕儀礼	1	0	1
西節	西丸での五節句儀礼	1	0	1
西丸	西丸での勤務	0	1	1
西丸元服	西丸での元服儀礼	0	1	1
年添	年始御礼における添番勤務	1	0	1
不元	不時御礼と元服儀礼	1	0	1
雪	初雪儀礼	1	0	1
寒雪	寒入儀礼と初雪儀礼	0	1	1
宣	将軍宣下儀礼	0	1	1

が重なった手留に対して両方の分類名を記しているものもある。『目録』や貼紙にもない分類名があることから、朱筆メモは『目録』の伝来以前に付けられ始めたと考えられる。なお、これらの一点ものの分類は、双方の箪笥に収納されている場合もある。

また、朱筆メモがない手留（無記入）も重要である。箱別に見れば二箱目に多く、手留のみの一箱目に対して、手留以外の史料（席図・廻状）が大量に収納されているのも二箱目の特徴である。さらに、二箱目には、「新（新役）」の手留が多い点も特徴的である。なお、二箱目には秋元礼朝の「留」が多数を占める。収録史資料や箪笥の底穴の有無から、先例の確認には一箱目の一段目から六段目を用い、それ以外の現用文書の収納には、一箱目の七段目と二箱目の全てを使用していたと考えられる。

最後に、手留の帯と集約された手留に注目したい。秋元家の手留は、紙を巻き糊で留めた帯によって封がなされている（表8）。この帯は田原三宅家でも手留の封緘に用いられている点から、奏者番では手留を帯封

表8：帯の記載と手留の朱筆メモ

出典：館林市立図書館秋元文庫奏者番手留箪笥類典調記より筆者作成。

※は帯内部に記載されていることを示す。№.75は年の文字が消されている。№.98は帯ではなく包紙。№.58xは№.58の帯のなかに更に帯がある。なお、手留在所の表記は以下の通りである。「1-2-3」は、1箱目（貼紙がある箪笥）の上から2段目の引出の右から3番目の部分を指す。（次頁以降に続く）

№.	帯の記載	手留在所	手留数	朱筆メモとその数量
1	「調済」	1-2-2	12	「月」12
2	「此分見出しニ無之」	1-2-2	2	「月」2
3	「調済」	1-2-3	19	「月」10、「出」7、「寒」1、無記入1
4	「調済」	1-2-4	12	「月」12
5	「調済」	1-2-5	10	「月」8、「雪」1、「雑月」1
6	「調済」「合※」	1-2-6	16	「増」16
7	「調済」「公家衆宮門跡出来※」	1-2-7	17	「公」9、「門」8
8	「調済」	1-3-1	14	「出」14
9	「調済」	1-3-2	18	「出」14、「寒」1、無記入3
10	「調済」	1-3-3	19	「出」17、「土」1、「寒」1
11	「調済」	1-3-4	10	「能」10
12	「調済」	1-3-5	13	「参」7、「暇」6
13	「調済」	1-3-6	8	「上」8
14	「調済」	1-3-6	4	「鳥」3、無記入1
15	「調済」	1-3-6	4	「使」2、「名」1、無記入1
16	「調済」	1-3-7	11	「不」11
17	「調済」	1-4-1	6	「不」6
18	「調済」	1-4-1	10	「三」8、「日」2
19	「調済」	1-4-2	6	「元」5、「西丸元服」1
20	「調済」「遠御成全」	1-4-2	15	「遠」15
21	「調済」「三季献上」	1-4-3	4	「季」3、「添」1
22	「調済」	1-4-3	5	「添」4、「季」1
23	「調済」「管弦奏楽非常退役全」	1-4-3	7	「非」4、「退」2、「管」1
24	「調済」	1-4-4	2	「雑」2
25	「調済」「出来雑」	1-4-4	13	「雑」12、「雑西」1
26	「調済」	1-4-5	15	「雑」13、無記入2

27	「調済」	1-4-6	7	「新」7
28	「調済」	1-4-6	11	「内」10、「新」1
29	「調済」	1-4-7	9	「新」9
30	「調済」「御縁組之部出来」	1-4-7	6	「縁」6
31	「調済」	1-5-1	11	「席」11
32	「調済」	1-5-2	9	「席」9
33	「調済」	1-5-3	13	「席」13
34	「調済」	1-5-4	12	「席」12
35	「調済」「出来読合前」	1-5-5	10	「嘉」5、「玄」5
36	「調済」「御祝儀之部出来」	1-5-7	14	「席」14
37	記載なし	1-6-1	8	「年」8
38	「不時之部皆出来」	1-6-2	11	「不」11
39	「皆出来八朔五節句」	1-6-3	7	「節」7
40	記載なし	1-6-4	5	「不」4、「不元」1
41	記載なし	1-6-4	4	「年」4
42	記載なし	1-6-5	13	「節」10、「月」2、「朔」1
43	記載なし	1-6-5	3	「月」1、「内」1、「元」1
44	「月次皆出来」	1-6-6	8	「月」8
45	記載なし	1-6-7	8	「月」8
46	「年」	1-7-1	6	「年」6
47	「年」	1-7-1	3	「年」3
48	「添」	1-7-1	2	「添」2
49	「日」	1-7-1	2	「日」2
50	「月」	1-7-1	6	「月」6
51	「不」	1-7-2	8	「不」7、「年」1
52	「年」	1-7-2	7	「年」7
53	「年」	1-7-3	6	「年」6
54	「月」	1-7-3	4	「月」4
55	「年」	1-7-3	8	「年」7、「年添」1
56	「季」	1-7-3	3	「季」3
57	「年」	1-7-4	6	「年」6
58	「席」	1-7-4	13	「席」11、「月」2
58 x	「家来拝領物薬 _ 紙帯四折入」	1-7-4	(3)	(「席」3)

59	「月」	1-7-4	6	「月」6
60	「雑」	1-7-5	8	「雑」8
61	記載なし	1-7-5	12	「月」12
62	記載なし	1-7-5	8	「年」8
63	「席」	1-7-6	13	「席」11、「月」2
64	「公内」	1-7-6	3	「内」3、「公」1
65	「皆出来替済」	1-7-6	16	「月」15、「添」1
66	「退」	1-7-7	2	「退」2
67	記載なし	1-7-7	7	「月」7
68	「使」	1-7-7	6	「使」5、「不」1
69	「年」	1-7-8	7	「年」7
70	「月」	1-7-8	10	「月」10
71	「月」	2-1-1	7	「月」7
72	「節」	2-1-2	5	「節」4、「節」1
73	「上増」	2-1-3	6	「増」3、「上」1、「増名」1、「増使」1
73x	「此分本書不見」	2-1-3	(3)	(「増」2、「上」1)
74	「使」	2-1-4	6	「使」6
75	「年月」	2-1-4	7	「月」7
76	記載なし	2-1-5	4	「月」2、「不」1、無記入1
77	「新」	2-1-5	9	「新」9
78	記載なし	2-1-6	2	「月」2
79	記載なし	2-1-6	4	「月」1、「席」1、「雪寒」1、「月機」1
80	「月」	2-1-7	9	「月」8、「節」1
81	「能」	2-1-8	4	「能」3、「公」1
82	「出来」	2-2-1	7	「西丸」1、無記入6
83	記載なし	2-2-2	5	「月」3、「席」1、「増席」1
84	記載なし	2-2-3	8	無記入8
85	「写出来十一月二日納ル六右衛門九冊」	2-2-4	8	無記入8
86	「年始席図四折内二折は出来組、二折鈴木弥兵衛書預りニ付出来申候、帙入ニ仕無可申事、十一月廿日、六右衛門殿受取」	2-2-5	7	無記入7

87	「六冊写済六右衛門受持之分」	2-2-5	5	無記入 5
88	記載なし	2-2-6	6	「不」3、「月」2、無記入 1
89	記載なし	2-2-6	5	無記入 5
90	記載なし	2-2-8	6	無記入 6
91	記載なし	2-2-8	3	無記入 3
92	記載なし	2-3-4	3	無記入 3
93	「写読合済、河津預り」	2-3-5	12	無記入 12
94	「出来仕候」	2-3-6	5	無記入 5
95	記載なし	2-3-7	8	無記入 8
96	記載なし	2-3-9	4	無記入 4
97	記載なし	2-5-8	3	「席」1、「月」1、無記入 1
98	「出来分」の包	2-5-10	11	無記入 11
99	記載なし	2-6-5	8	「新」6、「席」1、「出」1

参考 3：秋元文庫奏者番手留箪笥内部における朱筆メモの状況

出典：秋元文庫奏者番手留類箪笥典譌記より筆者作成。

基本的に多い朱筆メモを表示した。なお、参考 2 の見出と完全に一致している場合は項目の太字と斜体で示した。併記してある部分は、その区画内での割合が高いものを記した。7-8 は「月・年」。

1 段目	1-7	1-6	1-5	1-4	1-3	1-2	1-1
	月	節・月	節	節	月	年	月
2 段目	2-7	2-6	2-5	2-4	2-3	2-2	2-1
	増	月	月	月・出	月	月	年
3 段目	3-7	3-6	3-5	3-4	3-3	3-2	3-1
	不	上・鳥	参・暇	能	出	出	出
4 段目	4-7	4-6	4-5	4-4	4-3	4-2	4-1
	新・縁	新・内	雑	雑	季・添・非・退	元・遠	不
5 段目	5-7	5-6	5-5	5-4	5-3	5-2	5-1
	席	席	嘉・玄	席	席	席	席
6 段目	6-7	6-6	6-5	6-4	6-3	6-2	6-1
	月	月	節・月	不・年	節	不	年
7 段目	7-7	7-6	7-5	7-4	7-3	7-2	7-1
	月・使・節	月・席	月・雑・年	席・月・年	年・月・季	不・年・節	年・月

する習慣が存在したと思われる。[35]秋元手留では、手留を封緘した帯は一〇一点ある。その帯は一箱目の二段目から確認できる。[36]一箱目の二段目から五段目にかけては、「調済」と記された帯でまとめられている。これら「調済」の帯の背面には「遠御成全」や「出来雑」などと書かれ、それらは内容別に分類された帯で手留が封緘されている。一箱目の六段目から「調済」の表記がなくなり、七段目から「年（年始御礼）」や「月（月次御礼）」などの表記に変化する。二箱目の帯は朱筆メモとともに無記入になり、その二段目からは、また手留の朱筆メモが続く。これらの分類は朱筆メモの記載のように、分類名称を一文字で表している。二箱目の帯は朱筆メモとともに無記入になり、その二段目からは、また手留の朱筆メモが続く。こうした帯封は、非現用時だけではなく現用時から行われていたと考えられるが、正確な時期は不明である。帯の記載の変化から、少なくとも一箱目の一段目から六段目の一回分と、一箱目の七段目から二箱目の全ての一回分、計二回にわたって行われた可能性がある。

なお、帯には、「六右衛門」、「鈴木弥兵衛」、「河津」などの人名と「受持」や「預り」などの行為が記されている。これらの人物は秋元家の留役と考えられる。[37]このように、典謁記には手留を封緘し、内容を表記した一〇一点の帯が存在するのである。[38]帯と簞笥の貼紙は一致しない場合が多いことも指摘しておく（参考2・参考3）。

おわりに

以上、秋元家の奏者番就任から離任後までの期間において、どのように手留管理が行われていたのかを歴史的に考察するために、役職就任直後の状況、師弟間の文書伝達、伝達の「手留目録」と管理の『手留目録』の分析、『目録』・簞笥・朱筆メモ・帯封の相互関係を分析してきた。

まず、役職就任直後の状況である。秋元礼朝は、将軍不在のなかで老中から任命され、師範の不在や伝達文書の不備など不十分な状況で奏者番に就任した。残された全ての秋元手留から、朽木の手留の八割を伝授されていたように、師範からの影響が強く残されている。これは、江戸城に同僚や寺社奉行があまり登城していない点を考慮すれば、同僚間での文書交流はあまり行われなかったと思われる。

次に、師弟間の文書伝達を検討した。「新役」は、師弟関係の形成（＝役職就任）から解消（就任一〇〇日目）までの期間を指すものである。役職就任時に、新役は師範から書状形態の「手留目録」を伝授される。この「手留目録」は、自身の系統における手留を軸とし、任命・役儀御礼・初当番・二度目当番・月次御礼・三山参詣といった内容を収録している。秋元系統では、堀田正民の時に選択した内容が継承され、朽木綱張が秋元礼朝に伝授した「手留目録」もその影響を受けていた。

また、「手留目録」に収録された手留のうち、すべての手留が「新役」に分類される手留であるのかを検討した。「手留目録」と『手留目録』の「新役之部」を比較したところ、「新役」として扱われない手留が入っていることが判明した。朽木家と秋元家の『手留目録』を比較すると、同じ「新役之部」でも収録される手留の傾向は異なっている。朽木家では、任命日・初当番など新役での画期となる時点での手留を重視した。一方、秋元家では、それだけでなく新役の期間における見習の手留を多く収録する傾向があった。

そして、秋元家における奏者番手留の収集、分類、集約に関して分析してきた結果、以下の点が明らかとなった。秋元手留の分類は、『目録』と簞笥、帯封そして手留の朱筆メモの四つで構成されている。これらの分類方法は影響しあっていた。『朽木目録』から『自留目録』あるいは「典謁記」の貼紙へと影響を与え、個別の朱筆メモをもつ手留をもとに帯封がなされた。

朱筆メモに関しては、礼朝が奏者番に就任した頃から編みだされ、独自の分類も行った。手留に対する理解が深まるにつれて、『目録』や貼紙など、師範の分類表記を踏襲した。このように、奏者番の師弟関係は、単に師範から弟子へ作法を教授したり、物質的に文書を伝えたりしただけではなく、文書管理の形式まで影響を及ぼした。ただし、秋元家が師範の分類方法をそのまま踏襲するのではない。それを基礎として学び、自らの状況と照合し、よりよい手法を模索していた形跡がある点も看過してはならない。手留の増加に対応して、貼紙を更新することや、朱筆メモによって手留単体の分類を行っていた。

以上、現秩序では、簞笥の貼紙と手留の朱筆メモはほぼ一致せず、むしろ帯と朱筆メモが一致する場合が多いことが明らかになった。これは秋元礼朝が奏者番を退いた後、朱筆メモの分類と一致した手留を帯で封緘したからである。おそらく、秋元礼朝が奏者番を離任した時には、幕府崩壊を迎えたため、奏者番手留は再び現用文書として使われる可能性がなくなったためであろう。こうした背景から、簞笥の貼紙と中身の手留が一致していないような状況が生まれたと思われる。

時系列順に整理すると、以下のようになるのではないか。役職就任時には、師範から、簞笥作成の指示を受け、「手留目録」とそこに収録された手留を伝授される。ここから、手留収集は始まり、朱筆メモも付けられ始めたと思われる。現用時に入ると、手留はますます増加する。同時に、朽木家の『手留目録』が伝授される。これによって、はじめて簞笥の貼紙が付けられ、朱筆メモも影響されて分類名が形式化する。また、『手留目録』の伝来は手留の増加を促し、簞笥の貼紙を更新させる。この時期に、帯封がなされた可能性もあるだろう。そして、非現用時には、厖大な手留を朱筆メモに基づいて本格的に帯封がされる。帯封された手留は簞笥に収納されたが、簞笥の貼紙を更新する必要はなく、収納可能な場所に納められる。そして、明治期に再点検がされたものと思われる。

なお、簞笥は現存しないものの、帯や朱筆メモだけをもつ手留群も多数存在する。また、奏者番以外の役職でも手留は存在する。それらを分析するにあたり、本稿は、ひとつの参考になるだろう。

付記

本稿は、二〇一五年三月十四日の岡山藩研究会第四〇回全体会報告「慶応期秋元家における奏者番手留の分類と集約」を増補改訂したものである。当日ご参加いただいた方々には、多くの御助言・御批判をたまわり、泉正人先生・大森映子先生には参加記をいただいた。この場を借りて厚く御礼を申し上げます。また、川越市立博物館・館林市立図書館・田原市博物館には、手留だけでなく簞笥の閲覧など、格別の便宜を取り計らっていただいた。心から感謝を申し上げたい。

注

(1) 松平太郎『江戸時代制度の研究』(武家制度研究会、一九一九年)。

(2) 高田徹「江戸幕府奏者番の勤務実態」(『皇学館史学』三号、一九八九年)。種村威史「天保期における日光社参と奏者番」(『国史学』一九〇号、二〇〇六年)。高田綾子「江戸幕府奏者番の勤務実態に関する一考察」(『聖心女子大学大学院論集』四〇号、二〇一一年)。

(3) 美和信夫『江戸幕府職制の基礎的研究』(広池学園出版部、一九九一年)、所理喜夫「土浦土屋藩主歴代と江戸幕府奏者番」(『茨城県史研究』七六号、一九九六年)。三宅正浩「江戸幕府の政治構造」(『岩波講座日本歴史』第一一巻近世二、岩波書店、二〇一四年)。高田綾子「江戸幕府奏者番就任者の選任基準」(『國學院大學大學院紀要——文学研究科』第四六輯、二〇一五年)。

(4) 館林市教育委員会・館林市立図書館編『江戸時代の秋元文庫——館林双書第二二巻』(鹿倉秀典執筆、一九九四年)。

(5) 小宮木代良「館林市立図書館蔵秋元文庫史料の調査」(『東京大学史料編纂所報』三〇号、一九九五年)。同「館林市立図書館所蔵秋元文庫中奏者番手留の調査」(科研報告書『近世武家官位をめぐる朝幕藩関係の基礎的研究』、一九九七年)。

(6) 大友一雄『江戸幕府と情報管理』(臨川書店、二〇〇三年)。同「解題」(『幕府奏者番と情報管理』、二〇〇三年)。同「幕府奏者番にみる江戸時代の情報管理」(『史料館研究紀要』三五号、二〇〇四年)。

（7）小宮木代良「奏者番手留の成立と関連史料」（科研報告書『画像史料解析による前近代日本の儀式構造の空間構成と時間的遷移に関する研究』、二〇〇八年）。
（8）大友一雄『江戸幕府と情報管理』（臨川書店、二〇〇三年）。
（9）『館林市立図書館蔵秋元文庫奏者番手留目録（第一の箱分・第二の箱分）』（館林市立図書館所蔵）。大友一雄氏作成。冒頭の写真に「99 6 10」とある点から一九九九年に撮影されたものと考えられる。
（10）大友一雄『江戸幕府と情報管理』（臨川書店、二〇〇三年）。同「解題」（『幕府奏者番と情報管理』、名著出版、二〇〇三年）、同「幕府奏者番にみる江戸時代の情報管理」（『史料館研究紀要』三五号、二〇〇四年）。
（11）幕末期の館林藩の動向に関しては、鈴木寿子『幕末譜代藩の政治行動』（同成社、二〇一〇年）が詳しい。
（12）『館林市史　資料編三　近世二』、二〇一三年。
（13）秋元礼朝『日記』慶応二年三月二四日条（館林市立図書館秋元文庫所蔵）。なお、この日記は、慶応二年三月二四日から五月六日までを収録している。
（14）大友一雄『江戸幕府と情報管理』臨川書店、二〇〇三年。同「幕府奏者番にみる江戸時代の情報管理」（『史料館研究紀要』三五号）二〇〇四年。
（15）「奏者番一覧表」（『幕府奏者番と情報管理』二〇〇三年）。
（16）秋元礼朝『日記』（館林市立図書館秋元文庫所蔵）。
（17）秋元礼朝『日記』（館林市立図書館秋元文庫所蔵）。
（18）美和信夫『江戸幕府職制の研究』（広池学園出版部、一九九一年）。
（19）秋元文庫「典謁記」に収納された手留を指す。
（20）館林市立図書館秋元文庫所蔵「御奏者番系」。
（21）「堀田家譜（近江宮川）」一八七三年成立。東京大学史料編纂所所蔵、請求番号四一七五－七〇二。
（22）館林市立図書館秋元文庫所蔵「御奏者番系」。
（23）「師範伝達留」三（東京大学史料編纂所所蔵、維新史料引継本－Ⅰ、ほ－一四三）。
（24）ここでは、紅葉山（東照宮）・三縁山（増上寺）・東叡山（寛永寺）を指す。
（25）「師範伝達留」八（東京大学史料編纂所所蔵、維新史料引継本－Ⅰ、ほ－一四三）。

(26)「師範伝達留」一一（東京大学史料編纂所所蔵、維新史料引継本－Ⅰ、ほ－一四三）。
(27)「典謁記」二箱目七段目（秋元文庫所蔵）。
(28)「典謁記」二箱目七段目（秋元文庫所蔵）。
(29) なお、表4のNo.5と表1のNo.4は同じ手留と考えられるが、「新役之部」（表4）のNo.五には表題が付けられていないことや、「新役之部」の末尾に「〆十五点」とあり、総数一七点から表題が抜けた二点を引くと、一五点に相当することがある。これらの点を考慮した結果、この手留を省き、一点のみ一致すると表記している。
(30)「典謁記」二箱目七段目（秋元文庫所蔵）。
(31) 後述する朱筆メモでは、「新（新役）」と記されている。
(32) 二箱目の簞笥には「貳箱ノ内」の貼紙がはがされた跡がある。
(33) 秋元礼朝『日記』慶応二年三月二四日条（館林市立図書館秋元文庫所蔵）。
(34) 大友一雄『江戸幕府と情報管理』（臨川書店、二〇〇三年）。
(35) 三宅家の奏者番手留簞笥にも確認できる（田原市博物館所蔵）。また、老中手留も帯封されている（首都大学東京図書館所蔵水野家文書所蔵）。
(36) 一箱目の一段目の手留も帯で括られていた可能性があるが、簞笥のフタに記された「明治八年九月改、」の時か、あるいは近代の図書館に編入される際に取り除かれた可能性が考えられる。原史料は、現在でも帯が固く手留を留めてあるので、手留の内容を確認するために剝がされた可能性がある。
(37) 秋元家では、「御留役」（包紙「御拝借折本　写取入（二箱目四段目）」、「御手留御写済之覚（慶応二年三月、二箱目七段目）」、「御日記写済入（二箱目七段目）」）や、「御手留役」（「御席図入（二箱目七段目）」と呼ばれている。
(38) このほかに手留をまとめてない帯が数点存在する

第三章　明治前期における「好古家」の新聞受容
――埼玉県比企郡番匠村小室元長の交友関係を中心に

古畑侑亮

はじめに

柳田國男（一八七五―一九六二）が、雑誌『書物展望』[1]（昭和六年一二月号）へ寄せた「熙譚書屋間話」の中に次のような一節がある。

史料1[2]

是は一つの稍奇抜なる特例ではあるが、懇意の老人に大変な分量の、「かき物」をして居る者があつた。始めてからもう三十年になるといふので、ゆかしく思つて借り出して見ると、全部が新聞の又写しばかりであつた。新聞の記事だとても無論馬鹿にはならない。一方では之を見る者が片端から忘れてしまふし、それを除外して居れば現代の社会史は成立たない。たゞ問題になるのは之を公然と書写して置くことが、果たして我々のいふ書籍といふものの定義に、包容せられようかどうかである。ところが新聞と名の付くものが、未だこの世の中に現出しなかつた時代には、実質の略これと同じいものが、主要なる著述の題材であつた。

ここでは、新聞からの「又写し」ばかりを綴った「かき物」を「書籍」の範疇に含めることができるかどうか問題が投げかけられている。本記事の冒頭では、「僅か五十年ほどの間に一変してしまつた、文筆者流の態度といふものを考へずには居られない」と述べられており、それを鑑みれば、少なくとも明治一〇年代半ばまでの日本においては、他者が記したものを筆写し、抜書することが、著述のひとつの形態であったと柳田が理解していたことになる。

柳田自身は、「稍奇抜なる特例」と書いているものの、新聞記事の抜書からなる「かき物」は、案外各地に遺っている。例えば、筆者が所在を確認しているものには、群馬県の鹿沼閑樵の『閑窓雑誌』[3]（内題「新聞抜書録」明治六年―一三年）、埼玉県松伏領村大川戸の医師・小林貞斎の『勿忘抄録』[4]（明治二四年）、作者不明の「新聞雑誌記事書抜雑綴」[5]（明治一六―三一年）等がある。さらに、柳田と親交のあった南方熊楠（一八六七―一九四一）も明治二〇年代にかけての『課餘随筆』に、多くの新聞記事の抜書をしている。[6]

書名にも見られるように、これらの著述には、「雑誌」、「雑記」、「随筆」あるいは「漫録」等の称が付されることが多い。揖斐高氏は「さまざまな事柄や寓目した書物や記録の中から、関心の赴くままに記事を拾い出して書き留め、気が向けばそれに考証や感想を付け加えたような著作」を「随筆」と総称している。[7] 本稿では、新聞からの抜書についても揖斐氏の定義に当てはまるものとして随筆と呼ぶこととする。

新聞の抜書からなる随筆にも、抜書した人物によって考証や感想・感慨といった書込みが加えられているものがある。抜書に加えてそれら書込みの内容を分析していけば、新聞の読者の関心を明らかにすることができるのではないだろうか。

一方で、明治一〇年代から二〇年代にかけての新聞記事に目を向けると、そこには、「好古家」などと呼ばれる人々がしばしば登場する。彼らは、「古い事物に対する近世以来の関心を引き継ぎ、収集され記録されてきた膨大な蓄積を背負った人々」[8]等と定義され、明治の世にあっても古いものの蒐集に明け暮れていた人々である。古いものの世界に固執する「好古家」と新しいメディアである新聞とは一見そぐわないように思えるが、「好古家」たちは、新聞を熱心に読み、新聞からの抜書を随筆の形で遺しているのである。彼らが新聞に求めたものは、いったい何だったのだろうか。

以上の点を明らかにするため、本稿では、埼玉県比企郡番匠村の「好古家」小室元長(一八二二—一八八五)と彼の交友関係に注目する。彼の周りでは、頻繁な新聞のやりとりがみられ、その中で元長は、多くの新聞を読み、それらの抜書からなる『南木廼家随筆《くすのきのやずいひつ》』全一一巻を遺しているのである。同随筆を新聞の読書記録として取り上げ、そこに抄録された記事の内容や付記された書込みを分析することで、同随筆を編んだ目的とともに、元長の問題関心や意識を明らかにする。それを以って、随筆という資料のもつ可能性を探る一助としたい。

以下、本文および表中の引用史料において、〔 〕内は割注、〈 〉は後筆、[ ]内は筆者による補足、■は未判読文字、傍線は筆者による強調を示す。本文中では、図表名を【 】で括った。小室家文書中の文書番号は、例えば、(小室 123)のように示すこととする。『南木廼家随筆』各巻内の項目については、二編の一番目の項目であれば、二編 No.1 という形で表記した。引用史料は、固有名詞を除いて旧字体を新字体に改め、書物名については、便宜上ゴシック体で示した。

一　先行研究と小室家について

1　新聞の受容に関する研究

新聞の受容の観点から重要な研究は、山本武利氏の『近代日本の新聞読者層』[9]である。氏は、興亡史的な新聞史研究への批判から、新聞を受容する側へのアプローチを試みている。同書は、一五年の歳月をかけた労作であり、明治前期から昭和戦前期までの新聞読者層の傾向と変動を明らかにしている。ただし、山本氏の関心は、あくまで「読者層」にあり、個々の読者の新聞受容の実態を分析したものではない。

山本氏の後は、インフラ面での実態分析も進められている。磯部敦氏は、石川県の『開化新聞』『石川新聞』を事例として、その「製産・流通・享受の実態」を明らかにし、「明治初期地方紙出版の一モデル」を提示している[10]。また、樋口摩彌氏は、草創期の新聞の布令書としての性質に注目し、『京都府布令書』の下部構造を解明、府令書とともに新聞が下達・共有される風景を描き出している[11]。氏が指摘する、新聞という新しいメディアの受容の一部が、近世期に確立された触の情報伝達の構造に則するものであるとの指摘は重要である。

新聞の投書に関しては、石堂彰彦氏が、新聞の投書者の詳細な属性分析を行っている[12]。氏は、投書者の職業について官員や名望家に加え、医師や宗教者が少からず存在したことを指摘している。

さらに、「好古家」的な人物に注目した研究としては、嶋崎さや香氏の研究が挙げられる。氏は、伊勢国飯野郡射和村の豪商・竹川竹斎（一八〇九―一八八二）の日記を分析、東京を離れた地域に住む竹斎の新聞認識の変化と彼をとりまく人々がどのように新聞情報を受容していたかを明らかにしている[13]。

以上の研究により、幕末から明治にかけての新聞受容の光景が東京以外の地域を含め明らかにされつつあると言える。しかし、これらが中心的史料としているのは、新聞記事や、新聞社の史料、あるいは読者側の日記である。それらだけでは、受容者がどのような記事に関心をもち、新聞からどのように情報を蒐集・集積していたかについて十分に明らかにすることはできないと思われる。

そこで注目したいのが、八鍬友広氏の研究である。氏は、小千谷学校の「学校日誌」(明治二年―五年)の全体構成を分析し、記事の大半が政府や県庁の発する布告類の写しによって占められていたことを明らかにし、同日誌が近世御用留の系譜を引くものとして作成されたと結論づけている。(14)

ある人物や団体が、新聞をどのように読み、如何なる情報を蒐集していたかを具体的に明らかにするためには、新聞記事や日記だけでなく、「学校日誌」のように情報を集積した媒体の中身を分析する必要がある。そうした媒体として、本稿では随筆に注目するのである。

2　五代小室元長と周辺の「好古家」に関する研究

小室家は、埼玉県比企郡ときがわ町番匠に今も続く家である。近世において当該地は、番匠村と呼ばれ、比企郡西部の都幾川によってできた谷の末端に位置する、秩父山地外縁部の低い山間の村々のひとつであった。元禄一一年(一六九八)以降、旗本佐久間氏の知行地となる。維新後は、武蔵知県事支配から、品川県、韮山県、入間県、熊谷県を経て、明治九年(一八七六)に埼玉県となり、今に至っている。

小室家と番匠村との関係は、享保七年(一七二二)に流行した疾病平癒のために、初代田代元貞が医者として同村に招かれたことに始まるとされる。その後、初代元貞の孫にあたる三代元長(一七六四―一八五四)の代に、姓を田代から小室に改めた。文政年間には、医学塾「如達堂」を開塾する。

本稿で取り上げる五代元長は、文政五年(一八二二)に四代元貞(一七八九―一八五八)の次男として誕生した。幼少時から医学を祖父や父に学んだ。その後、安藤文沢(15)(一八〇七―一八七二)のもとに住み込みで医学修行を行う。一方で、忍（現行田市）の四教塾で芳川波山[16]（一七九四―一八四六）に漢学・漢詩文を学んだ。安政五年（一八五八）、父元貞の死去に伴い、家督を継いだ元長は、文久元年（一八六一）まで番匠村の名主後見役を務めた。慶応期には、旗本領主佐久間氏の家族が江戸屋敷から番匠村へ疎開してくるのを世話し（後述）、維新後の明治五年（一八七二）には、入間県から医学所出仕に任命され、地域の衛生行政に関わった。明治一〇年代には、医業を廃して隠居し、多くの古物や古文書を蒐集する一方で、軍書や地誌の筆写・校正を熱心に行った。

元長の雅号には、笠山・誠盧・不如学斎・工村（々舎）・南木廼家［楠木乃屋］などがある。

小室家文書は、総点数七三三七点。内訳は、近世・近代文書一二八七点、書状一三二九点、典籍三八三七点、書画四五九点、錦絵・刷物四二五点となっており、近世・近代文書に比して、書状と典籍が多いのが特徴である。なかでも、「五代小室元長が「好古家」達と取り交わした書簡や史料がよく整理されて残って」いることから、「好古家のアーカイブズ」[17]として注目され、重田正夫氏や芳賀明子氏らによって明治初期に活躍した元長周辺の「好古家」たちのネットワークの実態が分析され始めている。[18]

元長が蒐集した史料については、その多くが製本された編纂物の中に遺されており、「好古家」としての元長の蒐集活動と意識・関心を明らかにするためには、書簡と共にこの編纂物の分析が重要であると考える。

元長の編纂物の中では、『工村々舎叢書』（小室 2983–2990）が注目されており、武井尚氏・新井浩文氏によって同書に収録された中世史料の紹介・分析が行われ、[19]さらに元長が好古仲間ととりかわした書簡に現れる史料名との対応関係が芳賀明子氏により明らかにされている。[20]また筆者は、元長の『不如学斎叢書』（抜書）と『叢書』の分析を行い、両叢書が、幕末から明治初期にかけての三〇年余りにわたる書物からの抄録を編輯した編纂物であり、そのほとんどが随筆からの抄録によって構成されていることを明らかにした。[21]

今回取り上げる『南木廼家随筆』（小室 2963–2973）は、『工村々舎叢書』とともに、元長が地域の歴史等について「自ら調査した成果」をまとめたものとして『小室家文書目録』の「解説」で書名が挙げられ、「随叢・雑抄」に分類されている。しかし、同随筆については、芳賀明子氏が、「書籍や史料の謄写は勿論、日々、布告や新聞記事を記録し」た「幾種類もの製本した史料集」のひとつとして書名を紹介しているのみで、これまで研究の対象とされることはなかった。そのため、同書の内容を明らかにする基礎的研究から始めていく必要がある。

本稿では、日記、書簡史料を用いて元長周辺の新聞・雑誌の購読・貸借関係を明らかにする。さらに、『南木廼家随筆』の基礎的な分析を行うことで、元長自身が新聞にどのような情報を求めたのか、どのように新聞を読んでいたのか、考察を行う。

以上から「好古家」における新聞受容の実態と特質を明らかにし、さらに資料としての随筆の可能性を探ることが課題である。

二　新聞・雑誌の購読と情報の共有

1　『報知新聞』『日日新聞』の購読開始

元長は、明治七年（一八七四）・八年（一八七五）に「南木廼屋日記」（小室136, 137）を一冊ずつ残している。両日記から新聞の購読に関する記事を抽出したのが【表1　新聞関係日記記事一覧】である。

明治七年七月一九日、楡木（現埼玉県日高市）の新井栄次郎宅からの帰り途に越生（現埼玉県越生町）の豪商嶋野伊右衛門へ立寄った元長は、『郵便報知新聞』(22)（以下、『報知新聞』）の配達を依頼した。その理由については、「是本月一日以来山崎より報知新聞伝致ニ因テ也」と述べている。「山崎」とは、当時東京下谷五軒町に

7月19日	②帰路越生嶋野へ立寄、新聞配達願置候、是本月一日以来山崎より報知新聞伝致ニ因テ也
7月31日	①越生嶋野へ立寄報知新聞七日ヨリ廿四日迄ノト一時ニ而有
9月1日	①老拙早起、楡木へ行、川角見舞呉候、帰路長兵衛まで同伴いたし来候、［新井］栄次郎より東京山崎方へ日々新聞取寄度旨代書いたし、金壱円廿五銭此方より岡野へ郵送、郵便［報知］新聞七月以来代価弐円壱銭、都合三円廿五銭越生取扱所新井万二方へ頼ム
9月10日	①郵便［報知］新聞岡埜忠知へ伝致
9月12日	①中山山崎行并越生嶋野行、新聞一封ニいたし柿本惣兵衛越生行ニ託し嶋埜へ送り遣候、客月九日ヨリ廿八日迄②大塚氏家内・東京山崎家内同道来ル、新聞客月廿九日ヨリ本月五日迄届、嶋埜へ配達下候、楡木ヨリ上京迄ニ托し届ル
正月9日	④関堀新田関根三郎平より太政官日誌庚午・辛未年貸遣候
正月18日	④玉川郷様より書状届、旧臘相頼候日報社新聞前金五円五拾銭、池ヶ端山崎へ正ニ届候旨申来
2月10日	④日報〔二日より五枚〕・報知〔同五枚〕両社より新聞、越生郵便局より来ル、村辺着、勤学校帰り持参
2月14日	⑤越生郵便局より報知新聞届
2月22日	②越生より日々新聞届

表1：新聞関係日記記事一覧（明治7・8年）
出典：埼玉県立文書館所蔵「南木廼屋日記」（小室136, 137）より筆者作成。
丸番号は、当該日の中で何条目の記述かを指す。

住んでいた山崎周敬を指し、彼が新聞の取次を行っていたようである。

その一一日後、再び越生の嶋野へ立寄った元長は、七月七日から二四日までの『報知新聞』を一度に受け取っている。

九月一日には、元長が新井栄次郎の『東京日日新聞』（以下『日日新聞』）の取寄せ願いを代筆していることから、当時元長の周囲でも新聞を東京から取り寄せて購読する人が徐々に出てきていたことがうかがえる。

九月一二日の記事では、「新聞一封ニいたし柿本惣兵衛越生行ニ託し嶋埜へ送り遣候、客月九日ヨリ廿八日迄」とあり、少なくとも明治七年の段階においては、読み終わった新聞は、ひとまとめにして越生の嶋野へ送り返していたようである。

さらに翌八年の正月一八日には、年末に送った日報社の新聞前金が無事に山崎のところに届いた旨が玉川からの書状で知らされる。元長は、『報知新聞』に続いて、『日日新聞』の購読も始めたのである。

二月一〇日には、『日日新聞』と『報知新聞』が越生郵便局より番匠村の村境まで届いている。この頃には、番匠村においても村境までは郵便物が届くようになっていたようである。[23] この日は、次男の勤が学校からの帰りに新聞を持ち帰ってきている。

当時、勤は明覚小学校に教員として勤務していたが、日記からは、元長も医師として明覚小学校へ定期的に診察に訪れていたことが確認できる。親子で関係の深い学校であったこともあってか、元長は、明治九年(一八七六)に『日日新聞』を明覚小学校に寄贈している。

史料2[24]

一、東京日々新聞　〔当明治九年一月ヨリ逐次壱ヶ月分〕

右は明覚小学校へ寄附いたし生徒并区内有志ノ縦覧ニ供度、左候ハヽ、学事進歩ノ一助ニも可相成候ニ付此段御聞届被下度奉願候也

右

明治九年三月五日　小室　元長(印)

副区長

峯岸　重行殿

史料では、一月から一ヶ月分ずつ寄贈すると書かれているが、寄贈願の日付は三月である。元長は、自分が読み終わった新聞を順次学校に寄贈していくことを願い出たものと考えられる。先行研究で指摘されているように、学校は新聞の縦覧場所となったり、教員が新聞を読み聞かせたりするなど、新聞の下達・共有の重要な場であった。元長は、新聞の寄贈が「学事進歩ノ一助」となるだろうと述べており、新聞の有用性をある程度認識していたのではないかと考えられる。

2　新聞からの情報入手

明治一〇年代に入ると、元長と好古仲間との間で新聞をめぐる活発なやりとりが確認できるようになる。彼らは、新聞をどのように利用していたのだろうか。以下では、元長のもとに届いた書状をもとにその実態に迫りたい。

はじめに、浅草の骨董商・畠山如心斎[25]（?—一八八三）が元長に送った書状を分析したい。如心斎から届いた書状は、「畠山手簡」（小室25）として一綴にまとめられている。

史料3

a　明治一二年六月（一八七九）第八条

○御書中御達察ノ通古銭会ト古物会ニハ何時モ引張出サレ相応ニいそかしく、既ニ前氏ノちとくノ如キモノ不孫閉に仕候、該会ハ**報知新聞**〔何号か失念〕五月一九日ノ雑報中ニ相見え、例月ノ会ニ相成申候

b　『報知新聞』明治一二年（一八七九）五月一九日　第一八八九号府下雑報欄[26]

○本日ハ濱町一丁目花屋舗の相鉄にて和漢古物会と号け古書画古器物等を陳列して高覧に供ふるよし、該会ハ井上・畠山を始め当時好古家の聞へある諸子十名の連盟し已来連月一度此日を定会と極め、玩古の人々を招待すると云

aで如心斎は、自らが関わっている和漢古物会について『報知新聞』の雑報欄（b）に広告が掲載されていることを示している。この会については、チラシも配布されたが[27]、新聞も宣伝ツールのひとつとして利用

されていたと考えられる。

史料4　明治一三年（一八八〇）三月二五日第三条

（前略）次ニ此［鑑真会］前会之模様ヲ何新聞ニ而歟早クも御承知被為在候内〇〇寺奉加帳云云ノ出品ハ拙者ト御想像之由、如仰想像右も拙者出品之一ニ御座候、但〇〇ハ和泉国久米多村〈即庫院造営ニテ〉**嘉慶二年ノ奉加帳**ニ御座候、右ハ古書籍〈類ヲ出品〉之余奥ニ足利時代ノ古文書類ヲモ数多出品致シ候内此奉加帳ハ就中人ノ目に付候程ノ物ニハ無之候処、縦覧人之好悪ハ様々ナル故歟（不可視）新氏とも被蔵候事ト被存赤面之至ニ御座候、拙者ハ追来新聞ヲ絶而見不申候間、一向心得不申何ノ新聞ニ出有之哉御序ニ伺度候

この条は、如心斎が参加している鑑真会の前回の様子を元長が知って、「〇〇寺奉加帳」を出品したのは、如心斎ではないかと聞いてきたことに対する回答である。元長が早くも情報を得ていることに驚きながら、如心斎は、その通りであると答えている。このように、東京で開かれていた古器物の会についても、元長は新聞を読むことで知ることができたのである。

史料3のaと同じ書簡には、如心斎がその末裔であることを主張する鎌倉前期の武将・畠山重忠（一一六四—一二〇五）の慰霊祭について記されている。

史料5　明治一二年（一八七九）六月第一六条

〇去ル廿一日ハ遠祖主重忠月忌也、（中略）前々日ニ聊先祖参ノ真似事を致し申候、其節栗本氏ヲも招キ一献ヲ汲カハシ申候、依テ同氏ノ心入ニ申、去ル廿四日ノ新聞ヘ右小尊執行の事ヲ掲載致し呉忝ハ

候得共、切而ノ心入も老先生ノ御周旋筋ノミヲ挙、峰岸先生ノ御尽力ノ偏ヲハ脱落いたし候事遺憾ノ至、もし峰岸先生此新紙ヲ御覧ニ相成候ハヽ、無之御不満歟ト遠窺ふ、右ハ先生ニハ同氏ト年来御親とも深ク候処ヨリ一進ニソコヘ首ヲ突込切ニ成テ仕舞也、

明治一二年は、重忠の没後六七五年にあたり、如心斎の自宅で慰霊祭が開催された。それには、『報知新聞』の主筆栗本鋤雲[28]（一八二二―一八九八）も参加したことから、好意で新聞に記事を書いてもらった[30]。しかしそこには、重忠の供養碑を修繕し[29]、その拓本を如心斎に贈った元長の「御周旋筋」しか書かれておらず、「峰岸先生」なる人物の「御尽力」は書かれていない。その理由は元長と鋤雲との年来の親交に求められており、両者が親しくしていたことがわかる。「峰岸先生」が不満に思われるだろうと如心斎が心配していることからは、元長や重行等が新聞に自分の名前が載るか載らないかということを気にしていたことが推測される。

3　新聞・雑誌の貸借・謄写

前項で名前の挙がっていた「峰岸先生」とは、平村の副区長を務めた豪農・峰岸重行[31]のことである。重行から届いた書簡は、他の好古仲間の書簡と共に「明治十三年親友帖」（小室53）、「明治十四年親友帖」（小室52）、［明治一七年書簡綴］（小室4881-1-14）に年ごとに分かれて収録されている。以下の史料引用は、とくに断りのない限り、この三種の綴からのものである。

史料6　明治一七年三月二二日［朝野新聞拝見ニ付礼状］（小室905）

昨日ハ**朝野新聞**御見せ被下難有、大朝通宝始て承知、ヶ様ノ銭見分事も出来申間敷候得共、其説探索

させているもの二候、将ハ後来心得居度候間早々抄録いたし御返申上候

元長は、重行に新聞を貸し出していた。「大朝通宝」は、『朝野新聞』[32]に掲載された同社社長成島柳北[33]（一八三七—一八八四）の「大朝考」のことを指している。この論説は、古銭に強い関心をもつ重行が探していた内容であり、「後来心得」のため早々に抄録して返すと述べている。重行は、後で役立つと思った新聞記事については抜書をして、手許に残していたのである。

史料7　明治一七年三月二九日（小室 4881-10）

朝野新聞借用十一枚**相撲御覧ノ記**漸写畢返上仕候、■々古叟ノ**谷風略伝**御所持之者御聞出被成候ハヽ、又かりニ又願候、**官報**四枚慥ニ落掌仕候

「相撲御覧ノ記」は、幕臣成島衡山（一七四八—一八一五）が、寛政年間の将軍家相撲御覧の様を記録したものである。衡山の孫にあたる柳北は、それを三月一二日から二三日にかけての『朝野新聞』雑録欄に連載した。掲載初日の冒頭には、「斯カル流行ノ際相撲好キノ諸君ノ参考ニモト思ヒ」[34]と記されており、当時相撲が流行していたことがわかる。重行自身も相撲に興味を抱いていたのであろう、「相撲御覧ノ記」に飽き足らず、「谷風略伝」なる書を取り持っている人がいたら「又借」したいと付言している。

これに先立つ明治一七年の一月、重行は、「五月雨草紙」なる書を筆写したがっていた。同月二六日に、元長が同書を謄写する旨を伝えると、製本し終わったら拝借したいと申し出ている。そして、その後に送られてきた「五月雨草紙」に対し、「御届御貸し被下一見仕候所、謄写ニ取掛り居候」[35]とさっそく筆写に取りかかっている。

「五月雨草紙」は、戊辰戦争の最中、[36]自ら蟄居していた幕医喜多村直寛《なおひろ》（一八〇四―一八七六）[37]が、胸中に浮かんだ過去の出来事・文物（年代としては享保から慶応期にわたる）を記した随筆である。同書は、人目にさらされることなく門人の手元に渡っていたが、弟の栗本鋤雲（一八二二―一八九八）によって『報知新聞』に全録掲載された。掲載期間は、明治一三年五月三日から一〇月一日までである。

初回の「五月雨草紙」の末尾には、以下のような記述がある。

史料8　『報知新聞』五月三日　第二二七三号小言欄

今より生るゝ童子はさる世ありしとも知らて有る可けれハ聊か故紙にものして遺しぬ、抑も天運ハ循環して還らさる無けれハ再ひ堯天舜日に廻り逢ふ事も有可きなれ、と老たる身の頼むに足らされハ、今を見て昔を思ふ種と為すのみ

直寛は、自らが生きた「文化文政の頃ハ世上益々太平の極度に達した」[38]と時代と捉えており、それを後世の人に知ってもらう手がかりとして「五月雨草紙」を遺したのである。一方で「五月雨草紙」を新聞に掲載した鋤雲は、その前文に「中にハ大に往時の様を見るに足る者あれハ茲に小言の欄を借りて好事の人の覧に供せんと欲せり」と記しており、元長らのように「往時」を生きてきた「好事の人」を対象として想定していたと考えられる。

「五月雨草紙」に強い関心をもっていたのは重行だけではない。新聞の取次ぎを行っていた東京の山崎周敬も「喜多村香城老人〔栗本翁ノ実兄〕**五月雨草紙**偈筆モノ」として「宜敷拝借謄写致度」と書状を送ってきている。さらに玉川郷（現埼玉県ときがわ町）の高山忠三は、明治一三年五月二七日付の書簡で、「新聞小言欄内**五月雨日記**ハ両君状にも目ヲ附読」んでいるが「面白き事ニ御座候」と記している。「両君状」とは、

元長と如心斎がそれぞれ鋤雲へ送った書状を指す。二人は、「五月雨草紙」の記述について随筆から得た情報や自らの経験をもとに異見を送っていたが、それが「五月雨草紙」に掲載されていたのである。[39] 掲載された元長の書状については、三節で取上げる。

幕末から明治への時代の変化を経験した「好古家」たちにとって「五月雨草紙」のように過ぎ去った時代の事物を綴った随筆は、共感をもって読むことのできるものだったと考えられる。また、自分や仲間が送った書簡が随筆の本文と共に新聞の紙面へ掲載されるという形態も「面白」として歓迎されるものであった。

ここまで新聞のやりとりをみてきたが、元長らは新聞だけでなく、雑誌も購読していた。

史料9　明治一三年四月一五日

拝啓、交詢社雑誌第七号配達致来候ニ付御廻し申候、拙老義モ此程病気引籠居、兎角小六ツかしく何てもかても一切断切ニ而、世間ノ交リ是迄にて御免蒙ト存候間、家名ハ茂三郎へ譲り候ニ付此一ハ相済候得とも御ちらかし追々片付申度、此交詢社も拙老之名前取消し外様も御名前御直し被下度、右願被周旋候度、如此名前物ハ皆断り除名致候、与ニ決心仕候、此段申上候也

『交詢雑誌』は、明治一三（一八八〇）に慶応義塾関係者によって設立された社交クラブの交詢社が、知識の交換と世務の諮詢とを目的として発刊していた雑誌である。[40] 史料9に続いて綴じられている書簡には、「交詢雑誌第九号同附録共只今頓着仕候間、拙一覧之上御廻り申上候」、「先日一寸時借之壱円之返上　又四十銭交詢社先月分」等の記述がみられ、届いた『交詢雑誌』を重行が読んだ上で、元長にまわし、さらにそれを重行に返却するという形をとっていたことがうかがわれる。

重行は、武蔵国比企郡の交詢社社員であり、元長は、社員であった重行を通して、『交詢雑誌』を購読し

ていたのである。

しかし、史料9で重行は、このところ病気で引きこもっていて「兎角小六ツかしく」、一切を断って「世間ノ交リ」をこれまでとするため、家名も息子の茂三郎に譲り、さらに交詢社も会員から名前を消したいとしている。重行は、「名前物」は皆断ることを決心したのである。翌一四年三月刊行の『交詢雑誌』四二号「交詢社員姓名録」には、重行の名前が掲載されていることから、しばらく社員を続けたようだが、さらに一年後の一五年二月刊行の七四号の姓名録には、彼の名前を見出すことができない(41)。

史料9に続いてとじられている日付不明の書状で重行は、「此二三日漸寝たり起タリ」の中、「新聞等ニ而一日送り」と記しており、病気で伏せりがちな中、新聞を読んだりして一日を送っていることがわかる。しかし、新聞は読んでも「俗事ハ見ス聴ス云ス」と記しており、あくまで「俗事」とは距離を置く姿勢をとっているのである。

如心斎の場合は、さらに徹底している。

史料10　明治一四年（一八八一）二月一七日

●拙老子細アッテ近来何新聞ニテモ一切見ザルヲ常トシ、又其事項ヲ聞ザリシヲ平トスレハ、自然人ト交り自然人ヨリ答ルニ非ザレハ、目前ノ事ニて婦女子サヘ早ク見聞シタル筋丈何時迄《ヲモ》も知ラズニ仕舞フ事毎々也、然ル為殊更ニ自然ト耳ニ入ル事又少ナカリシ

如心斎は、近頃新聞を見ず、掲載された話題についても聞かないようにしており、そのために婦女子でも知っていることをいつまでも知らないことが毎回であると述べている。前掲の史料4でも末尾に「拙者ハ追来新聞ヲ絶而見不申候間、一向心得不申、何ノ新聞ニ出有之哉御序ニ伺度候」と記しており、理由は未詳だ

が、新聞の情報から距離をとっていることがうかがえる。ただし、そこでも鑑真会の記事が何の新聞に載っていたかを尋ねており、好古に関わる情報については知りたがっていることに注意しておきたい。
比企郡久米田村（現吉見町）の名主・戸長を務めた内山作信《なりのぶ》(42)（一八一六―？）も、元長から新聞の情報やそれに対する考えを聞きたがっていたひとりである。

史料11 「内山手簡」（小室140）明治一六年（一八八三）五月三一日

近頃何歟御珍説御耳に触候ハヽ、ちと御漏し被下度、老拙義当年は甚眼機衰ひ、新聞なと何も細字に相成読事あたはす、世の形勢も知に由なく、然に民権家の説に夫々議論有て、此節皇城の土木御休のよし、定て御承知と推察仕候、文化・文政の朴輩には解難事に奉存候、盛に民権を唱るアメリカ抔には大統領之居所なきものにや、どふか皇城と仙洞と取違たる説歟と想像被致候、御高説には如何に候哉奉伺候

この条で作信は、「珍説」があったら教えてほしいと元長にたのんでいる。彼は、老眼によって新聞の文字等も読めなくなってしまい、「世の形勢」も知るすべがない。民権家の説にはそれぞれ議論があり、皇城の普請工事も休止に追い込まれたという状況は、自分には理解しがたいことであり、それについて元長はどう考えるか尋ねている。作信は文化一三年生まれであり、「文化・文政の朴輩」という表現には、泰平の時代に生まれ育ち、明治の新しい世に直面した作信の困惑が感じられる。

4 「江湖」に考証を問う

元長らは、新聞記者へ個人的に書簡を送るだけでなく、新聞社への投書も行っていた。それはどのような

ものだったのだろうか。
如心斎の書簡には、元長の投書についての記述がある。

史料12 明治一三年（一八八〇）一二月三一日第五条

慈光蔵一本経并小水丸願経之件、朝野新聞中へ御投書ノ処、何歟間違有之候由、近日新聞屋が兎角マジメな投書ヲ〈勝而〉等閑ニ御座候、毎度杜撰ナ事ト生聞ニ手入抔シテ大ニ意味ノ違候事ニ仕升ハ困り物也

元長が投書を行ったところ、掲載された記事に何か間違いがあり、如心斎は、『朝野新聞』の杜撰さを困ったものと述べている。話題としているのは、次の記事である。

史料13 『朝野新聞』明治一三年（一八八〇）一二月九日 第二一七〇号雑報欄

○武蔵国比企郡西平村天台別院［都幾山］慈光寺ハ坂東九番の札所にて東鑑にも其名顕ハれ、当時鎌倉の右大将より千二百町の地を寄附されし時の書面、及ひ奥州征伐の祈願状、寛元年中冶鋳の古銭等今に存在す、又貞観一三年（歳次辛卯）三月三日檀主前上野国権大目従六位下安倍朝臣小水麿（中にハ権麿の字を除きしもあり）と毎巻尾に記載せし大般若の写ハ軸文永七年其御筋より納められし一品経三十二軸あり、共に旧幕府に於て修［装］飾を加へられし者にして其筆力の遒健ナル奈佐勝皐・亀田鵬斎・清水浜臣・市河米庵の諸家も一見して驚嘆されしと、然るに此小水と云人を誰も穿索をなかり［漏らせ］しに去る比［客歳三月］東京［府］士族畠山如心斎氏［浅草南松山町三十五番所有地に住す］か其先祖畠山重忠の為に弘長二年族人須黒左衛門尉行直より［か］建置し墓碣を拝掃せんとて

登山せられし時、安倍の古系図中に付いて始て其由来を知れり、独り一品経に於てハ宜秋門院の外何れの御人なるや其名を知る［に］由なし、寺の縁起にハ序品ハ清和天皇の翰宸なりと伝ふれとも別に証左あるに非ず、疑ふらくハ源家の祈願所なるを以て強ひて此説を伝会せし者と思ハる、且つ左の目録につき世の博識家の考証を請ひ度とて埼玉県比企郡番匠村の小室元長氏より寄贈あり［伏して江湖博識家の考証を請ふ］

この頃元長は、慈光寺の一品経に関心をもっており、内山作信と共に、文永七年（一二七〇）の筆写目録に記された人物名（引用では省略）の特定に熱中していた。しかし、「宜秋院」の他は、なかなか人物が特定できなかったことから、新聞に投書することで「江湖博識家の考証」を請おうとしているわけである。

元長は、この投書の控えを「明治十四年親友帖」に綴じ込んでいるが、その末尾に「同社之ヲ十二月九日二千百七十号雑報ニ記載ス、且一二ノ加刪アリ」と朱筆で書き足している。史料13では、波線で加筆部分、［　］で削除された部分を表したが、明確な誤りは見出せない。細かい表現の違いではあるが、自分の文章に手を入れられたことが気に入らなかったということだろうか。

重行も小水麿と一品経について、『交詢雑誌』に投書を行っている。明治一四年（一八八一）刊行の『交詢雑誌』四九号の「質疑　第一」である。「弊村天台別院都幾山慈光寺ハ坂東九番の札所にて**東鑑**にも其名顕ハれ」で始まり、「目録一巻別楮に附して博雅諸君の考証を請」と結んでいる。紙面の余裕からか、間に史料を載せている点は異なるが、それ以外は、元長の投書の控えとほぼ同文である。元長の投書を参考に原稿を作成したか、あるいは元長から頼まれて『交詢雑誌』に投稿した可能性も考えられる。[43]

元長の投書控えの前の丁には、根岸武香[44]（一八三九―一九〇二）が、一ヶ月前に『朝野新聞』に投書した記事の写しが綴じ込まれている（文字が四角で囲まれているのは、史料のまま）。

史料14　『朝野新聞』明治一三年一〇月二九日　第二一三七号雑報欄の写し

○此頃武蔵国比企郡泉井村なる山間の畑を耕せしに畔より古瓦数片を出せり、其質或ハ硬或ハ軟にして中に武蔵乃郡名の一字を印するあり、皆な缺けて全きものなく、多摩郡国分寺廃趾に出る所の古瓦と一様なり、比企郡番匠村の好古家小室元長氏ハ豊（豊嶋郡）、豊（仝郡）、男（男衾郡）の文字を印する三片を得、余も亦大（大里郡）、播（播羅郡、播今作播）二片を得たり、抑も泉井村ハ慈光寺の東（慈光寺ハ同郡西平村にあり、坂東の札所観音を安置す、貞観年中上埜大目小水麻呂の写経其他古写経を蔵す、又**万葉集**を註釈せし仙覚律師の住せし地にして鎌倉府の祈願寺なりと**東鑑**に見ゆ）平沢寺の南（平沢寺ハ同郡平澤村に在り、久安四年当国主散位平朝臣茲縄の施入せし経筒を蔵す、**東鑑**に祈願所なることを載す）正法寺の西（正法寺ハ同郡岩殿村にあり、坂東の札所にて古文書を蔵し古碑等有り）に在り、本郡に旧跡多きも古昔大社梵刹の在りし事地誌及ひ古老の句碑にも伝ふるなし、今古瓦の出るハ如何なる故か江湖の諸君に質すと同国大里郡胄山村の根岸武香氏より申越さる

この記事は、比企郡泉井村で出土した文字の彫られた瓦を元長と共に入手したとして、(45)根岸武香が『朝野新聞』に寄せたものである。比企郡には「旧跡」が多いが、「古昔」に大きな神社や寺院があったということは、地誌および古老の言い伝えにも伝わっていない。それにも関わらず、今日「古瓦」が出土するのはなぜなのかと、武香は「江湖の諸君」に問うている。

明治前期における新聞や雑誌には、「江湖」という表現がしばしばみられる。史料13で元長の原稿にあった「江湖博識家」が紙面では「世の博識家」と直されているように、「江湖」には、「世間、世の中」といった意味がある。さらに、「江湖に問う」というと、書物を公刊する、言論を公にするという意味になる。

東島誠氏は、自由民権運動の高揚、「論議する公衆」を基盤とし、《文芸的／政治的公共圏》を担う「江湖」という名の言説空間の浮上を明治期の新聞にみる。そして、《江湖》世界を日本における《公共圏》の可能性を担うものであったと位置づけている。(46)

その背景のひとつには、初期の新聞社の運営事情があったと言える。当時の新聞社は、取材体制が整っていなかったこともあり、読者からの通信・投書を歓迎した。記者も読者を「新聞共同体の一員」とみなしており、読者は記者を信頼し、記者のつくった記事を愛読し、支持して読者と記者とが共同体的な連帯感をもっていたと山本武利氏は指摘している。(47)

今回の事例を短絡的に東島氏の議論とつなげるのは避けなければならないが、記者と読者によって構成される「江湖」という空間が新聞という媒体上に存在したことは注目される。元長らは、新聞記者と親交をもっており、新聞上に古い物についての質問を投げかけることで、その分野の「博識家」から回答が返ってくることを期待したのである。

小括

本節でみてきた書簡上では、新聞を読んでいることを前提としたやりとりがなされていた。明治一〇年代の埼玉県において新聞は、戸長や医師等の間では一定度普及をみせていたと理解できるだろう。新聞を読まなければ、世間の変化についていけない時代になっていたのである。ただし、元長らは、新聞を好古仲間の間で貸借・共有しており、依然新聞が読み捨てることのできない高価なものであったことがうかがえる。仲間に貸し出すために新聞を切抜く訳にはいかず、書籍を読むときと同様、抄録という方法によって、必要な情報を手許に残し、集積していったと考えられる。

しかし一方で、「好古家」たちの中には、煩わしい「俗事」から離れるために新聞を読むのをやめる人々もいた。また、新聞を読んでいても彼らが求めたのは、政治・社会情報よりも、好古に関わる情報や往時を思い出させるような随筆や記録であった。さらにそのような好古に関わる疑問を投げかけることができる言論空間も新聞に期待されたのである。

元長は、そのような好古仲間の中にあって、新しい新聞情報や意見を乞われる程、熱心に新聞を読み続けていたようである。彼は新聞からどのような情報を蒐集していたのだろうか。そこに迫ることができる史料が『南木廼家随筆』である。以下では、同随筆の分析によって、元長の読みに迫りたい。

三　新聞を抄録する――『南木廼家随筆』の基礎的研究

1　『南木廼家随筆』の基本書誌および編輯目的

内容に入る前に、装丁を確認しておきたい。『南木廼家随筆』は、一一巻全てがほぼ同じ大きさで、いずれも二三・〇×一六・〇（㎝）内外の半紙本サイズとなっている。ほとんどの巻が包紙に包まれており、包紙のない巻ももとは包紙に包まれていたと推測される。他の製本された編纂物に比べて『南木廼家随筆』は、表紙・本文ともに薄手の料紙が用いられていることから、保存のための工夫と考えられる。初編の包紙中央には、「南木乃家随筆／初編」と墨書され、余白に、「英ノ一里ハ我十四町余」「三多　**説苑**学者取三多、看読多、持論多、著述多」と細書がある。他の巻の包紙にも書き込みがみられ、元長が備忘としてすぐに参照したい情報や標語のような言葉を記したものと考えられる。

表紙は、茶色無地表紙で、左肩に単枠題簽が貼られ、「南木廼屋随筆　一」と墨書される。表見返しには、「目次」があり、収録された項目名が列記されている。本文初丁の内題には、「南木廼家随筆　初編／工村野

編【項目】	年号月日	項目名	記述
初編【17】	M8.8.14	金山社寺	新田義貞の墓は金龍寺にあり、明治八年八月十四日登山す
3編【2】	M13.4.30	江戸歌合人名	〔以下十三条江戸名所図会ニ於テ抄録ス、時ニ明治十三年四月三十日雨声窓ヲ敲キ晩寒大ニ加ル〕
4編【36】	M14.11.8	津軽五郡凶荒始末	〔明治十四年十一月八日記す〕
4編【66】	M15.8.3	真慈悲寺	壬午八月三日に記ス
5編【77】	M17春	流行物	〔明治十七年抄春記す〕
6編【1】	M16.11	甲斐広氏	明治十六年十一月記ス
6編【42】	M17.4.22	先祖の助六にスマナイ	以上**東京絵入新聞**二千六百四十八号（明治十七年四月十五日）玩古道人の寄書して今の団十郎団州を訊せし文なり、余見る所ありて抄録す、同月廿二日記す
6編【51】	M17.3.22	英人訳古事記	〔明治十七年三月廿二日記〕
9編【3】	M17.12.10	歌楽絵画余論	十二月十日夜記畢
10編【55】	M18.10	抱鶴翁死ス	〔明治十八年十月記ス〕

表2：『南木廼家随筆』著述年代
出典：埼玉県立文書館所蔵『南木廼家随筆』初編――十一編（小室2963―2973）より筆者作成。

史 小室誠 輯」と書かれ、蔵書印は無い。以上の形式は、他の巻でもほぼ踏襲される。本文の料紙は、初編・二編が青色罫紙一〇行、五編が黒色罫紙一〇行、九編が罫線のない料紙、残りはすべて青色罫紙一三行となっている。

作成年代は、明記されていないが、項目の中には、記述した年月日が書かれているものがある。それらを抽出して**【表2『南木廼家随筆』著述年代一覧】**を作成した。同表を見ると、初編起筆の年は正確に特定できないものの、明治八年頃には著述を始めていたものと考えられる。新聞からの抄録も明治七年のものが全く見られないわけではないが、まとまって筆写されるようになるのは、明治八年のものからである。また、六編の冒頭の項目が書かれたのが、明治一六年の一一月であるが、それから二年間の間に一一編までの六冊を書き上げており、晩年にかなりの精力を傾けて著述されたものであると考えられる。

初編は、「文部省司薬場キナエン試験表」から始まる。同表は、当時の輸入薬品中、最も重要なキナ塩の真贋を見分けるための簡単な鑑別方法を、文部省が明治七年一一月一〇日の新聞紙上に発表したものである。[48] No.2「石灰水製法」に続くNo.3「水量」とNo.4「薬量」は、明治六年（一八七三）刊行の橋爪貫一『世界商業往来補遺』からの引用である。その後、漢学の師・芳川波山の「四教塾之規」、父子ともに小室家と交流のあった安井息軒の[49]「三計塾学規」、昌平黌の「書生寮定書之写」と塾則が続くと思いきや、「豆状地名」「巓七里」と書物から地誌に関わる情報を抜き出している。さらに、No.22「戯文」の文末には、「明治八年十一月八日『報知新聞』第八百二十五号」と記され、以下、新聞からの抜書が続く。

このように、書物や新聞の抜書からなる『南木廼家随筆』は、いったい何のために編まれたのだろうか。その謎を解く手がかりは、九編にある。同編には、巻末に「百聞不如一見録」と題した抄録集が綴じ込まれており、表紙に次のような識語が書かれている。

史料15

此書ハ当時余カ筆記シテ人ニ仮《ママ》シ久シク其ノ所在ヲ失ヒシニ、不図還リケレハ本編ニ附綴シテ他日観風ノ一具ニ供スト云

明治十八年二月　笠山識

久しく行方不明になっていた書がふと返ってきたとして、元長は、明治一八年の識語を付し、『南木廼家随筆』に綴じ込んだのである。

「百聞不如一見録」に収録された新聞記事の中で最も年代の早いものは、『報知新聞』明治七年九月二八日付の「日耳曼ノ首都ベルリン留学佐藤進ヨリ其父尚中ニ寄スル書」である。また、末尾は、明治一一年一二月一七日付の『報知新聞』の遊女身請けに関する記事が最後となっている。元長は、明治ゼロ年代後半に『南木廼家随筆』の他にも、同じような性格の編纂物を編み、人に貸し出していたのである。

ここでは、識語の「観風ノ一具ニ供ス」という表現に注目したい。「観風」とは、「人情風俗の得失をよくみる」という意味である。元長は、「百聞不如一見録」を、当時の様子を知るための一助にしようと『南木廼家随筆』に収録したのである。

「観風」あるいは、それに類似した表現は、『南木廼家随筆』の他の編にも時折見られる。例えば、四編No.5「比翼袖」には、「比翼の袖ハ都踊の曲名、明治一四年月奏する所鴨東の一盛事也、観風の為左に其哥を載す」と書かれている。これらから、『南木廼家随筆』は、当時の人情や風俗を窺うための手がかりとして編まれたものと考えられる。

『南木廼家随筆』は、その内容の体系性のなさから、元長自身の備忘録のようにも思えるが、単なる備忘に留まらず、他者に読まれることを意識していたと考えられる節がある。

一点目は、『南木廼家随筆』の書かれ方である。一〇編の目次の丁の袋綴の間には、等間隔で横線を引いた紙が挿入されている。そして、紙の下から浮き出た横線が罫紙の縦線と交わってできたマス目に従って文字が書かれているのである（写真1）。一一編のNo.1の書きかけの丁にも、同様の紙が挟まっており、本文を書くときにも同じ手法を用いていたことが確認できる。[50] そのような工夫をしながら、全編を通して比較的読みやすい字で書かれているのである。[51]

二点目は、欄外の書き込みにある。三編No.16「さミだれ草紙」では、二節でみた「五月雨草紙」が筆写されているが、欄外に朱筆で「此以下前後錯雑す、読者一・二ノ符ヲ照ラシ看るべし」とあり、数丁後にまた「此以下前後錯ス、宜シク符ニ従テ読ムベシ」と朱筆されている。元長は、読者を想定して『南木廼家随筆』を著述していたのである。

四編No.56「道灌孫を悼める歌」は、井沢蟠竜の説話集『広益俗説弁』からの抄録である。その欄外に朱筆で、「此歌**慕京集**ニ見エタリ、仝集ハ道灌ノ歌集ニあらす、其解「慕京集作者考」八編ニノス、併見ル可

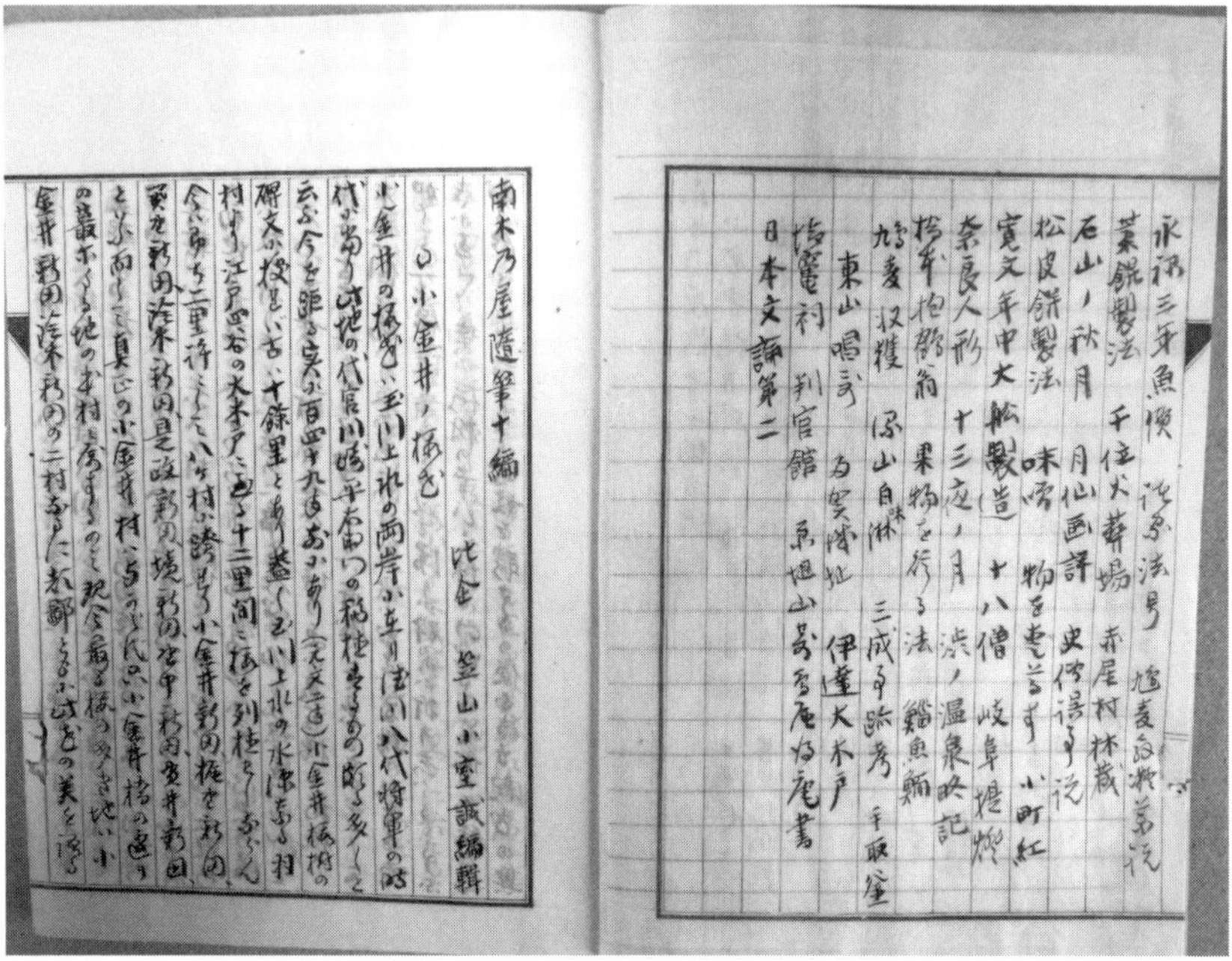

写真 1：埼玉県立文書館所蔵『南木廼家随筆』10 編（小室 2972）目次裏および本文初丁（No. 1「小金井の桜堤」）
出典：筆者撮影

シ」と参照先が示されている。これらは、各編の項目の関連性を読者に示すものと考えられよう。

以上二点から、『南木迺家随筆』が、後から他者に読まれることをある程度想定して著述されていたことがわかる。それでは元長は、誰を読者として想定していたのであろうか。『南木迺家随筆』には、対象とする読者について次のような表現がみられる。

史料16

五編 No.6「天狗書」

明治七年六月余熱海の温泉に浴し石渡喜右衛門か不尽閣に寓す、（中略）一日延山の新居日薩教正に謁す、話次伊東妙昭寺天狗の書に及ふ、余心窃に疑ふ所あり、今茲壬午乃七月十五日偶**報知新聞**二千八百廿八号を閲するに小豆人堀川春江詩を載す、其事頗怪異に渉るといへとも左に抄録して他日探勝者の資に供し、併て教正の不食言を証す

五編 No.36「獅子王剱」

まこと学識真の沼に茂りあひていつれ菖蒲と引そわつらふと詠せしによりて其哥を賞して景茂に下されたる事を頼政に附会せしと**奥羽日々新聞**千七百六十号（明治十六年五月廿一日）にあり、重録て博古の人に尋ぬへし

六編 No.51「英人訳古事記」

目下海軍省御雇英人チャンブレーンは嘗て家に**古事記**をは国語に翻訳せし由を聞きしか、此度若干日の暇を請ひ関西に杖を曳き、首に京都の名所旧跡を探訪すといふ、鴂舌の人にして頗る雄志ある最も

曠服する処、ア、吾等一部の**古事記**すら熟読する能はす、虚しく安逸に流かるゝハ弥々自ら耽る処也、書して児孫の誡に供す〔明治十七年三月廿二日記〕

これらを見ても、景勝の地を訪ねて、その風景を楽しむ「探勝者」、あるいは古い時代のことに詳しい「博古の人」、そして「児孫」と、その対象はまちまちである。

おそらく元長は、不特定多数の「読者」を想定しており、記事ごとに読んでもらいたい対象は必ずしも同じではなかったと考えられる。ただしそれらは自分と同じような問題関心をもつ人という点で共通点をもつのではないだろうか。

以上、『南木廼家随筆』の基本的な書誌と編輯の目的についてみてきた。同随筆は、第一義的には、元長自身の備忘であったと考えられるが、そこに留まらず、「観風の一具」として、子孫をはじめとする後代の人に読まれることを期待していたのである。

そのような「かき物」として同随筆を読むならば、そこに抜書された記事は、彼の興味関心や後代に伝えようとしたものを示しているといえる。元長は、どのような記事を抄録しているだろうか。次節からは、『南木廼家随筆』の具体的な内容を分析していきたい。

2　『南木廼家随筆』の項目分類

筆者は、『南木廼家随筆』中の抜書の出典を新聞と書物に大別し、さらに新聞記事を一三、書物を五つのジャンルに分類した。その結果をまとめたのが、【表3『南木廼家随筆』項目分類一覧】である。

本表をみると、全五八四項目中、新聞記事が三九七、書物が一四四であり、前者が半数以上を占めることがわかる。

新聞記事の中では、好古に関するものが最も多く八三件、それに史蹟・石碑、旧幕府関係、南朝関係をあわせた歴史関係の記事だけで一七五件と、新聞記事の半数近くとなる。

歴史関係以外では、詩歌が四二件、災害・救荒と、医学・本草がどちらも同数の三五件、社会が三二件となっている。

このうち医学・本草は、三五件中二二件が、初編・二編に含まれる。初編冒頭が「キナエン試験表」や『世界商業往来補遺』の引用から始まっていたことからも明らかなように、明治ゼロ年代の元長は、新しく入ってきた薬学関係の知識について積極的に蒐集していたのである。しかし、明治一〇年代に元長は医業を廃しており、その後重要度は低くなっていったと考えられる。

社会に分類したものの中では、主に府県から内務省や宮内省等への伺いの写しがほとんどを占める。これらも三二件中二九件が初編・二編で収まってしまい、それ以降はほぼ引用されることがない。背景として考えられるのは、村政との関わりである。元長は、安政期から務めていた名主後見役の職を文久元年（一八六一）に退いているが、後任の村役人から「請帳面勘定等」の手伝いをしばしばたのまれる等、裏方あるいは相談役として村政に関わらざるを得なかった[52]。そのため元長は、各県からの伺いに関心を払っていたものと考えられる。

好古	83
遺蹟・石碑	35
旧幕府	25
南朝	32
履歴・伝記	18
災害・救荒	35
詩歌	42
医学・本草	35
政治・外交	18
社会	32
褒賞・天皇	18
書画	15
その他新聞	9
新聞小計	397
地誌	36
詩歌	16
軍書・史書	30
随筆・説話	43
その他書物	19
書物小計	144
未詳	43
合計	584

表3：『南木廼家随筆』項目分類
出典：埼玉県立文書館所蔵『南木廼家随筆』初編――十一編（小室 2963―2973）より筆者作成。

しかし、明治一四年（一八八一）一月五日付の根岸友山[53]（一八〇九—一八九〇）宛書簡[54]において元長は、世間付き合いは「兎角愛憎を生し摂生に不宜、近来読書・写本を以残生ノ一楽事ト取極、余事ハ一切謝絶致シ」と述べる。それ以来、「俗事」とは距離をとるようになったことが、村政がらみの情報が『南木廼家随筆』に見られなくなる背景にあると考えられる。

以下では、最も数の多かった歴史関係と詩歌および災害・救荒の記事について内容に踏み込んでみていきたい。

3　古社寺保存費制度と史蹟保存への関心

四編No.31「二条城」で元長は、二条城の修復事業の記事の引用に続けて、以下のような文を記している。

史料17

工村云、右ハ**東京日々新聞**（明治一四年九月廿八日弐千九百四十一号）に掲載する所也、因て思ふ関東七名城と呼れし川越・忍等諸城の如き存在して今日に至らハ、亦同しく修繕を加へられ保存の道あるへし、惜哉、無智の小人に軽卒先払下を願ひ破毀せしを、余之を読て不覚感あり、一言を茲に附す

元長は、ここで「関東七名城」も今日まで残っていれば、二条城のように修繕を加えて保存する道があっただろうに「惜哉」と述べる。川越城や忍城が「無智の小人」によって払い下げられ、破却されてしまったことを嘆いているのである。

続いて五編No.68「柴屋寺」には、次のような記事が抄録されている。連歌師宗長（一四四八—一五三二）の開基とされる静岡県丸子の吐月峰柴屋寺《とげっぽうさいおくじ》は、宗長の没後は荒廃し、宗長の跡を弔う者もいなかったが、慶

長の終わりに二代将軍秀忠が鷹狩りの折に立ち寄ったのをきっかけに「高五石」と「寺中山林并木免許の御朱印」を賜り、二五〇年の間修繕を怠ることなく行ってきた。ところが、「明治の御代」になってその特権をすべて奉還してしまったため、修理の資金も用意できなくなってしまった。住職が嘆いていたところ、丸子宿の水谷九郎平をはじめとする諸氏が有志を募って修繕資金を集めた。一方で、「其筋」へも「四百年の旧跡廃滅に帰せん事」を陳述したところ、保存資金のうち金五〇円を「古寺社保存費」から下附されることになった。

古社寺保存費（金）制度は[55]、明治一三年（一八八〇）に内務省において「社寺保存内規」が制定されたことによって始まり、明治三〇年（一八九七）に古社寺保存法が成立するまで存続する支援金制度である。一〇編No.63「多賀城址」No.64「伊達大木戸」No.65「塩竈祠」No.66「判官館」の文末には、「右四項ハ内務省より各地方庁へ其管内ニ於て古社寺名勝旧蹟にして四百年以上を経たるものを取調ふ可き旨を建せられしに付、頃日宮城県ニ於て取調られし管内名所の縁起を抄略せしもの也とて或人より投寄されしを以て茲に掲けおきぬ」と記されている。

元長は、「関東七名城」をはじめとする地域の史蹟が失われていく中、古社寺保存費（金）制度によって復興する他の地域の史蹟の動向を注視しており、地域の史蹟を保存していくにはどうすればよいかを思案していたのではないかと考えられるのである。

4　旧幕府への意識と旧旗本領主への建白

史蹟に関する記事の中で、元長は、旧幕府や佐幕藩に関係するものを多く筆写している。六編No.13「近藤勇・土方義豊碑文」には、近藤勇と土方歳三の生涯が記述された上で、「今や已に十数年の光陰を経過し当時王家に抗せし者といへとも恩典に浴する者頗る多し、然らハ敢て御咎もあるまし」として二人の「親戚故旧」が謀って一大石碑を高幡不動に建設した話が綴られる。[56]
六編No.23「烈女竹子略伝」では、会津戦争で奮戦討死した中野竹子の略伝を辞世の句と共に載せるなど、元長の関心は、戊辰戦争で亡くなった会津の人々にも向かう。
七編No.17「会津白虎隊姓名」で元長は、石田和助以下一六歳の隊士と、伊東俊彦以下一七歳で亡くなった隊士の姓名を書き連ねている。さらに、七編No.42「会津戦死招魂祭」では、「先に白虎隊十六人の姓名を記せしか、今また招魂祭の一報を得たれハ左に録す」と、No.17との連続性を示唆しながら、会津戦争戦死者の招魂祭の様子を書き記しているのである。

元長は、なぜ幕府や戊申戦争で亡くなった人々に意識を向けているのだろうか。それを知る手がかりは、元長が住む番匠村が旧旗本領であったことにある。元長は、最幕末における旗本領主佐久間氏の家族の番匠村への疎開の際に中心的な役割を果たした。そのときの記録を江戸・上方の政治情報や官軍の進行状況等と共に記したのが、「慶応四年御立退始末」(小室350)である。その巻末近くには、明治二年(一八六九)正月に佐久間氏[57]に対して提出した建白書の写しが収められている。その冒頭は、次のように始まる。

史料18

草野之布衣〔義誠等〕悚慄戦栗〔慄〕謹而言上仕候　徳川御家御高七拾万石と御治定ニ付而は、御
旗本之面々歴世涯恩之主家ニ相離れ、
朝臣相願候心術を以忖度仕候ニ、他日　朝廷之御為ニ忠義を存し候義は万々無之道理ニ御座候、

この建白書は、番匠村の村役人四名連名のものであるが、冒頭「草野之布衣」の下に「義誠等」と記されている。義誠とは、元長のことである。ここから本建白書は、元長の強い意向のもとに書かれたのではない

かと推察される。

幕府が崩壊し、家禄がなくなったからといって、徳川家を見捨て、朝廷に忠義を献げるのは、道理に反するとの主張がここでは述べられる。さらに、引用部分に続く記述では、米沢藩上杉家等の事例を挙げながら最後まで武士として、これまでの恩を忘れずに仕えるべきだとし、佐久間氏が伊豆国で帰農したことを批判している。

『都幾川村史』では、この建白書を「農民身分であるが、かえって譜代の家臣以上に、三〇〇年近くもの泰平の世を築き上げた徳川家とその治世を肯定する姿勢が元になって批判し、それが建白書として現れたものと思われる」(58)と位置づけている。

以上のように、明治初年の元長は、旧旗本領主に対し、泰平の世をもたらしていた幕府の恩を感じ、忠義を尽くすべきとの姿勢をとっていた。

先にみた『南木廼家随筆』に抄録された記事の傾向からは、明治初年の建白書に見られた徳川家に対する意識が明治一〇年代においても連続していたといえるだろう。

5　褒賞の記録と天皇家への意識

『南木廼家随筆』には、旧幕関係の記事が筆写される一方で、天皇家に関係する記事についても抄録されている。それらは、ほとんどが贈位など褒賞絡みの記事である。

二編No.70「桐菊章御答」では、明治一二年六月の菊桐紋章拝領に際しての上申書を掲載した記事が写されているが、その欄外に元長は短い漢文で所感を朱書している。西本願寺二一世大谷光尊明如上人(一八五〇―一九〇三)の上申では、後柏原天皇が、「天下餓饉」のために二〇年間即位の礼を挙げることができず、九世大谷光兼実如上人の献金によってようやく即位できたことが書かれている。それに対して元長は、

「皇威衰頽不堪感泣」と天皇家の権威の衰退に対して涙を流している。また、旧米沢藩主・上杉茂憲（一八四四―一九一九）からの上申に記された上杉輝虎（謙信）が後奈良天皇に拝謁した折、御剣と天盃を下賜されたことについて、「忠烈凜然従紙上可謂不愧武臣之目」と、輝虎の「忠烈」が「武臣」の目に羞じないものであると称賛している。ここでは、天皇家との関わりで輝虎の忠義が評価されているのである。

元長はなぜ天皇家へ意識を向けているのだろうか。それは、ひとつには南朝への関心と関わっていたと考えられる。

初編No.17で「新田義貞の墓は金龍寺にあり、明治八年八月十四日登山す」として、自ら金龍寺に登山したときに筆写した墓碑銘を載せているのを初出として、『南木乴家随筆』には、三二件の南朝関係の記事が収録されている。

人物として登場回数が最も多いのは、楠正成の長子楠正行（?―一三四八）である。楠氏関係の記事を拾ってみると、一〇件が確認できる。それら一〇件のうち六件が、正行に関する記事であり、元長の関心の高さがうかがえる。

他にも、南朝の天皇や南朝の忠臣に関わる記事が多くみられる。五編No.15「中納言資朝」には、「南朝家の為に抄録す」と文末に書かれており、元長が自らと同じように南朝に強い関心を抱いている人物に読まれることを期待して筆写していたことにも注目しておきたい。

小室家には、元長が明治一四年（一八八一）に作成した「家系譜」が遺されている。それによると、先祖は、藤原姓をもち、後醍醐天皇の第一皇子尊良親王に従って、延元二年（一三三七）三月六日、越前国金崎の城において戦没したという由緒が語られている(59)。この時期に元長は、天皇家との関係から自らの家の来歴に関心を向けていたと考えられる。先祖との関係から南朝、ひいては天皇家に対して強い関心を抱いていたものと考えられるのである。

6　災害への危機意識

『南木廼家随筆』四編No.36「津軽五郡凶荒始末」では、中津軽郡郡長を務めていた笹森儀助(60)（一八四五―一九一五）が津軽での飢饉の惨状を書いたものを筆写したあとに、朱筆で、「右ハ笹森氏有栖川左府宮へ上申する所ノ節録して後昆の注意に備ふ〔明治十四年十一月八日記す〕」と書き加えている。元長は「後昆」、つまり後世の人々へ注意を喚起しているのである。

彼は、なぜ飢饉に対する注意を随筆に記しているのだろうか。第二節でも触れたように、新聞に掲載された「五月雨草紙」には、元長が栗本鋤雲へ宛てた書簡が掲載された箇所がいくつかある。ここでは、そのひとつを参照したい。

元長の書簡は、「五月雨草紙」の江戸期の米価についての記述を読んで「風と思出し」たとして、以下のような話を記している。

史料19　『報知新聞』明治一三年六月二二日　第二二一五号

天明の凶歎ハ亡祖父の昔咄しを聞候迄にて其実況ハ不存候得共、弊地辺打毀しの巨魁も矢張大若衆と坊主の由ニ御座候、隣郡入間郡入間川村綿貫帆平・足立郡川田谷村高橋甚左衛門抔床柱に当時斧鉞等の痕ありとて郷党伝て談柄に供し候、天保ハ親しく見聞致候事故、其惨状覚居候得共、人々痩削骨立さなから黄胖病者の如く、車前葉山慈姑《カタクリ》の類掘尽し、中にハ山に入り商陸《ヤマゴボウ》と取違ひ莨菪《ハシリトコロ》を摘来り、毒に当り斃れ候者も御座候、或る日亡父事小川村と申小市街より売品の食物十三種買来り、家族に為嘗候事御座候、其内藁を粉に致し製したる餅ハ何分喉に下り難き者にて有之候、其節の人情唯々食を得候へハ他に望ハ無之様に見受候、元長は、天明の飢饉についてては、伝聞でしか知らないが、天保の飢饉については、自ら見聞したことから、その「惨状」を覚えているという。当時は、食物が枯渇していたために、山に入ってヤマゴボウをハシリトコロと間違えて取ってきて食し、毒に当って死んでしまう人もいた。ある日、父親が小川村(現小川町)から買ってきた救荒食のうち、藁餅はなかなか喉を通らない代物であったが、食べられればそれでいいというのが、その当時の「人情」であるように見受けられたと語っている。

元長の父・元貞の記した「飢饉録」(小室19)には、天保飢饉時の作物の不作と物価騰貴、そして、「世間甚騒敷」様子が記録される。同記録の天保七年(一八三六)の条には、「村方も難義之体」にみえたため、「家内相談」の上で、元長が歳暮と共に銀弐朱を持って村内の家々をまわっていることが確認できる。元長は、家々をまわりながら、飢饉の「惨状」を目の当たりにしたことだろう。彼の飢饉に対する意識の背景には、天保の飢饉の経験があったのである。

飢饉に対する危機意識と共に考え合せたいのが、火山噴火への危機感である。『南木廼家随筆』一〇編のNo.2「冨士山の異状」で元長は、次のように記している。

史料20

昨冬以来冨士山に異状ありとて静岡県も深く注意せられ、其模様を詳記して地理局に質問せられたるをハ、諸新聞甚敷見せり、往事冨士の噴火山なりしをハ古史・古歌に徴して之を知るへし、(前篇にも其事を略記せり)(中略)史籍に載する所短管にして絶て其実況を知り難く、近く宝暦四年(明治十八年より百七十九年前)宝永山の突出したる時の事を想像するに、数百年未だ見ざる噴火なりしならんと察せらるれど、夫すら詳記せしものなし最晩年の明治一八年、元長は、昨冬以来諸新聞が書き立てている「富士山の異状」を非常に気にかけていた。昔から富士山が「噴火山」であることは、「古史・古歌」を手がかりとして知るべきであると元長は述べる。ここでは、「古史」だけでなく、「古歌」も同様に「徴」になると見なしている点に注目しておきたい。本項の前のNo.1「小金井ノ桜堤」でも「桜樹の碑文其文章ハ巧妙ならざるも亦之に就きて桜堤の来歴を知るに足れり」と「小金井桜樹碑文」を載せている。昔詠まれた歌や書かれた文章は、その時代の風俗や人情を知るための手がかりとなると元長は考えていたのである。新聞からの抜書のうち詩歌は四二件にのぼるが、元長が新聞に掲載された戯文や都々逸等を数多く筆写しているのは、そのためであると考えられる。

ただし、「史籍」の記述はいずれも短く、「実況」は知り難い。宝永の噴火は「数百年未だ見ざる噴火なりしならん」と推察しながらも、それすら詳しく記した書はないことをもどかしく思っている。

元長は、「或人の筆記」中に見える宝永の噴火についての記述を引用した上で、次のように記す。

史料21

之に就きて稍や当時の有様を想ひ遣るべし、誠が壮時祖老の天明三年（百三年前）浅間山噴火の事を語られしも前記の如く白昼に天色朦朧として燈火を点ぜざれバ物の是を■へられ難くありしと、其時第一に飼馬の料に差支へんを慮り婢僕に命じて刈豆を刈らせ屋根のある下へ並へ置せしと

元長が壮年の頃、祖父が語ってくれた「浅間山噴火」の話でも「或人の筆記」に書かれているのと同様に、真昼間にも関わらず空の色が朦朧として灯火をつけなければ物の区別ができない状態となったという。そして、その時の祖父がとった対応を記している。

富士山の噴火が近いうちに起るのではないかと危機感を抱いた元長は、その後、No.18「飢饉年限」で飢饉の起こる間隔を計算している。

史料22

寛永十九年　天下大ニ飢ヱ
延宝三年　仝　　寛永十九年ヨリ三十三年
享保十七年　仝　　延宝三年ヨリ五十七年
天明三年　仝　　享保十七年ヨリ五十一年
天保七年　仝　　天明三年ヨリ　五十四年
天保七年ヨリ今茲明治十八年ハ丁度五十年、春東気候不順諸国ニ出水旱魃ノ患あり、五月廿日桐生足利辺雹災の報告を聞く、苦心焦慮ニ不堪

今年明治一八年（一八八五）は、ちょうど天保七年（一八三六）から五〇年であり、飢饉が再び起こりそうな兆候が各地で出てきていると、元長は心配の度合を強めているのである。

「飢饉年限」を数えた前後で元長は、複数の識者が『日日新聞』等に投稿した松皮や藁から餅を作る方法を小まめに書き留めている。No.5「松皮食用ト為ル」（日本山林会員梅津某取調）、No.11「松皮食用ノ利害」（福岡私立衛生会報道）、No.39「藁餅製法」（福井県越前国今立郡不老村高橋忠右衛門）、No.45「松ノ皮餅」（滋賀県堅田出町佐久間弥左衛門）等である。

もとの新聞記事では、No.39は、「近年不景気の為」、No.45は、洪水により村が遮断されたため等、「餅」を作った理由は様々である。しかし、元長は「救荒食」として代用品の「餅」を捉え、来る飢饉に備えるべ

く記事を筆写したものと考えられる。

おそらく元長の頭の中では、火山噴火→飢饉→救荒食という思考回路が働いていたのではないだろうか。ここでは元長が、記者が書いた記事だけでなく、読者からの投書についても知識源として活用していたことに注目しておきたい。

小括

元長は、『南木廼家随筆』著述の目的のひとつを「観風」、つまり後世の人々に自らが生きた時代の人情・風俗を伝えることにおいていた。それは、自身の備忘に留まらず、子孫をはじめとする後世の人々にも読まれることも期待して書かれたものであった。本節では、元長の興味関心や後代に伝えようとしたものという観点から『南木廼家随筆』に抄録された記事を分析した。

元長がはじめ筆写していた記事には、医学や社会に関する記事が多く見られたが、それらは、元名主後見役あるいは医師という元長の仕事との関わりの中で抜書されたものと考えられ、仕事から離れた明治一〇年代半ば以降ほとんど抄録されなくなる。以降抄録されるようになるのは、歴史に関わる記事である。

元長は史蹟保存に関する記事を多く抜書していたが、その背景には同時代に制定され、適用が進みつつあった古社寺保存費（金）制度との関わりで、失われていく地域の史蹟をどのように遺していくかという意識があったと考えられる。

旧幕府や佐幕藩に関する記事は、旧旗本領に住む領民としての意識、天皇家や褒賞に関わる記事は、祖先を南朝の家臣にもつ自家の由緒意識との関わりで抄録されたものと考察した。これら元長の意識については、今後より分析を深めていく必要がある。

元長は、飢饉に対する危機意識から、新聞から救荒食に関する投書を抄録する一方、江戸期における自らの経験を書簡に記して新聞記者である鋤雲に送っていた。彼は、いつ襲ってくるかわからない非常時のために、前時代を生きた者として自分ができることとしてこのような抄録や投書を行っていたのではないかと考えられるのである。

おわりに

本稿では、「好古家のアーカイブズ」とも称される小室家文書を取上げ、その日記・書簡史料を分析した上で、『南木乺家随筆』の基礎的な研究を行い、明治前期において元長とその周辺の「好古家」たちが新聞をどのように読んでいたのか、そして、彼らが新聞に求めたものは何だったのかを、元長の意識・関心と共に明らかにしてきた。

彼ら「好古家」たちは、新聞・雑誌を賃借し合うことで情報を共有し、必要な情報については抄録して手許に残していた。ただし、彼らが新聞に求めたのは時事的な政治・社会情報ではなく、好古に関わる情報や、往時を思い出させる随筆・記録であった。さらには、「江湖」に考証を問うことができるような言論空間としても新聞に期待していたと言える。そのような好古仲間の中にあって元長は「観風」をひとつの目的として、後世の人々に読まれることも期待しながら『南木乺家随筆』を編んでいたのである。同随筆からは、元長の様々な意識を読みとることができた。詳しい内容のまとめは、各節の小括に譲り、ここでは今後の展望を述べたい。

本稿では、明治七年から叙述を始めたが、実は、元長は、幕末期から多くの新聞を読み、筆写している。今回分析した明治前期の事例は、近世期からの連続の中で理解する必要がある。その点で、布達や様々な風説と共に新聞からの抜書を含む『窺天録』全二〇冊（小室2943―2962）の存在は重要である。

日本各地の豪商・豪農あるいは医者の家には、「雑書」「新聞」「風聞集」などの表題が付され、政治情報を筆写・転写した、数冊から百冊以上にも及ぶ膨大な史料群である「風説留」が残されている。[61]この「風説留」の一種とも考えられる『窺天録』について幕末期の新聞史料と共に分析を行い、今回分析した明治前期の随筆とどう接続していくのか、検討していく必要がある。

『南木廼家随筆』に抜書された新聞記事についても、本稿では全体の傾向をみることに重心があったため、雑駁な検討に留まったが、分類したそれぞれの記事をより詳細に分析していくことで、より元長の意識・関心に迫れるものと考える。

『南木廼家随筆』には、書物からの抜書も多く含まれているが、今回は課題の設定上ほとんど分析することができなかった。抄録された新聞記事についても、欄外に書物からの情報が後から書き加えられているものが散見される。それらについても詳細な分析を加えることで、新聞以外の読書の実態を明らかにできるとともに、新聞と書物との複合的な知のあり方を見ることができるのではないだろうか。

『南木廼家随筆』に抄録されているのは、軍書や随筆からの人物や地名に関わる情報が多い。それらを分析してゆくことで、元長による地域の歴史考証に迫ることができるのではないか。また、そのためには、書簡と共に小室家文書を「好古家のアーカイブズ」として特徴づけている、多量の蔵書と併せた分析が必要となる。

本稿では十分に展開しきれなかったものの、随筆は、書簡史料等他の史料と組み合わせて分析を行うことで、著述者の意識・関心に迫ることのできる史料となる。「はじめに」で触れたように、新聞の抜書から成る随筆は、各地に遺されている。今後、それらのより有効な活用方法を考えていく必要がある。

以上は、今後の課題である。

付記

本稿の作成、史料の閲覧にあたっては、芳賀明子氏をはじめとして埼玉県立文書館の職員の方々に大変お世話になった。末筆ながら心より感謝の気持ちを申し上げたい。

注

(1) 書物展望社は、古書研究家として有名な斎藤昌三（一八八七―一九六一）によって一九三一年に設立された。
(2) 柳田國男『柳田國男全集』第七巻（筑摩書房、一九九八）、三四七頁。
(3) 竪帳一冊。群馬県立文書館所蔵（請求番号 P08809 文書番号24）。
(4) 横半一冊。埼玉県立文書館所蔵小林（正）家文書1338。
(5) 竪帳一冊。公益財団法人大倉精神文化研究所所蔵金沢甚衛旧蔵資料。登録番号ウ 3-46175。
(6) 吉川壽洋編「『課餘随筆』巻之一（七～九）目録」（『熊楠研究』五～八、二〇〇三～二〇〇六）。
(7) 揖斐高『江戸の文人サロン――知識人と芸術家たち』（吉川弘文館、二〇〇七）、一二九―一三〇頁。
(8) 表智之「書評 明治初頭期における古物趣味の持続と転回――鈴木廣之『好古家たちの19世紀』によせて」（『美術研究』三八六、二〇〇五）。
(9) 山本武利『近代日本の新聞読者層』（法政大学出版局、一九八一）。
(10) 磯部敦『『開化新聞』『石川新聞』の出版史的考察――明治初期地方紙出版の一モデル」（『書物・出版と社会変容』一、二〇〇六）。
(11) 樋口摩彌「明治初年における「新聞」受容の風景――『京都府布令書』を手がかりに」（『メディア史研究』三六、二〇一四）。
(12) 石堂彰彦「一八七〇年代の小新聞投書者について」（『成蹊人文研究』二二、二〇一四）、「一八七〇年代の新聞投書者の動向に関する一考察」『成蹊大学文学部紀要』四九、二〇一四）、同「一八七〇年代における大新聞投書者の属

性分析　職業・世代の変遷を中心として」（『成蹊大学文学部紀要』五〇、二〇一五）等。
（13）嶋崎さや香「幕末から明治初期における新聞受容――竹川竹斎と射和村」（『リテラシー史研究』一、二〇〇八）。
（14）八鍬友広「小千谷学校「学校日誌」を読む――郷学と小学校のあいだで」（『書物・出版と社会変容』六、二〇〇九）。
（15）入間郡阿諏訪村（現毛呂山町）生まれ。通称俊介、実名忠恕、号は称称、鶯谷。三代元長に入門。天保元年（一八三〇）より鳥羽藩医（文化財保護審議委員会編『安藤文沢――種痘の創始者 郷土が生んだ蘭方医』毛呂山町史料集第二集、毛呂山町教育委員会、一九九二）。
（16）名は俊逸、字公晦、通称善治、後に万助、号は他に囚山亭、晩晴楼、舎魚堂等。忍藩藩儒。常陸国潮来生れ。波山の号は、筑波山の名に基づく。文政九年（一八二六）に忍藩校進修館へ招かれた。忍で漢学塾を開き、多くの子弟を育てた。漢詩集『囚山亭百律』、『学務知要』を著す。（市川任三「芳川波山年譜稿」（『立正大学北埼玉地域研究センター年報』七、一九八四）、村山吉廣『忍藩儒芳川波山の生涯と詩業』（明徳出版社、二〇〇九）。
（17）重田正夫「幕末・明治初期「好古家」たちのネットワーク」（『埼玉の文化財』五一、二〇一一）。平成二七年三月にこれまでの寄託資料と追加資料が小室家から寄贈され、小室家文書は全七六二二点となった（井上かおり「小室家文書の寄贈と展示「小室家文書展――在村医のまなざし」について」『文書館紀要』二九、二〇一六）。
（18）前掲注（17）重田二〇一一、同「明治初期における武蔵の「好古家」根岸友山と武香（上）（下）」（『熊谷市史研究』六・七、二〇一四・二〇一五）、芳賀明子「「好古家」の書簡集『内山手簡』――内山作信と小室元長との交流」（『文書館紀要』二五、二〇一二）。
（19）武井尚「小室家文書中世文書――「屋代典憲氏所蔵古文書之写」について」（『埼玉県立文書館文書館紀要』四、一九九四）、新井浩文「小室家文書所収の中世文書――『工村々舎叢書』所収「内山氏古文書写」について」（『文書館紀要』一一、一九九八）。
（20）前掲注（18）芳賀二〇一二。
（21）拙稿「幕末・明治における「好古家」の随筆受容――武蔵国の在村医小室元長の場合」（『書物・出版と社会変容』二〇、二〇一六）。随筆に関する先行研究については、拙稿を参照のこと。
（22）報知社から発行された新聞。前島密の企画。一八七二年創刊。初め月五回刊。一八七三年日刊となる。

(23) 前掲注(10)磯部二〇〇六。当時の新聞は、明治五年の「新聞逓送規則」により、割安の料金で郵便網に乗って流通していた。
(24) 都幾川村史編さん委員会編『都幾川村史資料 五(二)近・現代編 明治・大正II』(都幾川村、一九九四)、二四三頁。
(25) 名は重撰、別号に泮水と称し、畠山重忠の後裔を名乗る。元幕臣にして国学者であり、一橋家の目付役を務めた畠山常操(号、梅軒)の孫にあたる。鑑定家としても知られ、維新後は浅草で骨董商を営んでいた。
(26) 以下、『報知新聞』からの引用は、郵便報知新聞刊行会編『復刻版 郵便報知新聞』一-六六三〇(柏書房、一九八九—一九九三)による。
(27) 小室家文書中には、この書状に同封されていたチラシが残されている。「和漢古物会[案内]」(小室4840)。
(28) 名は鯤、初名は哲三、瑞見。通称は瀬兵衛。幕医喜多村家に生まれ、安積艮斎の私塾を経て、昌平坂学問所で学ぶ。栗本氏の家督を継ぎ奥詰医師となるが、職を解かれ函館に移住。その後、軍艦奉行。慶応三年(一八六七)外国奉行として渡仏する。幕府倒壊後帰国、政府に仕えず隠退、明治五年「横浜朝日新聞」入社。明治六年「郵便報知新聞」主筆。名記者と呼ばれ活躍した(小野寺龍太『栗本鋤雲 大節を堅持した亡国の遺臣』ミネルヴァ書房、二〇一〇)。
(29) 当該記事は、明治一二年六月二四日付の『朝野新聞』一九二一号雑報欄に掲載されている。
(30) 修繕事業は、明治一一年(一八七八)六月起工。事業には、元長ら地域の「好古家」だけでなく、東京の人物も深く関わった。(前掲注(17)重田二〇一一)。元長らは、如心斎を通して供養碑の副碑の撰文を鋤雲に依頼しており、両者の関係は、この事業がきっかけになったものと考えられる。
(31) 号は、雪畝、拙甫等。平村の有力者で、明治一〇年には、第五大区の副区長を務めた。
(32) 一八七二年創刊の『公文通誌』を一八七四年改題。日刊。以下、引用は東京大学法学部明治新聞雑誌文庫編『朝野新聞 縮刷版』(ぺりかん社、一九八一—一九八四)による。
(33) 成島筑山の三男。幕臣。奥儒者。のち騎兵頭、外国奉行、会計副総裁。維新後は朝野新聞社長として新時代を風刺、政府の言論弾圧とたたかった。名は惟弘。字は保民。通称、甲子太郎。別号に確堂、何有仙史。
(34)『朝野新聞』三月一二日。

（35）［烙印其内御届ニ付外書状］（小室 4881-6）。

（36）最終回の『報知新聞』一〇月一日第二三〇〇号の末尾には、「慶応四年戊辰七月小石川大塚と云ふ所の庵中にしるす」とある。

（37）代々幕府に仕えた医家・喜多村家の第八代。寄合医師喜多村槐園の長男で、母は三木正啓の娘で長谷川宣以の姪。天保二年（一八三一年）父の隠居を受け、家を継ぐ。初めは安積艮斎について学ぶ。嘉永二年（一八四九）一二月一六日、法眼に叙せられる。多紀元堅らとともに医学館で指導的な役割を果たした。安政五年（一八五八）七月二五日、子・安貞に家を譲り隠居している。

（38）『報知新聞』第二一七三号小言欄冒頭。

（39）この点については、前掲注(21)拙稿二〇一六参照。

（40）『交詢雑誌』については、佐志傳「『交詢雑誌』の変遷」（『史学』五七（四）、一九八八）を参照。

（41）国立国会図書館所蔵。請求記号雑五六－七。「国立国会図書館デジタル・コレクション」（http://dl.ndl.go.jp/ 図書館送信・国会図書館内限定閲覧）を参照。

（42）作信から届いた書状は、「内山手簡」（小室 140）として一綴にまとめられている。作信と同手簡については、前掲注(18)芳賀二〇一二を参照。

（43）元長は、交詢社に畠山重忠の歌等について質問を送って回答を得ている（前掲注(21)拙稿二〇一六）が、これも重行のつてを使っての質問だったと考えられる。

（44）明治一〇年代前半に埼玉県の県会議長を、明治二〇年代後半には貴族院議員を歴任。明治一七年（一八八四）より近藤瓶城と共同で『新編武蔵風土記稿』を活字出版、さらに明治二〇年（一八八七）には吉見百穴を坪井正五郎等と共に発掘、保存運動を展開した（根岸友山・武香顕彰会編『根岸友山・武香の軌跡――幕末維新から明治へ』さきたま出版会、二〇〇六）。

（45）『工村々舎叢書』（小室 2986）には、「明治十二年四月廿六日命高山忠三氏臨之　工村々舎蔵」として、このとき入手した「古瓦」のスケッチが綴じ込まれている。

（46）東島誠「明治における江湖の浮上」（『公共圏の歴史的創造――江湖の思想へ』東京大学出版、二〇〇〇）。

（47）前掲注(9)山本一九八一。

(48)『国立衛生試験所百年史』(国立衛生試験所創立百周年記念事業東衛会実行委員会、一九七五)。
(49)(一七九九—一八七六) 江戸後期明治時代の儒者。安井滄洲の次男。日向飫肥藩士。昌平黌に入り、また松崎慊堂に古注学をまなぶ。天保二年(一八三一)藩校振徳堂の助教となり、弘化元年(一八四四)、江戸に三計塾をひらく。文久二年昌平黌教授。息軒は、後述する旗本領主の疎開の際に、元長から旗本殺害一揆について二次的伝播情報を入手している(内田満「安井息軒が記録した旗本殺害一揆」『埼玉地方史』、二〇一六)。
(50) 一一編 No.1 の末松謙澄「日本文論第三(仮名衰退の原因)」の筆写が、『南木廼家随筆』の絶筆となっている。
(51) 明治一〇年以降の元長は、持病のリウマチの悪化のために手足の自由が徐々にきかなくなっていく。そのため か、字が乱れている箇所もあるが、それでも読みやすい字を心がけていることが窺われる。
(52) その様子は、元長の遺した明治七、八年の日記からもうかがえる(「南木廼屋日記」(小室 136, 137))。
(53) 根岸友山は、幕末期に浪士組に参加した勤皇家の豪農として有名(沼田哲「武蔵の豪農と尊攘思想——大里郡甲山村根岸友山の場合」(『季刊日本思想史』一三、一九八〇)だが、和漢の詩を嗜み、古物趣味をもつ「好古家」でもあった(前掲注(18)重田二〇一四)。
(54)[諸書簡] 埼玉県立文書館所蔵林家文書 7556。根岸友山・武香宛の書簡の綴。元長からの書簡(明治一二年—一四年)および元長宛書簡の下書が含まれる。
(55) 清水重敦「運用実態から見た古社寺保存金制度の特質——古社寺保存金制度の研究 その1」(『日本建築学会計画系論文集』七七(六八一)、二〇一二)。
(56) この石碑は、現在も「近藤勇・土方歳三両雄の碑」の名で高幡不動に残されている。
(57) 都幾川村史編さん委員会編『都幾川村史資料編 四(二)近世編 平地区Ⅱ』(都幾川村、一九九八)。
(58) 前掲『都幾川村史資料編 四(二)近世編 平地区Ⅱ』。
(59)「解説」『小室家文書目録』(埼玉県立文書館、一九九七)。「家系譜」には、中興の祖竹内兵庫般の代に至り上杉輝虎に仕えたとも書かれており、上杉家への関心も自家の由緒と関係している可能性が考えられる。
(60) 陸奥弘前藩士。明治三年弘前藩庁権少属、一四年青森県中津軽郡長となる。一五年士族授産のため岩木山の麓に農牧社を経営。二四年より西国巡視。二一〇五年請願して探検艦磐城に便乗し、千島列島を探検、翌年奄美、沖縄諸島を調査し、国境警備、辺境の社会改革を提言した。二七年奄美大島島司に推され、三一年まで務めた。三二年近なった。

衛篤麿の東亜同文会の創立に加わり、また朝鮮咸鏡道に城津校を創立、校長に就任。三四年帰国、三五年青森市長と

(61) 宮地正人『幕末維新期の社会的政治史研究』(岩波書店、一九九九)、太田富康「ペリー来航期における農民の黒船情報収集――武蔵国川越藩領名主の場合」(『文書館紀要』五、一九九一)、同「幕末期における武蔵国農民の政治社会情報伝達」(『歴史学研究』六二五、一九九一)、岩田みゆき『幕末の情報と社会変革』(吉川弘文館、二〇〇一)、落合延孝『幕末民衆の情報世界　風説留が語るもの』(有志舎、二〇〇六)他。太田氏は、一九九一年の論文で、「大部の政治・社会情報記録集」として『窺天録』の書名を紹介している。

第二部　近現代の歴史研究・歴史教育とアーカイブズ

第四章　市民団体（市民アーカイブ多摩）における市民活動一次資料アーカイブズ化の取り組み
――「懸樋哲夫氏旧蔵電磁波運動資料」の整理過程を事例に

長島祐基

一　本稿の目的

本稿では市民団体における市民活動資料[1]（一次資料）整理、保存の取り組みとして、市民アーカイブ多摩（東京都立川市）における、「懸樋哲夫氏旧蔵電磁波運動資料」（以下、本文中では「懸樋資料」と表記）のアーカイブズ化の取り組みを取上げる。市民アーカイブ多摩は二〇一四年四月に開館した施設で、市民活動資料の保存を目的とする市民団体が運営を行っている。「懸樋資料」は二〇一五年五月、長年電磁波の問題や運動に関わってきた懸樋哲夫氏より市民アーカイブ多摩に寄贈された資料であり、二〇一五年七月より目録作成、整理、公開を目指した作業が開始されている。

戦後（主に一九六〇年代以降）展開された広範な市民活動、社会運動の資料保存に大きな役割を果たしているのは法政大学や立教大学を始めとする大学等の研究機関である（平野二〇一三b、平川二〇一四）。また、近世や近代の歴史資料保存においても大学等の専門家や公立の地域文書館、資料館が家文書などの調査、整理、目録作りなどに大きな役割を果たしてきた。しかし、財政問題など大学が置かれている現状や、大学にある重要資料が時として廃棄されてしまうと言った大学における資料の扱いの問題（松岡二〇一一）を踏まえると、大学も万能ではない。市民活動の資料は市民にとって身近なものである一方、公的部門が市民活動資料保存から撤退するといった近年の市民活動資料保存をめぐる動きがあること（町村二〇一二）を考えると、全ての市民活動資料を大学や公的部門で保存出来るわけではない。また、古文書や公文書と比べて市民活動資料はアーカイブズ学における蓄積がまだ少ない。市民活動、社会運動も資料を残すために活動しているわけではない（丸山二〇〇四）。運動や活動にとって重要なのは今と未来であり、資料はあくまで運動や活動の結果として蓄積され、残されたものである。

一方では西淀川・公害と環境資料館（大阪府）や成田空港空と大地の歴史館（千葉県）のように、運動の延長と行政の「和解」の形で資料を保存する組織や施設を作り、資料を保存することもある。しかし、全ての運動がそうした形をとれるわけではない。蓄積された社会運動、市民活動資料は活動が行われている時点での収集が重要である（小熊二〇一三）事を踏まえると、市民活動資料を、市民活動の資料保存を目的として活動する市民団体のレベルで整理して残していくことも一つの選択肢となるだろう。従来、一般市民が資料整理に加わる場面はいくつか見られた。例えば、埼玉県立文書館では年間四〇回ほどボランティアスタッフという形で市民が古文書などの資料修復へ参加している。(2) また、被災資料のレスキューには資料ネットの形でＮＰＯ団体がつくられ、現地の人たちとの連携が図られている。しかし、同時に古文書や被災資料のレスキューという形だけでいいのかという疑問は湧く。人々にとって身近なものでありながら、同時に古文書や公文書と比べて歴史的価値が認められにくく、失われやすい現代の市民活動資料に市民レベルで価値を見いだし、それをいかに残すのかという点は未解決のまま残された課題となっている。

他方、一九六〇年代以降の市民運動や住民運動がそうであったように、市民団体は政党や労働組合とは異なり、水平的な組織構造を目ざし、「プロ」の活動家ではなく「普通」の市民が担う事を趣旨とする団体である。そのため、文書館や資料館と比べても人員の補充や豊かな資金調達などは難しい側面がある。例えば市民団体が市民活動資料を収集、公開していた施設として住民図書館があったが、この図書館が閉鎖に至った大きな要因は資金難である。そうした中で、資料を市民団体のレベルで残していくとなると多くのクリアすべき問題があることは予想できる。(3) では、実際にその中で一次資料を保存して行く活動を進めていく場合にどのような方法があるのか、その過程で生じる問題はどのようにクリアして行くことが可能だろうか。そこにどのような可能性があるだろうか。市民団体レベルでの資料保存はアーカイブズの中で何を担うことが出来るだろうか。本稿では「懸樋資料」のアーカイブズ化を事例に、(一)資料の性質、構造、保存の意義と、(二)市民団体のレベルで市民活動資料(一次資料)を保存、公開することの可能性と課題を検討する。

二　市民アーカイブ多摩の概要

まず、「懸樋資料」を受け入れ、アーカイブズ化する取り組みが行われている市民アーカイブ多摩について概要を述べておく。市民アーカイブ多摩に関しては設立経緯も含めて関係者が様々な形で紹介論文を出している(山家二〇一四、江頭二〇一四、杉山二〇一四、中村二〇一四)。ここではそれらの論文等に依拠しつつ、普段の活動と施設の概要について述べていきたい。(4)

市民アーカイブ多摩は多摩都市モノレール線と西武拝島線が通じる玉川上水駅から徒歩八分ほどの場所にある（写真1）。開館時間は二〇一六年夏現在、毎週水曜日と第二、第四土曜日の一三時から一六時である。ネットワーク・市民アーカイブという市民団体が運営を行っている。元々市民活動資料の収集、保存活動は行政が担っていた。それが一九七二年から二〇〇二年まで東京都が社会教育事業として都立多摩社会教育会館（立川市）に設置していた、市民活動サービスコーナー（以下、「サービスコーナー」と表記）事業である。サービスコーナーは社会教育事業を推進して行く中で、利用者からの求めに応じる形で様々な市民団体の資料を収集して来た。しかし、サービスコーナーは石原都政期の二〇〇二年に事業廃止となる。ネットワーク・市民アーカイブは事業廃止後に元職員や利用者が中心になって市民活動資料収集、保存活動を「継承」、発展させた団体である。サービスコーナーの廃止は橋本府政による大阪府労働情報総合プラザ（現、大阪産業労働資料館エル・ライブラリー）に対する行政の支援廃止（二〇〇八年）などと共に、公的部門の市民活動、社会運動資料保存活動からの撤退の一事例として捉えられる。

市民アーカイブ多摩は元個人宅を借り受け、改装して用いており、主に閲覧室、スタッフスペース（事務室と台所）、資料収蔵庫（写真2）の三つから構成されている。サービスコーナーが集めた資料（段ボール五〇〇箱分）は紆余曲折を経て二〇一六年現在、法政大学大原社会問題研究所の環境アーカイブズに寄贈され、市民アーカイブ多摩の収蔵庫にはサービスコーナー廃止後の二〇〇二年から集めた市民活動資料が収蔵されている。[(6)] 閲覧・集会スペースは実質的には多目的スペースとなっており、資料の閲覧以外に資料の分類整理（データ入力含む）スペースやトークイベント等市民アーカイブ多摩の関連集会スペース、開館前と閉館後のスタッフの打ち合わせスペースとしても用いられている。

市民アーカイブ多摩が主に収集しているのが、市民活動団体や個人が発行する逐次刊行物（ミニコミ）[(6)] やビラである。また、市民団体の集会開催場所などが掲載されている関係から、図書館や公民館などの文化施

分類番号	分野	ファイル数
00	市民活動総記	191
10	政治・経済	152
20	平和・戦争	50
30	人種・差別	119
40	環境	153
50	公害	25
60	社会福祉	270
70	教育・文化	189
80	生活・消費者	21
90	その他	65
合計ファイル数（2015年3月現在）：1235		

表1：市民アーカイブ多摩の分類方式とファイル数
出典：市民アーカイブ多摩パンフレット（2015年作成に基づく）。

写真1：市民アーカイブ多摩の外観
（以下、写真は全て筆者撮影）

写真2：市民アーカイブ多摩の収蔵庫

設、社会教育施設が発行する館報やニューズレターも収集されている。逐次刊行物が中心となっているのはサービスコーナーの収集資料と同様である。これは元々資料収集が社会教育事業の一環として行われ、現在進行形の団体の資料を現在進行形の団体が集めていたことが影響している。現在の受け入れ元としては発行者や読者からの寄贈が多い。受け入れたミニコミは図書館の十進分類を元に市民活動の内容に沿って作られた独自の分類方法（表1）を用いて分類され、収蔵庫の棚に配架されている。分類方法はサービスコーナーから継承したものである。

配架に当って一応の「保存」処置も行っている。一〜二頁くらいの薄いミニコミや新聞タイプのミニコミはそのまま並べると折れ曲がってしまうため、何冊かをまとめてファイル化している。逆に分厚いミニコミは専用のボックスに複数冊ずつ収納するといった対応をしている。

地域の小さな資料館として、地域に根付いた「草の根文書館」(安藤一九九八)という発想や、多様な人々によって支えられる「市民文書館」(7)(辻川二〇一二)という発想がアーカイブズ学の中では提唱されている。これに対し市民アーカイブ多摩は、多様な人々に支えられつつ、立教大学共生社会研究センターのように一つの地域に立脚せず、広汎な資料を集めている(平野二〇一四)点、資料の性質が刊行物中心である点で、「草の根文書館」や「市民文書館」というより、「市民図書館」との表現が近い施設である。

三 「懸樋資料」とその受け入れ

1 ガウスネットと懸樋氏の活動

本節では「懸樋資料」を生みだした懸樋氏と、懸樋氏が長年関わって来られたガウスネットによる電磁波運動の説明を通じて、この資料群を生みだした団体、個人に迫って行きたい。とはいえ、二〇一六年八月現在、電磁波問題や電磁波運動に関する研究論文は管見の限り、電磁波の身体への影響を扱った理系分野の論文(疫学調査の結果など)か、当事者が電磁波問題と運動の広がりについて『金曜日』や『技術と人間』などの雑誌、各種ミニコミ等に執筆した雑誌記事、著作物に限られ、運動そのものを第三者の視点で研究した人文社会科学系論文はほぼ皆無である。そこで、本節ではガウスネットHPの記述、懸樋氏への聞き取り等を(8)データとして用いながら電磁波運動の展開を描くことにする。

ガウスネットは「電磁波の事実を明らかにし、地域の運動と協力して電磁波公害をなくすよう活動」(9)をしている団体である。主な活動としてはミニコミの発行、全国大会や講演会、各種集会の開催(全国の電磁波問題に取り組む諸団体と共催の場合もある）、電磁波に関わる調査・研究などがある。ガウスネットは電磁波問題として、一、高圧線・変電所、二、携帯電話、三、家電製品、四、電磁波過敏症の四つを取上げている。[10]高圧線・変電所とは、「高圧線の近くに住むと小児白血病になる危険性が高い」という調査結果（後述）に基づく電磁波による人体の被曝対策を主眼としている。他方、携帯電話と家電製品とは、普段家庭で使われている電化製品の人体への健康被害とその対策を求める運動を指す。具体的には携帯電話で通話に使われているマイクロ波が脳に与える影響への規制（「予防原則」含む）、職場におけるパソコンや家庭の電子レンジなどが人体に与える影響の調査のことを指す。最後の電磁波過敏症が具体的な人体への症例で、頭痛、胸痛、体の痛み、疲労、不眠などがあげられている。電磁波の問題は人体への直接影響に加え、放射線等の問題にも絡み、電磁波の危険性について研究、告発して来た萩野晃也氏は電磁波の問題を「地球環境をこわす最後の公害」と位置づけている（萩野一九九七）。二〇〇〇年代に入ると、従来からの高圧線や携帯電話に加え、ユビキタス技術が人体に与える影響（懸樋二〇〇三）も問題群の中に含まれるようになっている。ガウスネットの活動は、基本的には電磁波を出す様々な建造物や製品が人体に悪影響を与えることを指摘し、それに対策を求める点で、公害運動の一つとして位置づけられる。[11]

ガウスネットは一九九三年五月、甲府市で結成された。当時、山梨県ではリニア実験線（現在、リニア中央新幹線の一部として延伸工事が進行中）の建設が決まり「お祭り状態」であった。他方、リニア問題の大会を全国自然保護連合が山梨県で開催し、柏崎から一〇〇万V高圧線が引かれる計画も作られていた。その頃、環境問題やエネルギー問題に関心があり、個人的に原発問題の勉強会に参加していた懸樋氏はこうした動きに不安を感じていた。丁度高圧線の建設が各地で始まり、反対運動も各地で起きていた。そうした各地の運動と連絡を取る中で発足したのがガウスネット（発足時の名称は高圧線問題全国ネットワーク）[12]である。会員数は設立当初は約一〇〇人だったが、テレビ番組の「ザ・スクープ」で電磁波の問題が扱われた後は会員が増え、一番多い時で一三〇〇人ほどまで増加した。その後、東日本大震災に伴い原発問題などに社会の関心が移っていった事や、携帯電話が普及してしまい、基地局の設置に地域住民が異議を挟みにくくなったこともあり、二〇一六年現在の会員は約五〇〇人とのことである。一九九七年三月の時点で送電線鉄塔建設反対運動や携帯電話基地局反対運動は奈良県、福島県、福岡県等全国に広がっていることが懸樋氏によって紹介されている（懸樋一九九七a、懸樋一九九七b）。また、二〇〇三年三月の時点では、携帯電話基地局反対運動、高圧線・変電所反対運動として全国各地の運動グループがGAUSS Networkとして活動しており、団体のつながりとしては全国規模である。(13)

ガウスネット結成後、電磁波の人体へのリスクが一方では報告されるようになった。一九九四年にスウェーデンの研究所が電磁波の疫学調査を行い、危険性の報告が出されている。国内では二〇〇〇年に科学技術庁、文部科学省の下で兜真徳氏（故人）による研究報告が行われ、四mGで小児白血病が二倍、脳腫瘍が一〇倍に増えるリスクがあるとの結果が示されている。公正に実施されることが期待された兜報告は世界的にも注目され、国際的な疫学雑誌にも掲載された。そのため、これらの報告内容を一般化させ、国・環境省などの政策に反映されるように求めるのが活動の中心となった。この報告が受け入れられれば四mGレベルの規制も当然のことと思われ、運動側も期待していた。しかし現実として兜研究は事実上無視され、二〇一一年に作られた経済産業省の規制値は二〇〇〇mG規制値となってしまった。(14)この経緯を含め、そもそもの健康リスクの有無（兜報告の位置づけも含む）などをめぐって現在でも行政や事業者による電力設備建設の現場で議論、対立が続いている問題である。

最近ではリニア中央新幹線の建設工事が始まったため、リニアの電磁波問題が運動の側にとって再び重要な問題になって来ている。懸樋氏は二〇〇〇mG規制値を「リニアの電磁場発生の状況に合わせたものであった、と思わざるをえず、リニアのための甘い規制値づくりであった」と位置付けている。

2　「懸樋資料」受け入れの経緯と受け入れ時の対応

続いて「懸樋資料」の受け入れの経緯について、資料受け入れの窓口となった江頭晃子氏と懸樋氏への聞き取り[15]を元に説明していく。資料が市民アーカイブ多摩に寄贈されるきっかけとなったのが、二〇一五年春の懸樋氏の引っ越しである。引っ越しに伴い資料を置くスペースの問題が発生した。そこで手持ちの資料の中で今後の活動では使わないことが予想されるもの[16]を手放すことにし、市民アーカイブ多摩運営委員の江頭氏を通じて資料の寄贈を打診した。この資料が「懸樋資料」であり、懸樋氏にとって今後使わない「非現用」資料ということになる。

資料受け入れに当たって問題となったのが市民アーカイブ多摩の一次資料に対するスタンスである。市民アーカイブ多摩のこれまでの収集資料は基本的にミニコミやビラ中心であり、一次資料整理の受け入れに関する議論は保存場所の広さの問題や整理方法の問題（後述）などから凍結状態であった[17]。そのため、一次資料については基本的に現地（所蔵者）の手許、あるいは大学等の研究機関を紹介するなどして保存して頂く形をとってきた。「懸樋資料」に関しても繋がりのあるいくつかの大学機関とも協議したが、諸事情により受け入れは難しいとの答えであった。懸樋氏の引っ越し日が迫っていることもあり、イレギュラーではあるものの、市民アーカイブ多摩で引き受けることになった。その後、この資料受け入れと整理ボランティアの募集を会報である「アーカイブ通信 No.4」（二〇一五年七月一日発行）で発表した。こうして「懸樋資料」は市民団体のレベルで受け入れられることによって、ギリギリ廃棄や散逸を免れることになった。

続いて、「懸樋資料」の全体量と、受け入れ時の対応について述べておきたい。全体量は市民アーカイブ多摩到着時の状態で段ボール箱合計一二箱である。六箱ずつに分けて届いたが、先に届いた六箱は届いた時点で段ボール箱がつぶれており、いつ壊れてもおかしくない状態だった。このため、筆者と市民アーカイブ

写真３：市民アーカイブ多摩で箱を取り換え、押し入れに入れた状態（３列並んだ段ボールのうち右２列が「懸樋さん資料」である）

写真４：箱に入れ直された資料の一例

多摩代表の杉山弘氏の二名で相談の上、緊急避難的に比較的きちんとした作りの段ボールを市民アーカイブ多摩にある段ボールの中から選び、入れ替えを行った（写真３、４）。入れ替える過程で大まかな資料の形態をチェックしたところ、ＶＨＳ／ＢＤ資料、冊子体資料、紙資料（封筒に入っている資料群と一枚物の資料）、冊子類、懸樋氏収集ミニコミ（海外ミニコミ含む）等に分けられることが分かった。届いた際の段ボールと市民アーカイブ多摩で用意出来た段ボールの大きさが違っている。また、Ｂ４サイズの大型資料が多数あり、資料をそのままの順番で入れることが出来なかった。その為、届いた状態の写真撮影を行い、記録として残す対応をとっている。この結果、先に届いた分は六箱から一二箱（仮箱一二―一～一二）へと分れることになった。この一二箱は段ボールに「懸樋さん資料」と箱番号が書かれた札を貼り、市民アーカイブ多摩の押し入れの中にひとまず収納し、整理に備えることになった。

写真6：開封時の資料の一例

写真5：後から届いた六箱

後から届いた六箱（仮箱六－一三〜一八）は、懸樋氏が引っ越す際に用いたと思われる引っ越し会社の段ボールに入っている（写真5）。こちらは届いたときの状態のままで保管可能なので、別箱に入れ直す等の措置は取っていない（写真6）。引っ越し会社の段ボールに入っていたこと、「書棚」という表記が箱にされていたことから、懸樋氏が書棚に並べていた資料を引っ越しに際して入れ直したものと考えられる。他方、最初に届いた六箱も含めて、原秩序が崩壊した状態で届いており、箱ごとの分け方はそれほどの重要性を持たない[18]。

以上の経緯、及びガウスネットと懸樋氏の活動歴からわかるように、「懸樋資料」は懸樋氏がガウスネットなどの活動に関わる中で作成／授受した個人アーカイブズ（正確にはその一角）である。資料の所有権等は複雑ではなく、市民アーカイブ多摩で資料を活用して貰うことを期待して寄贈されている。このため、保存や公開についても基本的な了承は得られている。市民アーカイブ多摩は資料の保存、公開を掲げている団体であり、資料受け入れを外向きにもアナウンスした以上、（たとえ受け入れ過程はイレギュラーだったとしても）ひとまず資料を整理して利用者が利用できる状態にする必要がある。しかし、市民アーカイブ多摩は市民団体が運営している施設のため、金銭面、設備面での問題が多数存在する。特に保存措置に関する部分などでアーカイブズ学の理念[19]を厳密に適用しているといつまでたっても整理、公開が出来ない。それを踏まえた上で、次節で述べるやり方をとることにした。

四 「懸樋資料」の状態と整理

1 一次資料整理における問題と基本的整理方針の決定

市民アーカイブ多摩にはミニコミ資料を始めとする逐次刊行物資料の整理に関するノウハウや整理方法はある。また、一応保存場所や設備もある。他方、「懸樋資料」の整理に当たって問題になったのは以下の点である。一点目は一次資料の整理に関するノウハウがなく、整理方法が一切ない点である。市民アーカイブ多摩の整理方法は、市民活動のテーマに合わせたものではあるものの、十進分類を用いている点など根本的なところは図書館のやり方に近い。このため、図書館の司書経験などがある人であれば整理に加わることが可能である。しかし、「懸樋資料」は懸樋氏が活動の中で作成／授受した個人アーカイブズであり、ミニコミとは資料の性質が異なる。従って、それに準じた整理方法を、資料の中身と照らし合わせながら別建てで作り上げていく必要がある。

二点目の問題が予算と人員の問題、およびそこから来る整理機材の確保の問題である。市民アーカイブ多摩は会員からの会費や寄付、カンパ、市民団体への助成金などによって運営されている。しかし、予算の多くはミニコミ資料整理や施設の維持、集会の開催費を始めとする活動に割かれている。それでもギリギリの状態であるため、「懸樋資料」の整理、保存用の寄付金を割増で求めるのは現状では難しい。従って、(中性紙)封筒や(中性紙)箱の獲得など「懸樋資料」の整理、保存に必要な予算を殆ど回せない状態にある。

カンパ以外の資金獲得手段としては、歴史学の研究者が研究の一環として科研費を獲得し、中性紙箱や封筒を購入する方法がある。滝乃川学園（国立市）のように百年を超える歴史があり、歴史資料が多数残されている施設の場合、資料整理に当たって外部の研究者から中性紙封筒を大量に寄付してもらっている。[20]一方、ガウスネット結成は一九九三年なので、「懸樋資料」は時期的にはまだ歴史学の研究対象とはなっていない。資料が届いた二〇一五年時点で電磁波運動に関する先行研究も少なく、電磁波運動を研究している人がいなかった。そのため、整理開始時点では資料の学術的価値や研究可能性がわからず、研究等を口実とした予算獲得が難しい状況にあった。資料の中身のチェックや保存の為に資金が必要なのにも拘わらず、資金を獲得しようとすれば、資料の中身のチェックと資料価値の証明をしなければならないという矛盾がそこにはある。

資金と同様に問題となったのが人員の問題である。市民アーカイブ多摩は全員ボランティアスタッフで回しており、資料整理に来てもらった人に謝金を出すのは難しい。人数的にもミニコミ資料の整理で手一杯であり、会報で「懸樋資料」の整理に来てくれる人を募集したが、それもボランティアという形でお願いするしかなかった。スタッフの中にも資料館に務めている人はいるが、月一～二日ないしイベントの時などしか来られないため、整理に関する助言は出来ても、集中して関われる状況にはない。興味のありそうな人を探したが、結果的に募集から二カ月近く経過しても資料整理の応募はゼロであり、開館日に一定程度の日数来られる内部の人員で何とかしなければならなくなった。

市民アーカイブ多摩は市民団体による市民活動資料保存の取り組みである。資料整理のベースとなるものは一定程度あったが、一次資料の整理という点から見た場合、ゼロの状態から作り上げていく必要がある。しかも出来る限りお金をかけないという条件下である。[21]他方、資料は新しいものであり、すぐには痛まないものが多いため、短期的には保存環境は必ずしも万全でなくてもよい。[22]それを踏まえた協議の上、二段階に分けて整理を行うことにした。第一段階として、市民アーカイブ多摩の現在の設備、予算規模で出来る範囲で、お金をかけずに中身のチェックと基本的なアーカイブズ化を行い、閲覧請求があった場合に資料を閲覧できるようにする。つまり、資料として最低限使える状態にする。他方、第二段階の目標は中／長期的な保存環境の整備である。具体的には（一）アーカイブズ化の際に中身のチェックや懸樋氏への（資料や運動の展開に関する）聞き取りを行い、資料の価値や保存の意義、電磁波運動の紹介論文を発表する（本稿がそれにあたる）こと、（二）中性紙封筒や中性紙箱等保存機材購入費用の概算を出し、外部資金等を獲得して保存環境を整えることの二点である。もちろん、研究可能性がはっきりすれば中身の詳細な研究も行えるので、何らかの研究プロジェクトを始めることも射程に入っている。

3　整理過程の概要

整理に当たってまず解決する必要があったのが整理要員の問題である。スタッフの多くはミニコミ資料の整理で手一杯なので、アーカイブズカレッジの受講経験のある筆者が来館日を増やし、水曜日の開館時間三時間ずつを用いて「懸樋資料」の整理を行っている。(24) その過程でわからないことや、整理にかかる道具類などの確保は他のスタッフと協議している。整理に必要な場所は、資料全部が市民アーカイブ多摩の施設内に保管されており、全体像が把握できる事、ひと箱ずつの調査であればそれほど場所を取らないこともあり、市民アーカイブ多摩の閲覧室の一角（机一つ分）を利用することになった。

整理時に作る目録フォーマットの問題が次の課題となった。市民活動は水平的で組織形態の自由度が高い「ニューロン」的な特徴を持つため、古文書や行政文書と同様の分類方法や項目では整理が難しいという指摘（矢澤二〇〇〇）がされている。そこで、社会運動、市民活動資料の整理で既に用いられているものを参考に新たに作ることとし、実績のある大原社会問題研究所環境アーカイブズのものを参考にエクセルで作成した。(25) 項目は資料の作成時期、資料の作成主体、資料の状態、個人情報の有無等である。基本的には大原社研のものと同一だが、一部項目は「懸樋資料」の性質に合わせて改訂されている。

一部先行して整理、公開した資料もある。「懸樋資料」の中には一定の量を占めるミニコミ資料としてガウスネット発行の「がうす通信」がまとまった形で入っていた。「がうす通信」はガウスネット発足時から発行され続けている逐次刊行物で、寄稿などは受け付けているものの、基本的に懸樋氏が編集を行い、発行している。懸樋氏にとっても「がうす通信」の発行は「言いたいことが書ける場」[26]として運動を続ける重要なモチベーションとなっている。「がうす通信」は市民アーカイブ多摩に収蔵されていなかったが、創刊号から最新号まで（ただし、一〇五～一〇九号[27]が欠号）が新たにそろう事となった。

「がうす通信」は現在も偶数月、年六回のペースで刊行が続いている。今後も懸樋氏経由で最新号が送られてくる事になっている。「がうす通信」はミニコミ資料であるため、既存の分類体系で整理可能であり、完結した資料ではなく現在発行継続中の資料である。加えてミニコミ資料として先行して公開出来ないかとの相談が他のスタッフからあったこともあり、「懸樋資料」全体の整理に先行して一括してファイル化（写真7）、ミニコミ資料のデータベースへの登録を行ったうえで、二〇一五年七月時点で公開済みである。将来欠号がそろった場合を考慮し、その分のスペースを空けてある。分類番号は市民アーカイブ多摩の「公害」資料につけられる五〇番が振られている。ただし、このままだと他の「懸樋資料」との相互利用や資料の一体性が担保しづらい状況となってしまう恐れがある。そのため、「懸樋資料」の目録にも「がうす通信」の存在を記載

写真7：「ガウス通信」のファイル（市民アーカイブ多摩書庫内）

写真８：つなぎ目が破損したファイル

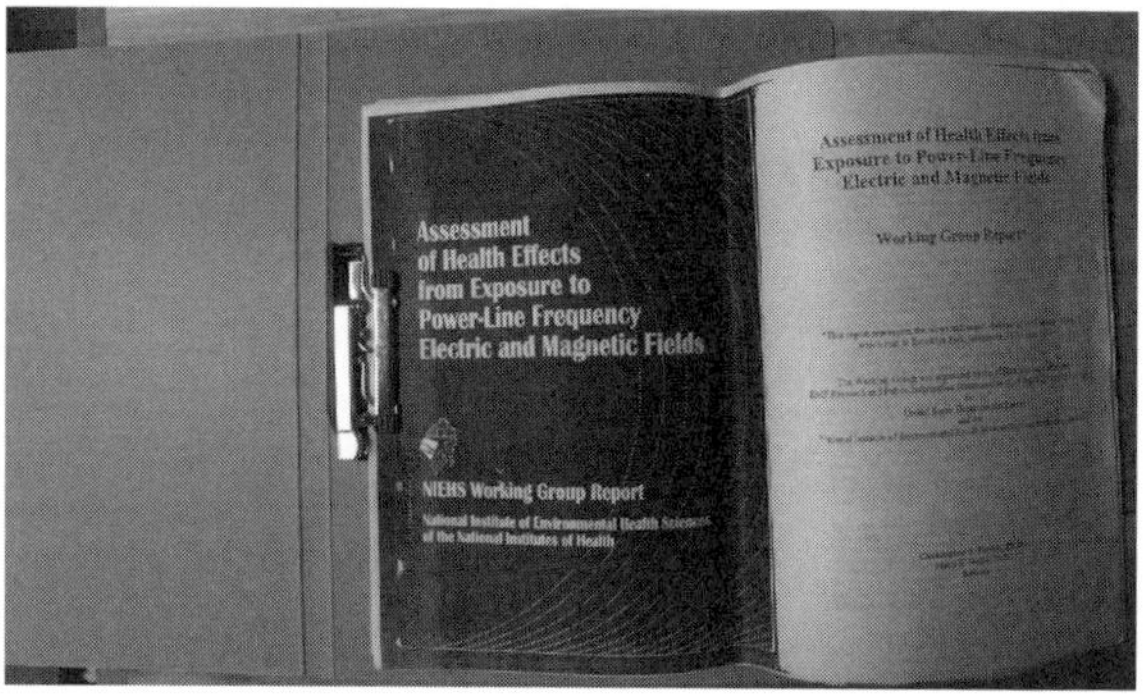

写真９：ファイル交換後の資料

する一方、「懸樋資料」公開時に「がうす通信」の登録備考欄に「懸樋資料」の存在を記すなど、相互利用をしやすくする予定である(28)。

「がうす通信」に続く整理過程で問題となったのが、紙資料を保管するための封筒やファイルの確保である。問題となったのは以下の二点である。「懸樋資料」の中には論文やＨＰの複写物など大量の紙資料が含まれている。紙資料を整理する場合、資料の保護や点数把握の為に紙資料を入れておく大量の封筒を確保する必要があるが、新品の封筒を必要数確保するだけの予算がない。収集資料も含めて中性紙封筒や中性紙箱での保管には至っていない。また、ファイルとじ資料の一部では、ファイルの破損（写真８）、虫の抜け殻の付着、金具のさびなどが見られた。

機材の問題は市民アーカイブ多摩でミニコミ資料等の整理に使っているものを転用することで補っている。もちろん、これがアーカイブズ学の資料保存の視点から見れば不十分な対応であることは確かだが、現状では何をやらなければならないかではなく、現状の設備で何が出来るかを優先せざるを得ない状況である。破損したファイルの扱いに関しては、ミニコミ資料をファイル化する為に購入してあるものを流用出来ること、元々のファイルが一〇〇円ショップで買った量産品であり、そのまま保存する積極的意味がないこと、使えないファイルの数が少ないことから、ミニコミ資料整理で用いられるファイルを用いてファイルを交換してある[29]（写真9）。タイトルは元々のファイルに書かれていたものをそのまま新しいファイルに転記してある。

整理番号シールは埼玉福祉会が図書館用に販売しているものを購入してある。番号記入前のものを多数確保出来るため、これを用いることにした[30]。一番大きな問題が整理用封筒の確保である。「懸樋資料」の中には一枚物の紙資料がバラで多数含まれている。これらに直接整理番号シールを張り付けてしまうのはやはり後々のことを考えると問題がある。点数把握や整理、保管上一点一点保管用の封筒に入れる必要がある。しかし、現時点で中性紙封筒や新品の封筒を新たに大量に入手出来る状態ではない。そこで以下のルートで暫定的な整理用封筒を確保することとした。

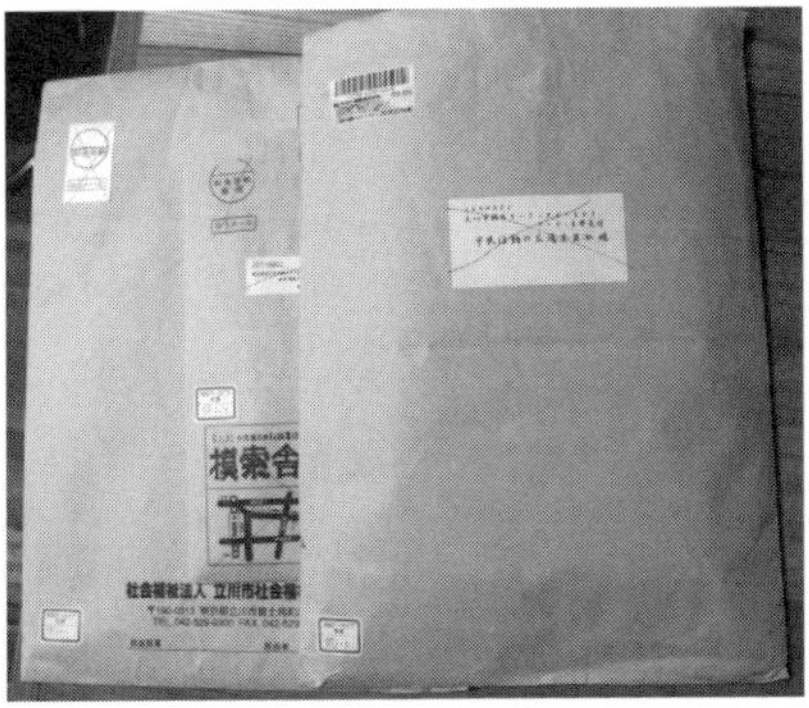
写真 10：封筒に入れた後の紙資料

一つ目は、市民アーカイブ多摩に既にあるものを利用することである。新品という点にこだわらなければ、一定数の封筒の確保は可能であった。市民アーカイブ多摩には各地から資料が封筒に入れて送られてくる。そのため、資料のやり取りで使われた大量の中古封筒が保管されている。また、関係者が自身宛の書類が入っていた封筒を寄付することもある[31]。一部は登録前の同一タイトルのミニコミをまとめて一時的に保管する際などに用いているものの、それ以外の用途ではあまり使われることがない。住所等を読めない状態にすれば、資料を入れておく当座の保管用封筒としては利用可能である[32]（写真10）。

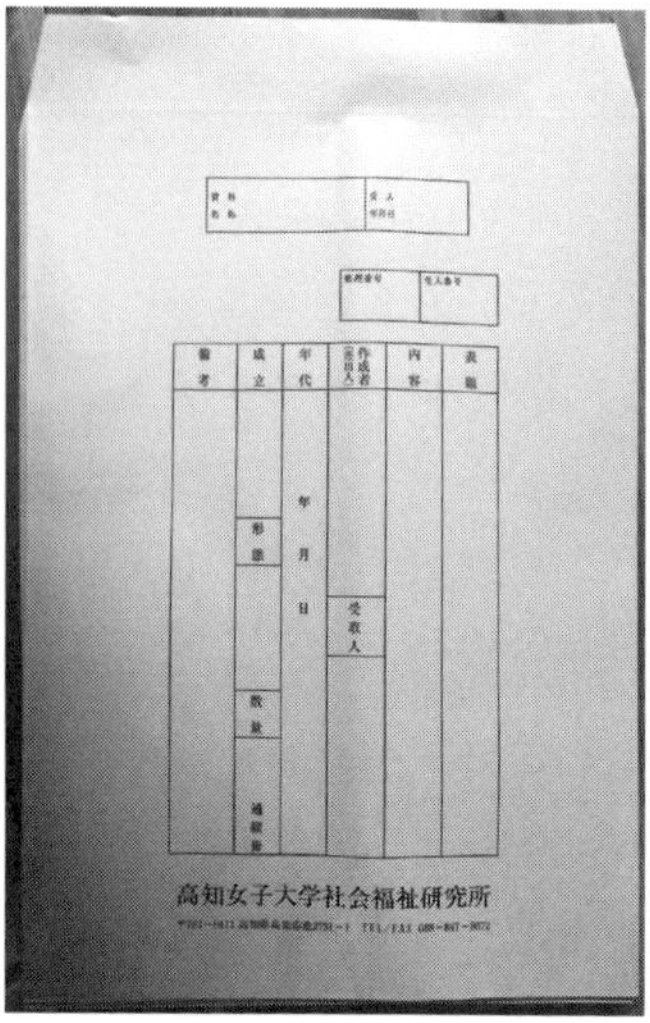

写真11：滝乃川学園の関係者から頂いた封筒

他方で、「懸樋資料」の中にはガウスネットの年次集会資料など大型資料（Ｂ４版）が含まれている。大型資料は市民アーカイブ多摩にある封筒には入らない。こちらについては滝乃川学園を訪問した際に資料整理を行っている関係者に相談したところ、ちょうど滝乃川学園ではＢ４版の封筒が余っていたことから、数十枚寄付していただいた（写真11）。そのため一部の資料のみ、いち早く整理専用の封筒を用いている。

以上を踏まえ、整理にあたっての一時的措置として主に一枚物の紙資料や、封筒でまとまっている資料群は市民アーカイブ多摩にある封筒に入れ、その封筒に整理番号シールを張り付けてある。現時点では仮番号が鉛筆で振られているが、今後資料の分類を進めて正式版に移行する際に改めて番号を記入し直す予定である[33]。なお、封筒も状態が良いものとそれほど良くないものが現状では混在している。絶対数が不足しているため、やむを得ず両方を用いているが、今後状態のよいものが手に入った場合や、中性紙封筒が必要数獲得できた場合は順次交換することになる。

整理用の機材を確保しつつ、仮箱一から順に資料を一点一点調査し、箱ごとの資料一覧を暫定目録の形で作成している。資料の調査、仮目録作成がすべて終了次第、懸樋氏の経歴（追加の聞き取りも必要）と照らし合わせつつ、分類、整理の上で公開用の正式な目録へ移行する予定である。その後も閲覧対応等で不具合があれば改良していくことになる。

紙資料に関しては市民アーカイブ多摩にあるものを用いつつ、最低限の整理が行えている。他方、紙資料と並んで問題となるのがＶＨＳ／ＢＤ資料、特にその中のＶＨＳの扱いである。現時点で市民アーカイブ多摩にはＶＨＳの再生機器が設置されていないため、作成者や中身についてはひとまずＶＨＳに記されているタイトルで対応して暫定目録を作成している。[34] 今後、元となるＶＨＳは保存しておくとしても、現在ある機器で見られるようにするためにはＶＨＳ資料をＢＤなどに媒体変換する必要がある。その上で内容が確認でき次第、正式版に移行予定である。

五 「懸樋資料」の大まかな内容

二〇一六年八月末現在、全ての資料のチェックが終了し、暫定目録（資料一覧）が作成された状態である。二〇一六年度中には全資料の記述・編成と目録作成を完了させ、公開や長期保存環境整備へ向けた準備を始めることを目標としている。記述・編成と本格的な目録の作成過程に関しては今後の課題として別稿に譲ることとし、本節ではチェックした資料の一覧をもとに、「懸樋資料」の大まかな中身について書いていきたい。「懸樋資料」には大まかに以下のような資料が含まれている。[35]

1 ガウスネット関連資料（ミニコミ、諸集会、調査・研究資料、要望書等）

まず一つのかたまりとして、ガウスネットの関連資料が含まれている。ガウスネット関連資料は二〇年以上に及ぶガウスネットの活動を知るための基礎資料である。ガウスネット関連資料は主に一、ガウスネット発行のミニコミ（「がうす通信」）、二、電磁波問題関連集会資料、三、電磁波問題に関する調査・研究資料、四、行政機関や企業への要望、質問状などの四つから構成されている。このうち、逐次刊行物である「がうす通信」については前述の理由からミニコミ資料として配架してあり、一足先に一般公開が始まっている。今後の公開に際して、「懸樋資料」の多くは事前の予約等が必要となる予定（詳しくは後述）だが、「がうす通信」の閲覧希望についてはは通常のミニコミ資料と同一の対応が可能なので、予約なしで市民アーカイブ多摩に来館した場合でも閲覧は可能である。

二の集会資料としてはガウスネットの年次大会、集会資料とその他の各種集会資料の二つから構成されている。年次大会、集会資料は毎年一度開催される年次大会・集会に際して配られる資料で、ガウスネットの関連団体から参加した人達の報告要旨などが記載されている（表2）。集会資料として参加者に一般配布された資料である一方、報告者の住所氏名などが記載されているものもあるため、今後の公開に際しては注意が必要である。他方、各種集会資料はガウスネットが主催／協賛して開かれた様々な集会や講演会の資料である。これは協賛団体の資料としても見なしうるが、資料が懸樋氏の個人アーカイブズであるという点を鑑みて、ガウスネット関連資料として一括でくくっている。もちろん、ガウスネットと関連団体との関係や、運動の広がりを読み解く上では重要資料である。

また、電磁波の問題に関する調査・研究は電磁波運動を進める上での重要な活動である。三の調査・研究資料は新聞、雑誌記事や研究者によって書かれた電磁波関係の論文や記事、省庁や企業など社会運動、市民活動と対抗的な位置にある組織や団体が発行した資料である。これらの資料は集会資料などアウトプット資料を作る際に参照したインプット資料であり、電磁波問題の理論的基盤を知るために重要である。資料は一、電磁波問題について書かれた国内外の研究論文、二、電磁波問題を特集した雑誌、新聞、HP記事（切り抜きやHP記事の印刷物）、三、電磁波問題に関する省庁等のパンフレットによって構成されている。

研究論文としては、アメリカの電磁波問題の調査報告やその関連パンフレット、電磁波関連の疫学調査とその結果に関する論文が含まれている。国内外の電磁波問題に関する研究や電磁波問題に関する国や行政の

資料タイトル	開催年
第3回高圧線問題全国ネットワーク　電磁波公害追放！全国集会広島大会	1995年
第4回高圧線問題全国ネットワーク　電磁波公害追放！'96全国集会横浜大会	1996年
第5回97' 高圧線問題全国ネットワーク　全国大会福島大会　集会資料	1997年
ガウスネット　98全国大会IN神戸　団体活動報告集	1998年
第7回　99全国大会IN湯河原　団体活動報告集	1999年
第8回　全国大会2000 in 信州　団体活動報告集	2000年
第9回　ガウスネット全国大会2001年in九州　資料集	2001年
ガウスネット　2003年総会　資料集・グループ紹介	2003年
ガウスネット全国大会in練馬　資料集・団体活動報告集	2004年

表2：ガウスネット年次大会、集会資料タイトルの一例
出典：仮目録を基に筆者作成。

立場が分かる資料が多数含まれており、これらを読むだけでも電磁波問題に関する一通りの知識が入手できるようになっている。電力会社のパンフレットも含まれており、電磁波問題がエネルギーの問題と関連していることがわかる。但し、一部で英語以外の言語が含まれる論文もあるため、論文の細部にわたる読解には語学の素養が必要である。

新聞、雑誌記事には比較的大手の新聞や雑誌が電磁波の問題を特集した際の記事から、HP上のニュース欄に掲載された電磁波問題の記事、電磁波問題に関する記事が掲載された各種ミニコミが含まれている。紙媒体の新聞や雑誌の記事は今日でも国立国会図書館などに行けば読むことが出来るが、HP上の記事は一定期間を経過するとデータが消されてしまい、「原本」を読めないものもある。

一方、電磁波運動自体に関する社会学分野などの調査・研究論文も、当事者に調査結果が還元され、当事者がそれを参考に運動のやり方等を見直す可能性があるため、この範疇に含まれる。しかし、電磁波運動に関する本格的な調査・研究が十分に行われていないこともあって数は少なく、ガウスネットを含む市民活動諸団体に調査票を配布して行われた量的調査・研究報告書（一橋大学社会学研究科町村敬志研究室が実施）が含まれているくらいである。

調査・研究資料には紙資料以外にも映像資料が含まれている。保管の問題等から現在最初に届いた六箱の中に入っていたものは一つの箱に一括して保管している。主にＶＨＳ資料だが、一部ＢＤも含まれている。映像資料は後述する各地の運動資料に含まれるものも含めて前半一二箱に合計二九点、後半の六箱にも複数含まれている。貼り付けられていたタイトルによると、電磁波関連のテレビ番組などが入っている（内容は再生機器の問題から、未確認）。

このほかに一定数を占めているのが電磁波問題への対策等について行政機関（省庁など）や企業に対して提出した要望書（とそれに対する回答書）など運動の「敵手」との間のやり取りを示す資料である。特に大きな割合を占めるのが二〇〇七年八月頃に開催されたワーキンググループでのやり取りに関する資料である。全三三点が一括した袋に入っており、ワーキンググループの議事録や配布資料一覧、委員名簿など含まれている。電磁波の規制が確立されていく時期の資料であり、運動と行政の側でどのようなやり取りが行われたのかに関する重要資料である。

2　リニア問題、八ッ場ダム問題、全国自然保護連合関係資料

他方、懸樋氏はガウスネットの代表として電磁波の問題に取り組む一方で、それに関連した電力の問題や自然保護の問題、リニア中央新幹線の建設問題にも引き続き関わりを持っていた。そのため、そうした団体に参加する中で作成／授受した資料が「懸樋資料」の中には一定数含まれている。全体としての点数はガウスネット関連資料と比べれば少ないが、資料としては関わった団体や問題別に分けると以下の三つが主に含まれている。一、ストップリニア東京連絡会との関わりなどリニア問題に取り組む中で入手したリニア関連資料。二、水力発電（ダム）問題の資料として二〇〇四年から二〇〇五年にかけての八ツ場ダム問題の関係資料。三、全国自然保護連合関連の集会資料と機関誌（『全国自然通信』）。全国自然保護連合の集会資料には一九九四年七月二～三日に全国自然保護連合などの主催で行われた第二三回自然保護大会石川大会関連資料（袋「自然保護大会石川大会」）が含まれている。『全国自然通信』は二〇一六年八月現在、市民アーカイブ多摩

の収集ミニコミ資料には含まれておらず、初の収蔵となる。石川大会の資料には大会分科会・討議資料集を始めとして、当日の日程表、実行委員一覧、各団体への御礼などが含まれており、ガウスネットと自然保護運動とのつながり、そしてさらに自然保護運動の広がりなどを示す資料である。八ッ場ダムの資料は大きめの手提げ袋一袋にほぼ全体が収まっていた資料である。具体的には「八ッ場ダムをストップさせる東京の会」が発行したミニコミや、八ッ場ダム問題に関する現地の資料（観光パンフレットなど）などが含まれている。

こうした資料群は懸樋氏が色々な活動に関わる中で作成／授受した資料だが、ガウスネットの代表としての活動に直接関連する資料ではないため、分類上は分けることになる。高圧線鉄塔や携帯電話基地局の建設問題を「狭義の」電磁波問題とするならば、電力や自然保護、リニアの問題は電磁波に関連する問題を含みつつ、他の分野にも関わる点で「広義の」電磁波問題という事になる。ただし、リニア問題は前述したとおり、現在また問題化されつつあるため、関連資料の多く（段ボール五～六箱分）は懸樋氏が「現用」の資料として手許に残してある。そのため、「リニア通信」の一部などを除くと寄贈された量は多くない。

3　全国各地の電磁波運動資料

ガウスネットは電磁波運動の全国ネットワークとして結成され、活動して来た。その過程で電磁波問題を扱って活動してきた全国各地の市民活動団体との間で資料のやり取りが行われている。そのため、「懸樋資料」の中には全国各地の団体や個人から送られて来た電磁波運動や電磁波をめぐって地域で起こった問題に関する資料が多数含まれている。ミニコミ、裁判資料、行政や企業への要望書と回答書、集会ビラ、地域の運動を扱った地方紙の切り抜き、懸樋氏と各地の団体の間で交わされた資料のやり取りに関する私信などが含まれている。各地の団体が発行したミニコミは今後続刊が来る見込みがないこと、資料の一体性を保つ観点から、「懸樋資料」の中に入れた状態のまま整理を行っている。当時の関係者を探し、訪問の上、見せていただく以外に収集が困難な地域の運動資料が多数含まれており、各地の動きをまとめて知ることが出来る貴重な資料である。懸樋氏によると、携帯電話の普及などを背景に、近年では町内ぐるみで基地局反対運動が起きることがあまりなくなってしまったため、こうした資料は集まりにくくなっているとのことである。他方で一部資料には個人情報が含まれるものがあり、誰に対して、どこまで公開出来るかを含め、今後検討が必要な資料群でもある。

資料の事例としては、熊本の苓北火力発電所の送電鉄塔建設反対運動関連資料（袋「苓北火電反対運動」）、熊本市詫麻における九州セルラー電話株式会社による携帯電話鉄塔建設への反対運動関連資料（袋「熊本御領写真あり」）などがあげられる。九州は各県でNTTやツーカーセルラーなどが計画する携帯電話基地局への反対運動が活発に行われていた（懸樋一九九七b）こともあって、この部分の資料は一定量が含まれている。例えば、「苓北火電反対運動」にはこの団体が発行した「送電鉄塔建設反対運動ニュース」や新聞切抜き、集会資料などが含まれている。詫麻の資料には詫麻の環境を守る会が発行した「セルラー御領鉄塔反対ニュース」（一〜五、八〜一九号、一九九九年二月〜二〇〇〇年九月発行）をはじめ、裁判関連の資料や鉄塔建設反対座り込みの様子をとらえた写真などが含まれている。他にも九州関連では九州の団体が集まって開催した集会資料などが含まれている。

もちろん地域資料は九州以外の地域活動や運動の資料も含まれている。確認した限りでは北海道、福島、千葉、埼玉、東京、長野、愛知、大阪、広島などの地域資料が含まれている。これ等は共に一九九〇年代から二〇〇〇年頃の地域における電波鉄塔建設反対運動に関する資料であり、電磁波問題や電磁波運動の広がりとガウスネットとのつながりを示す資料でもある。懸樋氏の問題関心が狭義の電磁波問題だけではなく、環境保護など広義の電磁波問題に及んでいるのと同様に、各地の関連運動も高圧線鉄塔建設反対運動や携帯電話基地局反対運動から、産廃処理施設への電磁波を用いた廃棄物処理機設置に関する問題（北海道）など幅広い問題群を含んでいる。

また、映像資料の一部には各地の運動団体が制作、配布したものが含まれている。具体的には基地局移転展望の会等運動側が作成したと思われる映像資料である。他にも原発問題を扱ったＶＨＳや電磁波運動（デモ、座り込み）の様子を記録した映像などが含まれている。電磁波運動の記録は全国各地の電磁波運動資料に含まれている団体のものもあり、両資料を合せてみれば、運動の実態に視覚的に迫ることが出来るだろう。

六　保存、公開方法

続いて、今後の長期的な保存、公開方法に関する問題を検討したい。資料館が資料受け入れを行う場合、受け入れ際して保存処置（燻蒸による殺虫など）を行う事になる。確かに、市民アーカイブ多摩の建物の両側は行政指定の保存林であるため、夏でも空調をつけなくても良い程涼しい日が多い。しかし、市民アーカイブ多摩の建物は元々個人宅であり、書棚を入れるために一部の構造を強化するなどしてはいるものの、本来資料保存を前提として建設された建物ではない。また、金銭的な問題もあって保存用の機材（特に虫対策）は市販の防虫剤が部屋の角においてあることを除けば皆無に等しい。空調システムをつけておくなどの温湿度管理を常時行うだけの余裕もなく、市民アーカイブ多摩の建物には開館日以外は誰もいない状態である。通常は現在活動中の団体の資料を保存しているため、専門的な保存処置を直近では行わなくても何とかなっている。しかし、市民活動資料の多くは保存を前提として作られたものではない。紙やインク等は劣化しやすい市販品を多く用いている。加えて電子データなど長期的な保存には不向きのものも多い。ファイルの取り換えなど一部の「保存」処置は行ったものの、いくつかの点では処置が追い付いていない状況にある。例えば、資料に付着したファイル金具の錆び（写真12）や、印刷物の印刷文字の剝離（九〇年代の印刷物）等は現時点で対応が出来ていない状況にある。

特に状態が著しく悪いのがファックス用紙に印字された資料である。一部ファックス用紙に印字されたミニコミや私信が含まれている。しかし、現在では記されている文字が殆ど色落ちしてしまい、読み取りが難しいものが多数あった（写真13）。こうした状況の資料を長期的に保存していくとなると、やはり何らかの形で処置が必要となってくる。ファックス資料は今なら書いてあった文字を読みとれる状態なので、コピーなどで読める状態の資料を作成し、閲覧対応ではそちらを用いるなどの手段も必要であろう。

また、保存方法の問題として、中性紙関係の問題と保存環境の問題は二〇一六年八月現在、依然として未解決のままである。現時点で資料調査を通じて具体的な点数や資料の性質などが明らかになってきつつあるため、これを元にすれば中性紙封筒や中性紙箱が何点必要であるか、またそれにはいくら必要かを算出することが出来るだろう。ただし、その場合でも長期的な保管場所の確保は課題として残されている。暫定目録作成時点では現在の箱の分け方（合計一八箱）のまま前半一二箱が押し入れの中、後半六箱が事務スペースに保管されている。ただ、押し入れの中の場合、埃の侵入対策が万全ではない。また、事務スペースは水場（台所）が近くにあるため、資料の保存には適していない。現在市民アーカイブ多摩の収蔵庫はまだ隅の方に資料が配架されていないスペースがある。「懸樋資料」は量的にはそれほど多くなく、書庫の棚の空きスペースに入れられる量でもあることから、出納の手間を考え合せると現在の書庫で保存、公開可能と思われる。もちろんこの方法で保管する場合は、埃等がかぶらないようにする工夫をしておく必要がある。

資料の整理後に問題となるのが公開方法の問題である。個人所蔵の資料を個人的に研究者などに見せる場合は、閲覧する研究者が資料に含まれる個人情報に配慮すれば余り問題にはならない。しかし、市民アーカイブ多摩は誰に対してもオープンにすることを前提としている施設であるため、基本的には一般公開が一つの理想となる。確かに東京都などの刊行物資料は公的機関が作成し、既にオープンになっている資料なので、公開することそれ自体に大きな問題はない。しかし、ガウスネットの資料の中にはガウスネット主催の集会に参加した人の名簿や、運動団体が行ったデモや変電所施設見学会の様子を撮影した写真など、明らかに個人情報を含む資料が含まれている。また、資料が入っている袋（封筒）には送り先の住所と懸樋氏の住所が書かれている。名簿に記載された人や写真にとられた人の中には必ずしもオープンになることを好まない方もいる可能性は高いため、これらの資料の一般公開は難しい。公開条件の基本線としては、研究者など個人情報の守秘義務を守っていただける方々と、懸樋氏の紹介を受けた方々（特に電磁波の問題に取り組んでいる個人や団体）[36]に対しては閲覧を許可する方向で検討する予定である。

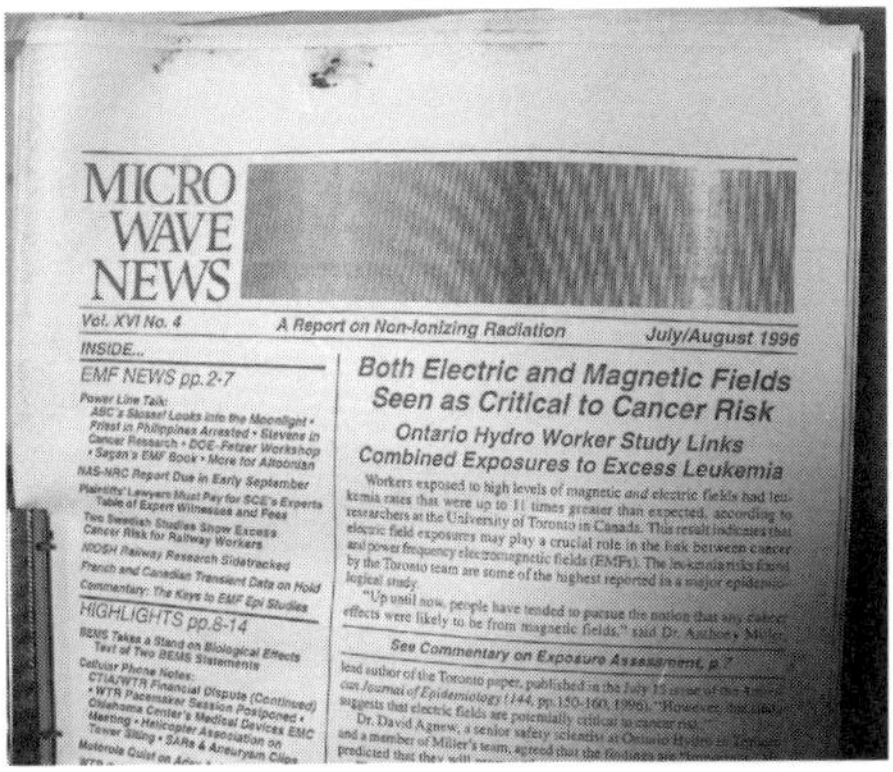

写真 12：資料に付着したファイルの金具の錆

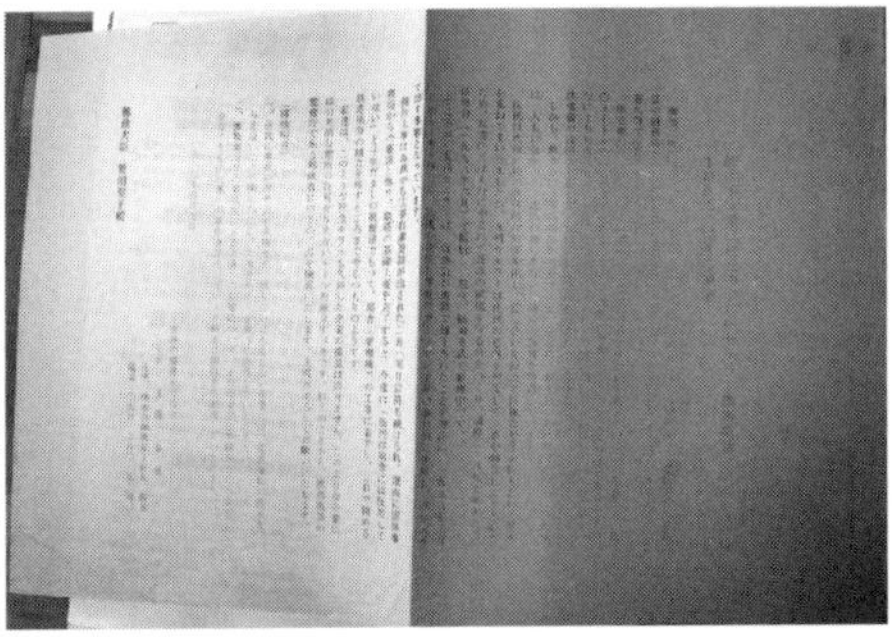

写真 13：一部文字が色落ちしたファックス

市民アーカイブ多摩で通常扱っている資料はミニコミやビラなど既にオープンになっている資料であり、整理、公開過程において個人情報の問題がそれほど前面に出されることは（少なくとも現場レベルでは）あまりない。特に発行者から直接送られてくる場合は、市民アーカイブ多摩での保存、公開を前提として送っているという事が暗黙の了解事項となっており、ＨＰ等でも公開基準に関する文言は基本的に記されていない。しかし、「懸樋資料」のようなオープンになることを前提としない個人情報が含まれる資料を今後保存、公開していく場合、何をオープンにするかの明確な基準を作って利用者に示す必要がある。例えば、公文書の情報公開などのように、原資料は保管しつつ非公開とし、代わりに個人情報を秘した状態の複製資料を作り、閲覧対応で用いる事も可能だろう。また、大原社会問題研究所環境アーカイブズのように、閲覧対応の際に個人情報が含まれる箇所をマスキングしたうえで閲覧者に提供するのも一つの手段である。[37]

　著作権の問題としては他に複写の問題がある。市民アーカイブ多摩は大学や図書館などの公的団体、研究団体ではないため、通常集めているミニコミ資料の複写は基本的に認めていない。[38]「懸樋資料」の場合、確かに懸樋氏からは複写を含めて許可を頂いているため、公開条件として現在想定している、学術研究や電磁波問題に取り組んでいる個人や団体の利用に限定すれば、複写の問題はそれほど大きな問題にはならないと思われる。しかし、「懸樋資料」の中にはガウスネットと懸樋氏以外の団体や個人が作成した資料が含まれている。これらの団体の資料の著作権は発行元の団体や個人に帰属する。その為、複写や公開に関して問題が発生する可能性がない訳ではない。

　公開に際してもう一つ問題となるのが、ＶＨＳ／ＢＤ資料の扱いである。整理過程において述べたように、ＶＨＳ資料は内容と記載されているタイトルが一致しているか確認できていない。内容確認や今後中身を見られる状態にするためにも、媒体の変換が必要である。この点は市民アーカイブ多摩の関係者で媒体変換が出来る機器を持っている方から必要ならばその機器を用いてＢＤへの媒体変換を行ってもよいと申し出があったため、今後交渉予定である。映像資料の公開に関しては著作権の問題も大きな問題となる。VHS／BD資料に（タイトル上）含まれるのはガウスネット以外の市民団体が制作した大会記録や宣伝映像、テレビ局制作の番組である。前者は製作元の団体や個人に連絡の上、許可を頂ければ公開上映なども含む一般公開は可能だろうが、後者は前者に比べて著作権関係が入り混じっているため許可を頂くのは難しそうである。内々での上映会などには著作権法上問題はないものの、公開上映などは不可能となる可能性が高い。

長期的な公開方法として市民アーカイブ多摩全体の課題となるのは検索システムの構築である。これは他のミニコミ資料と共通した問題である。現在の市民アーカイブ多摩では、ミニコミはAccessに入力し、所蔵している号の一覧を作成している。しかし、これはあくまでも業務用のものであり、外向きのものではない。市民アーカイブ多摩に所蔵されている資料を外から調べる場合、HPに掲載されている収集ミニコミ一覧を見た上で、市民アーカイブ多摩に電話、メール等で直接問い合わせるか、来館の上で当該ミニコミのファイルを閲覧する必要がある。この場合ミニコミのタイトルは分かっても所蔵されている号数は外から分からない。「懸樋資料」も将来的には一つ一つの資料にキーワード等を設定するなどして、目的に応じた検索が出来るようになれば、使い勝手としてもよいと思う。

七　「懸樋資料」保存の意義と中長期的課題

最後に、結論として「懸樋資料」の持つ価値と市民団体レベルでの一次資料の整理、保存の意義を述べていく。研究という視点から見た「懸樋資料」の価値は一九九〇年代〜二〇〇〇年代の公害問題とそれに対する特徴的な運動の資料である点にある。戦後日本の公害運動について検討した友澤悠季は「公害」を「敗戦後の日本がその出発点から抱え込んできた矛盾、格差、差別、不均衡を明らかにする社会科学的な「問い」（友澤二〇一五、一九頁）として位置づけている。しかし、友澤の論稿も含め、公害運動研究は一九六〇年代～七〇年代の公害運動の研究が中心である。電磁波運動はそれらの運動が「解決」していった後、さらに環境基本法の制定後に発生してきた公害運動である。[39] 今日、携帯電話の普及などで電磁波が飛び交う世界がごく普通のものになりつつある。しかし、そうしたあり方に対抗して来た電磁波運動の内在的な学術研究論文は二〇一六年現在、殆ど蓄積のない状態である。従って、日本でなぜ電磁波運動が起こってきたのか、現代社会において電磁波という非常に身近にあり、かつ携帯や家電製品など生活には欠かせないものに対して、その危険性を告発していることの内在的な意義は学術的に十分検討されていない。今回市民アーカイブ多摩では「懸樋資料」の受入によって「ガウスネット」発行ミニコミと内部資料の双方がそろうことになった。また、懸樋氏への聞き取りなどのアクセスの窓口になることも可能である。それ故、これらの資料は日本における電磁波運動の展開とその特徴を研究する上で重要な資料となる可能性が高い。また、資料調査を通じて明らかになったように、一次資料の一部は反原発運動関連や自然保護関連のものであるので、そうした運動の研究にとっても有意味な資料となるだろう。

では、資料の価値を踏まえた上で、こうした資料を市民団体のレベルで市民活動資料を収集、保存する意義はどのように位置付けられるであろうか。今回「懸樋資料」は市民アーカイブ多摩が受け入れたことで散逸や廃棄を免れ、不十分な形ではあるもののアーカイブズ化が行われ、今後研究等で生かされることも可能になりつつある。しかし、懸樋氏が資料を手放すきっかけが引っ越しだったように、長年運動を行って来た人々が資料を持ちきれなくなることは今後も多く発生することが予想される。その資料は必ずしも歴史的価値、研究価値などが広く認識されているものではなく、特定の地域の資料でもない、行政と争っている最中の資料であるなど、既存の枠組みでは残しにくい資料であることもあり得る。その時に資料は捨てられてしまうのか、残すことが出来るのか、どのような形で残すことが出来るのか。市民アーカイブ多摩の取り組みは市民団体レベルでの資料保存という一つの選択肢を示すものである。しかし、今までの収集資料はミニコミ資料中心であり、一次資料については議論が「凍結状態」であった。市民の手による資料収集の意義については、市民アーカイブ多摩を舞台にいくつかの論稿で述べられてきたが、一点もののアーカイブズ資料の保存には様々な事情により、至っていなかった。図書館の在り方に対する一つのオルタナティブではあったが、アーカイブズ学に対するレスポンスには十分な形ではなっていなかったという点で一つの限界があったと言える。本稿の取り組みは受け入れ経緯などはイレギュラーであるものの、市民団体のレベルで一次資料を残し、生かしていく一つの事例である。「懸樋資料」のアーカイブズ化は従来の活動から一歩進んで、市民活動一次資料を市民団体のレベルで整理、保存、公開する試みとなる。勿論、本格的な記述・編成はや本格的な資料解題の執筆はこれからの課題であり、その部分は別項に譲ることになるが、少なくとも本稿を通じて市民団体レベルでも工夫をすれば簡単なアーカイブズ化や資料価値の証明などは可能であることを示すことが出来たのではないだろうか。

こうした可能性がある一方で、今後の大きな課題の一つが、アーカイブズ化をする上でのノウハウの蓄積である。「懸樋資料」のアーカイブズ化は筆者が（事実上）一人で担当している。そのため、筆者が不在の際に閲覧希望者が来た場合、他のスタッフでは十分に対応できない可能性がある。記述・編成やそれに伴う資料の入れ直しがまだ完了していないので、同一団体の資料があちこちに散らばった状態にある。文書館や資料館で働いている人もスタッフにはいるので、出来る範囲で手を借りつつ、市民アーカイブに関わっている他のスタッフと一緒になって一次資料整理のノウハウを構築する必要もまたある。それはアーカイブズ学の知識がある一部の専門家だけでなく、広く市民が市民活動資料の価値を見いだす一助となるだろう。

また、この取り組みはミニコミの収集という形であれ、長年資料収集、保存を行って来た積み重ねがあってこそ、その蓄積を「拡張」することで可能となっている部分もある。この「特殊性」を踏まえた時、そうした蓄積が十分にない場面においても資料保存、公開は可能なのかという問いは残される。それはこれからこうした取り組みを広げて行くことや、実際に資料を抱えて困っている人との協力を経て行く中で考察しなければならない課題である。

公文書の保存や公開は行政の（後代の）市民社会や市民に対する説明責任であるといった意見[40]がある。他方で公害問題などは市民による告発が不可欠であり、「解決」に向かう過程で運動を行っている市民が政策決定過程にもかかわることになる。市民社会が曲がりなりにも発達して来た中にあって、市民活動資料を残すことは市民社会の、（後代の）市民社会や市民に対する説明責任としても捉えられるのではないだろうか。残された資料は市民活動が何を成し遂げ、何を成し遂げなかったのかを明らかにする。それは現在の生活の在り方が存立している論理を照射し直すものである。

謝辞

本稿の執筆に当たって、懸樋哲夫氏は電磁波問題と資料に関する聞き取りに応じて下さった上、原稿への的確なコメントを頂いた。市民アーカイブ多摩のスタッフの方々は機材の提供を始めとしてアーカイブズ化に関する有形無形の手助けをして頂いた。滝乃川学園の方々や、大原社会問題研究所環境アーカイブズの清水善仁先生には資料整理の様子を見せていただき、個人情報の扱いや今後の記述・編成に関するアドバイスを頂いた。加えて、本稿の内容を二〇一六年日本アーカイブズ学会大会で報告した際、アーカイブズ学の専門家の方々から貴重なコメントを頂いた。ご協力いただいた全ての方々にこの場を借りて感謝を申し上げたい。

注

（1）本稿では主に戦後の市民運動、住民運動から趣味の集まりに至るまで、様々な「一般」市民の活動の中で生み出されてきた資料群のことを市民活動資料と呼んでいる。

（2）埼玉県立文書館ＨＰ（http://www.monjo.spec.ed.jp/）（二〇一六年四月一八日閲覧）で「文書資料保存活動ボランティア」として紹介されている。

（3）住民図書館時代の資料整理方法をアーカイブズ学の観点から詳細に検討した論文は管見の限り見当たらない。市民団体レベルでの資料整理を民間レベルで如何に行うことが出来るかという課題は残されたままになっている。

（4）筆者は市民アーカイブ多摩開館時より、ミニコミ資料をはじめとする未整理資料の整理に携わるボランティアスタッフとして関わり続けている。

（5）収集主体と集めた時期の違いを除けば、タイトルや号数などサービスコーナーが収集した資料と基本的には連続性がある。また、発行年月日が二〇〇二年以前のものでも、寄贈者の希望があれば受け入れる場合がある。

（6）市民活動団体や個人が発行する発行数の少ない機関誌、ニューズレターの事を指す。市民運動、住民運動が盛んだった一九六〇年代以降、マスコミと対比する形で用いられるようになった。研究価値が議論される（平野二〇一三ａ）一方で、厳密な学術的定義が十分になされているとはいいがたい。

（7）「社会に内在化し、広く市民社会の理解と協力を得て支えられる文書館」（辻川二〇一二、一四四頁）のことを指す。

（8）二〇一六年四月九日、市民アーカイブ多摩に懸樋氏を招いて「緑陰トーク」を行い、懸樋氏にご自身の経歴、電磁波運動の意味、寄贈資料について語っていただいた。この時のお話の様子と大まかな内容は懸樋氏のチェックを受けた上でネットワーク・市民アーカイブ編、「アーカイブ通信 No.7」（二〇一六年七月一日、三頁）に掲載されている。当日の配布資料は資料閲覧者向けの入門用付帯資料として「懸樋資料」につけられる予定である。

（9）ガウスネットＨＰ（http://www.gsn.jp/index.htm）（二〇一六年四月一七日閲覧）。

（10）ガウスネットＨＰ（http://www.gsn.jp/index.htm）（二〇一六年四月一七日閲覧）。

（11）「公害」という概念には、「四大公害」（義務教育課程）や、「典型七公害」（大気汚染、水質汚濁、土壌汚染、騒音、振動、地盤沈下、悪臭）（環境基本法（一九九三年制定））という具合に、いくつかの定義がある（友澤二〇一五）。

（12）正式名称は途中で変わっており、「高圧線問題全国ネットワーク」は発足当時のものである。本文中では「ガウスネット」で統一する。

（13）ガウスネットＨＰに当時の団体一覧が掲載されている。

（14）この規制値について、当初規制値案では一〇〇〇mGだったのに、いつの間にか二〇〇〇mGにされていたと懸樋氏は述べている。

（15）江頭氏への聞き取りは資料が市民アーカイブ多摩に届いた際に実施。筆者は資料の受け入れ過程（大学等との交渉含む）には直接かかわっていない。

（16）手許に残した資料については後述する。

（17）かつては一次資料の受け入れについても検討したことがあった（二〇一四年日本アーカイブズ学会第一回研究会における中村修氏（市民アーカイブ多摩運営委員）の発言）。

（18）届いた際の箱の分け方の意味に関しては懸樋氏に確認済みである。

（19）例えば、国立公文書館などでは文書保存マニュアルを公開している。これらは確かに一つの参考となるが、資金、人員、時間のある施設だから出来る面もある。

（20）二〇一六年三月三日に滝乃川学園を訪問し、資料整理の担当者から所蔵資料の性質や機材の確保等を含めた資料整理方法について説明を受けた。

（21）ただし、一部の資料は早めの保存処置が必要なものがある。

（22）立教大学共生社会研究センターや法政大学大原社会問題研究所でも、全ての資料が中性紙封筒に入っているわけではない。

（23）一カ月当たりの開館時間（≒資料整理時間）が六〜七日程度（うち水曜日が四〜五日）であり、その中で筆者が来館出来る日しか資料整理が行えないため、一覧を作成するにしてもかなり時間を要している。

（24）「懸樋資料」受け入れ後に本稿を含む論集の執筆が決った。その結果、本稿を整理過程の一環に組み込むことで資料の長期的な整理に関する目途がついた事から、筆者が来館日を増やすなどして資料整理等に一定の力を注ぐことが可能になった。

(25) 現時点では資料の調査用のフォーマットとしての側面が強く、今後の記述・編成、公開時に一部項目や記載内容は改定する可能性がある。
(26) 聞き取りの際、懸樋氏に二〇年以上運動を続けて来られた秘訣を質問した。
(27) 二〇一一年の東日本大震災と福島原発事故を前後する時期に発行された号(一〇五号〜一〇九号)が欠号となっている。
(28) 登録番号は「懸樋資料」専用の番号ではなく、ミニコミ等の整理で用いている番号を用いている。登録番号の統一については二〇一六年八月現在、検討中である。
(29) 元々の状態を写真にとって記録する一方で、取り外したファイルは一括して(一時)保管してある。
(30) ただし、アーカイブズの保存を考慮しているかに関して埼玉福祉会のHPには表記されていない。このため、プラスチック製のファイルに閉じられた資料などを除き、資料に直接シールを貼るのではなく、極力保存用の封筒に貼るようにしている。
(31) 資料整理に当って、新たに不要な封筒の寄付をお願いしている。
(32) 個人の住所の場合は読めない状態にし、HPやNPO法人格などがある団体(市民アーカイブ多摩の関連団体含む)の場合は二重線で消すくらいにとどめてある。
(33) 封筒が確保出来た分ずつ資料の整理を行っている。
(34) BDディスクに録画されているデータについては筆者が調査の際にノートパソコンで再生し、内容を確認済みである。
(35) 市民運動はもとより、近現代個人文書の分類については、ISAD(G)のような標準がいまだ決まっているとはいいがたく、個別の内部構造に基づいた分類が中心となっている(橋本二〇一四、加藤二〇一四)。今後の記述・編成に当って「懸樋資料」もISAD(G)を機械的に適用した記述編成では必ずしもうまくいかないと思われる部分がある事が予想される。ただし、現状のアーカイブズ化の進捗では詳細な記述編成に踏み込むことは難しい。その部分は記述編成論にまで踏み込んだ別稿や今後執筆する予定の資料解題に譲ることとし、ひとまず本稿では大まかな内容紹介にとどめてある。
(36) 懸樋氏より、(ガウスネットの会員も含め)自分の所に電磁波問題で困っている人が資料を見せてほしいと訪ねてくることがあり、そうした方々に対しては今までも資料を見せて来たし、これからも見せてほしいとの要望をいただいている。

（37） この問題については、以前筆者が市民アーカイブ多摩における資料整理の問題点について検討した際に指摘した（拙稿二〇一六）。この際は概論にとどまっていたが、本論では「懸樋資料」の性質を踏まえた上で問題点を検討し直している。なお、大原社会問題研究所環境アーカイブズの個人情報が含まれる資料の閲覧に関する箇所は同研究所の清水善仁先生よりご教授頂いた。

（38） 収蔵しているミニコミ資料の中には、発行元の団体にも残されていない号が含まれている場合がある。しかし、一律複写不可能という対応を取っているため、ミニコミ発行元の団体の人が来館して、自分たちの手元に残っていない号を発見した場合でも、複写が出来ないという支障がある。

（39） 一九七〇年代以降、公害問題から環境問題へと問題の発想転換が進んだ。

（40） 例えば、加藤（二〇一五）。

参考文献

安藤正人、一九九八、『草の根文書館の思想』、岩田書院。

江頭晃子、二〇一四、「資料保管運動から資料センター開設まで」、『大原社会問題研究所雑誌』（六六八）、二四〜三三頁。

萩野晃也、一九九七、「地球環境をこわす最後の公害」、『金曜日』、一九九七年三月二一日、一一〜一三頁。

橋本陽、二〇一四、「個人文書の編成：環境アーカイブズ所蔵サリドマイド関連資料の編成事例」、『レコード・マネジメント：記録管理学会誌』（六六）、四二〜五六頁。

林美帆、二〇一五、「公害資料館利用拡大の試み——西淀川・公害と環境資料館と公害教育」、『アーカイブズ学研究』（二三）、五八〜七八頁。

平川千宏、二〇〇二、「市民運動・住民運動資料の収集、提供、保存」、『山梨英和短期大学紀要』（三七）、七七〜九二頁。

平川千宏、二〇一四、「市民活動資料——保存と公開の全国的状況」、『大原社会問題研究所雑誌』（六六八）、七八〜

八九頁。

平野泉、二〇一三a、「研究資源としての「ミニコミ」：立教大学共生社会研究センターの事例〈特集〉フリーペーパー）」、『情報の科学と技術』六三（一〇）、四二一～四二五頁。

平野泉、二〇一三b、「アメリカのアーキビストと社会運動記録 “Archival Edge” をめぐって」、『学習院大学大学院人文科学研究科アーカイブズ学専攻』（一）、五八～六七頁。

平野泉、二〇一四、「「市民文書館」論の一変奏：大学内の収集アーカイブズに勤務して」、地域史研究『尼崎市史研究紀要』（一四四）、二～一二頁。

懸樋哲夫、一九九七a、「各地に広がる電波鉄塔建設反対運動」、『技術と人間』、一九九七年三月号、一九～二五頁。

懸樋哲夫、一九九七b、「あなたをむしばむ電磁波――全国にひろがる反対運動」、『金曜日』、一九九七年三月二一日、一四～一五頁。

懸樋哲夫、二〇〇三、「プライバシー消滅――「ユビキタス」社会」、『技術と人間』二〇〇三年八、九月号、九二～九八頁。

加藤聖文、二〇一四、「近現代個人文書の特性と記述編成」、国文学研究資料館編、二〇一四、『アーカイブズの構造認識と記述編成』、一八一～二〇〇頁。

加藤聖文、二〇一五、「市民社会における「個人情報」保護の在り方――公開の理念とアーキビストの役割」、『国文学研究資料館紀要アーカイブズ学研究篇』（一一）、一～一四頁。

小林文人、内田純一、一九九八、「三多摩の社会教育と住民パワー　そのあゆみ」、『月間社会教育』四二（七）、六～一四頁。

国立公文書館、財団法人元興寺文化財研究所、二〇〇二、「国立公文書館所蔵資料保存対策マニュアル」。

町村敬志、二〇一二、「市民的アクティビズムの組織的基盤を探る：ミニコミ・アーカイブズの効用（特集データ・アーカイブズと二次分析の最前線）――（質的調査データのアーカイブと二次分析）」、『社会と調査』（八）、三八～四六頁。

町村敬志、二〇一五、「「市民活動資料の」保存・公開から新しい交流の場の構築をめざす：「市民アーカイブ多摩」の取り組みから（特集　情報公開と公文書管理）」、『るびゅ・さあんとる』（一五）、二三～三八頁。

松岡資明、二〇一一、『アーカイブズが社会を変える――公文書管理と情報革命』、平凡社新書。

丸山尚、二〇〇四、「市民・住民運動資料の保存と活用」、大畑裕嗣ほか、二〇一四、『社会運動の社会学』、有斐閣、二五一～二五二頁。

長島祐基、二〇一六、「都立多摩社会教育会館市民活動サービスコーナー資料とそのアーカイブズ化に関する考察」、国文学研究資料館紀要『アーカイブズ研究篇』（一二）、七五～九五頁。

中村修、二〇一四、「「市民活動資料」の保存・調査・活用をめぐって」、『大原社会問題研究所雑誌』（六六八）、六七～七七頁。

小熊英二編著、二〇一三、『原発を止める人々　三・一一から官邸前まで』、文藝春秋。

杉山弘、二〇一四、「〝市民活動資料〟に人々の息遣いを訊く」、『大原社会問題研究所雑誌』（六六八）、三五～四二頁。

辻川敦、二〇一二、「日本における「市民文書館」の理念と実践」、地域史研究、『尼崎市史研究紀要』（一一二）、一四二～一七八頁。

友澤悠季、二〇一五、「「公害反対運動」の再検討――拒絶することの創造性に着目して」、『同時代史研究』（八）、一八～三四頁。

矢澤直子、二〇〇〇、「市民運動資料の動的・ニューロン的性格とアーカイブズ論」、平成一二年度史料管理学研修会研修レポート（旧ベ平連のＨＰからダウンロード可能（二〇一四年七月三一日ダウンロード））。

山家利子、二〇一四、「資料と活動の交流拠点だった「都立多摩社会教育市民活動サービスコーナー」」、『大原社会問題研究所雑誌』（六六八）、三～一三頁。

第五章　一九六〇年代の一橋大学における「大学の自治」論と教職員組合
——史料整理から大学史における組合の位置づけを考える

伴野文亮

はじめに

近年、社会における大学のあり方が大きく変わろうとしている。二〇〇三年には、『世界』誌上において「「大学改革」がもたらす荒廃」という小特集が組まれ、国立大学の法人化がもたらす弊害について議論がなされた[1]。最近では『現代思想』において、二〇一四年と二〇一五年の二度にわたり「大学改革」を主題とした特集が組まれ、社会における大学の存在意義を改めて確認する試みが積極的になされた[2]。そのほか多くの論者が、各々の大学論を展開している[3]。

こうした動向の背景に、二〇〇〇年代の国立大学法人化以降、急激なグローバル化を推進する政府によって既存の大学機構を「改革」せんとする動きがあることはいうまでもなかろう。国立大学が法人化されてから一〇年を経た今日、法人となった国立大学はもとより私立大学までをも含め、新自由主義社会における現代の大学は、その存在意義の説明責任を厳しく求められるようになった。二〇一五年六月には、下村文科大臣（当時）によって人文学の存在意義を否定する旨の発言がなされるまでに、大学、とりわけ人文学の社会における存在を軽視する風潮は強まっている。

こうした人文学に対する逆風を前にして、大学で歴史研究に従事する者はいかに対抗することができるか――この「難問」に対する答えの一例を示すことが、本稿の課題である。

結論を先取りして述べれば、この「難問」に効く特効薬は存在しない。恐らく大学にいる者自身が、自分の研究の存在意義を力強く社会に主張していくこと以外に、逆風に吹き飛ばされぬように出来ることはないだろう。だが、必ずしもそれで充分とは言えない。なぜなら、普く研究者は、常にその研究の意義を訴えるべく成果の公表に努めてきたのであり、それにもかかわらず今日の厳しい状況を招来したのである。もはや、個々人で逆風に対峙するには限界をきたしていると考えるべきであり、より戦略性を持って逆境に立ち向かう必要があるといえよう。こうした視点に立つとき、筆者は、これからは大学に籍を置いて研究活動に従事する研究者自身が、研究を行う場である大学の存在意義をきちんと認識し、その意義について共通理解を持つべきだと考える。先述した『現代思想』の特集のなかで、小沢弘明氏は、新自由主義がもたらす「分断統治」に対抗するためには、自身の置かれた領域を超えた連帯やつながりをつくり、全体を見渡しながら行動する必要があると主張している[4]。この指摘に鑑み、筆者は、まずは同じ大学に所属する研究者一人一人が、個々の研究課題とディシプリンを超えて社会における大学の存在意義を認識することを通して、強固なヨコのつながりを築いてゆくべきだと考える。その際、歴史研究に従事する者には、大学の存在意義を歴史的に明らかにする役割が求められていると考える。

自身の所属する大学の歴史を明らかにする大学史研究の取り組みは、設立からある程度の年数を経た大学であればほぼ総ての大学でなされているものであろう。国立大学法人にとってみても、戦後新制大学がスタートしてからちょうど五〇年にあたる一九九〇年代半ばにあわせて数々の五〇年史が編まれたし、旧帝大をはじめとする戦前から歴史を有する大学にあっては、繰り返し年史編さん事業が行われてきた[5]。そして近年では、年史編さんで収集された資料の保存をめぐる議論に端を発して、ひろく大学の運営に関わる資料を収集し保管するための大学アーカイヴズに関する議論も盛んになされている[6]。

筆者が籍を置く一橋大学でも、大学の歴史に関わる史資料の収集・保管が進められ、「学園史」と銘打った書物がいくつも刊行されてきた。『一橋大学百二十年史』によれば、一九七五年の創立一〇〇周年をきっかけとして「一橋大学学園史編集委員会」が設置されたこと、および翌七六年に川崎操氏の尽力による『一橋大学年譜　I』の完成が、本学における学制史編集の基礎確立だという[7]。この一橋大学学園史編集委員会は、学内外の資料の渉猟・選択を行い、一九八二年三月から一九九四年三月までに計一五冊の『一橋大学学制史資料集』を刊行した。また、これと併せて、大学の卒業生からなる如水会も、一九八一年に学園史編纂事業委員会をスタートさせ、卒業生の視点からみた学園史・資料集の製作と刊行に動いた。その結果、一九九二年までに、『一橋籠城事件』や『日本の近代化と一橋』など、計二二冊の学園史に関する書物を世に送り出した[8]。

右のごとく一橋大学では、一九八〇年代以降積極的に大学史の編さんが試みられ、それに併せて史資料の収集と保存・管理がなされてきた。しかしながら、これまでの一橋大学における学園史編さんの取り組みでは、学生の視点にたって叙述がなされたという如水会の学園史は勿論のこと、学園内部の制度変遷の様相をたどった学制史にあっても、大学の歴史＝暗黙裏に学生と教員のみを登場人物として措定されてきたきらいがある。このことは、大学の歴史はあたかも学生と教員のみによって紡がれてきたというイメージの形成を促すと同時に、両者と同じく大学の中で生活し、大学の歴史をともに紡いできた人びとの存在を捨象するという事態をもたらす危険性を孕んでいると言わざるをえない。後述するように、一橋大学教職員組合に所属する組合員たちもまた、大学の歴史、とりわけ戦後の歴史のなかにあっては、欠くべからざる主要な登場人物であった。然るに、これまでの一橋大学における大学史のなかで、そうした組合員たちの思想と行動、およびその意義について論じた成果は、管見のかぎり存在しない。わずかに『戦後と一橋』(9)と前出の『一橋大学百二十年史』において、断片的に記述が見られるのみである。

かかる研究史の状況にもとづき、本稿では、戦後の一橋大学史における組合員の存在について検討する。具体的には、東大の安田講堂事件をはじめとして全国の大学で「紛争」がみられた一九六〇年代後半に発生した「大学問題」を分析対象とし、教員・学生とおなじ「場」にいて運動を展開した組合員たちの思想と行動がもった歴史的な意味を明らかにする。(10)使用する史料は主として、既に刊行されている学園史資料、および一橋大学教職員組合が所蔵する一次史料を用いる。あらかじめ本稿の構成を述べておこう。まず第一節では、対象となる一九六〇年代の大学管理問題がいかなるかたちで現れてきたのか、その前提となる大学制度改革の流れと、それに対する一橋大学の動向を確認する。つづく第二節では、全国的に学園紛争が盛り上がりをみせた一九六八年前後に焦点をあて、当該期一橋大学における学生運動の様子について確認する。そして第三節では、教職員組合が保管する諸資料を用いて、大学制度改変問題に対する組合員の意識を検討する。そして最後に、現代の大学問題に向き合うための「心構え」を、一九六〇年代の大学問題に対峙した人びとの「大学の自治」論に即して述べることとする。

一　一九六〇年代における大学管理問題と一橋大学

本節では、本稿で扱う一九六〇年代の大学問題が如何なる状況下で発生し、そうした状況に一橋大学がどのように対応していたのかを確認しておく。

一九六〇年代という時代は、岸信介内閣による安保改訂を阻止すべく学生・労働者が大々的に反対闘争を繰り広げたいわゆる安保闘争にはじまり、GNPが世界第二位となる高度経済成長期が到来し、国民生活が一挙に「豊か」になった時代であった。

そうした時代状況のなかで大学は、「大衆化」と「マスプロ化」に対応すべく求められるようになる。大学に既存の制度の「改善」を求める声は、まず政財界からあげられた。一九六〇年（昭和三五）五月には、当時の文部大臣松田竹千代が中央教育審議会に対し「大学教育の改善について」と題して諮問を行い、大学の目的や性格、組織編成や管理運営のあり方の改変を求める意向を表明した。[11] 同年九月には「大学の管理運営の刷新改善をはかる」ことを目的とした「大学管理運営改善協議会」が設立され、主に学長職にある大学教授の間で大学「改革」の議論が始められた。[12] また同年一一月には、関西経済連合会から「大学制度改善に就て」と題する意見書が提出され、教育カリキュラムの変更を含めた具体的な制度改変が提案された。[13] 翌一九六一年（昭和三六）七月には、中央教育審議会から、「大学教育の改善について」と題する中間報告がなされるようになる。[14] これは荒木万寿夫文部大臣の諮問に対する回答として示されたもので、主に高等教育機関の目的と性格、修業年限や教育内容の改変を訴えるものであった。政財界内の各方面からの改変要求に応えるべく、教育行政における政府の諮問機関までもが動き出したのである。

こうした状況のなか、一九六一年一一月には、大学の管理運営に関する国立大学協会第一常置委員会から中間報告案が提出された。[15] そこでは「大学の関係者は、大学の理念にもとづく大学の自治の本質に関し、深い認識と反省とを常に怠らず、もって大学自治の適切な運用について誤りなきを期すべき[16]」として、学長・

教授会・評議会の三者のあり方の再定義がなされた。だがそれは、「大学の自治の適切な運用」とはほど遠い、非民主的なものであった。すなわち、学長については、その職務権限が不明確であるとして、「学長が大学の管理運営に関する総括的かつ最高の責任者であり、かつ大学を代表する者であることを規定上、明確にすべきである」[17]として権限の明確化（強化）を唱えた。一方で、学長への権力集中を抑制するための機関である教授会については、学校教育法における教授会の付議事項が「重要な事項」とあるのみで不明確だと指摘し、「法規でもう少し明確にするひつようがあ」ると提案した。[18]結果、「教授会は（中略）本来、学部長の諮問機関たる性格を有し、この見地から教授会の権限を考えなければならないと思われる」[19]とのべたうえで、「現在、教授会はいわば学部の最高機関のごとき観を呈し、いかなる事項でもこれに付議する傾向が存することについては、一考を要するところである」[20]と、教授会の権限を著しく制限するよう求めた。また評議会についても、「現在、評議会が法律の根拠を持たず、単なる文部省令で設けられていることは妥当を欠く」[21]と断じ、あくまで学長の諮問機関に過ぎないこと、全学の自治機関たる性質を持つことを明確にすべきことを主張した。みて分かるように、この「案」は、「大学の管理運営に関する総括的かつ最高の責任者」である学長の権限を強化して権力の集中をはかる一方で、それに反比例するかのごとく「大学の自治」を行ううえで必要不可欠の機関である教授会・評議会の権限を極力制限しようとするものだったのである。

一連の政府による大学「改変」の論調に対して、各大学は敏感に反応し、さきの中教審報告を批判する声明を発表した。報告がなされた翌月には、東京教育大学文学部教授会から各大学の教授会に対し、「「大学の管理運営」に関する中間報告の行われましたことは、（中略）大学の自治確保の観点からみてまことに重大な問題を含んでいる」と述べた文書が発せられた。[22]同文書は、中教審報告に対し、三つの問題点を指摘した。すなわち、①「教授会の議にもとづく教員任用につき、（中教審報告では――引用者注）「学長が教授会の議をさらに評議会等に付して、学長の人事権の行使にいっそう慎重を期することも考えられる。」と述べていること[23]」、②「学長の大学の管理運営に関する「最高の責任者」としての地位権限を明確化するとともに、「評議会は学長の諮問機関である性質を有することを法律をもって明確にする必要がある」としていること[24]」、③「教授会は、「本来、学部長の諮問機関たる性格」のものであるとし、「学部の最高機関のごとき観を呈する」現状を否定しようとしていること、また教官は大学の行政事務にかかわるべきでないとして教授会の権限の大幅な縮少《（ママ）》を考えていること[25]」の三点である。以上の問題点を指摘したうえで、「右報告書は国立大学全体にわたる重大な方向を示唆するものであり、大学の自治をあくまで守りぬくために、各大学の密接な連携の上に有効な措置を緊急に講ずる必要があることと信じます」と主張し[26]、各大学教授会に対して同文書への賛意表明を求めた。この訴えが呼び水となったのか、翌年四月には東北大学教育学部教授会を筆頭に四二の教授会・教員有志が連名で、国立大学協会発の中間報告に反対する声明を発表した[27]。さらに、同月には神戸大学教育学部教授会が「大学の管理運営についての意見書」を、日本学術会議が「勧告　大学の管理制度の改善について」をそれぞれ発表し、「大学の自治」の存立を脅かしかねない政権サイドの大学制度改革の方向性を痛烈に批判した[28]。

　ここまで見てきたように、大学の管理運営をめぐっては、中央教育審議会およびそれに親和的な国立大学協会からなる改革推進勢力の存在と、それによって「大学の自治」が崩壊する危険性を指摘し、東京教育大学文学部教授会をはじめとする多くの大学関係者たちが改革に真っ向から反対するという状況が生じていた。一九六〇年代には、数多の大学人たちが、「大学の自治」存続のために積極的な運動を展開していたといえる。

　こののち、国立大学協会は「大学の管理運営に関する中間報告」を提出する（一九六二年九月）[29]。そこでは「大学の自治」の保障を掲げながら、改めて大学機構改編の必要性が主張された[30]。具体的には、①学長の選考および任命、②学部長、教員の任免および身分取扱、③協議会、評議会および教授会の構成、④大学の諸機関の地位、権限および相互の関係、の四章にわたって、学長選考のあり方や権限の強化、それに比しての教授会の権限の制限などの提案がなされたのである。ここでは、大学関係者をはじめとして多くの批判を受けたにも関わらず学長の権限の明確化とそれに伴う権力集中が宣言され、一方で教授会の位置づけについては相対的に弱められることが明言された。そしてこの路線は、同年一〇月に発表された中央教育審議会の中間報告に継承され、大学が国家・社会からの要請と期待に応えるために現状では不分明な学内管理体制を再編して学長の影響力を強め、強力な権力を持った学長のもと「大学の自治」を進めていくべきということで、大学制度改変の方向性は決まったのである。

こうした大学管理問題に対しては、一橋大学も敏感に対応していた。

一九六二年（昭和三七）九月に国立大学協会の「大学の管理運営に関する中間報告」が出されて以降、一橋大学は、「大学問題」について積極に取り組んだ。中間報告が発表された直後には原案を、A大学の管理運営と大学の自治、B大学の管理運営上の問題、C大学の管理運営と大学相互間の協力の三部に大別したうえで、修正案を国立大学協会に提出している[31]。そこでは、大幅な条文の削除から微細な表現に至るまで様々な修正が求められており、修正案は原案を慎重に検討したうえで提出されたことがうかがえる。注目すべきは、評議会の権限を明確化している点である。次の史料を見て欲しい。

> 評議会は、従来、全学的な意思形成の機関として大学の管理運営上重要な機能を果たしてきたものである。この評議会の機能は、今後も、じゅうぶんに尊重されなければならない。この意味において、評議会は、学長の単なる諮問機関とされてはならない。評議会みずからが大学の意思を決定する場合も、あるいはまた評議会の議に基づいて大学の意思が決定される場合もあるわけである。

右は、中間報告で示された「第四　大学の諸機関の地位、権限および相互の関係」における「三　評議会の地位および権限」の条文（原案）の一部である。[32] ここからは、大学運営における評議会の地位・役割が、高く位置づけられていることが見て取れよう。これに、一橋大学が示した修正案を反映させると次のようになる。

> 評議会は、従来、全学的な意思形成の機関として大学の管理運営上重要な機能を果たしてきたものである。この評議会の機能は、今後も、じゅうぶんに尊重されなければならない。この意味において、評議会は、学長の諮問機関とされてはならない。

右の文章と原案の文章とを見比べてみると、原案中の傍線部分が削除されていることが分かる。注目すべきは、大学の意思決定における評議会の役割について述べた部分を削除している点である。これは恐らく、「大学の自治」を行うに際しての評議会の位置づけが曖昧であることを踏まえて、のちに見るように「大学の最高意思形成機関」としての評議会の位置づけを明確にすることを意図したものと思われる。

こうした動向は、中教審が出した「大学の管理運営についての答申[33]」について検討した際にもみられた。次の史料をみてほしい。当時の一橋大学執行部の危機意識が端的にうかがえる貴重な史料であるため、長文ながら引用する。[34]

> 答申を検討するまえに、なによりもまず想起・強調されるべきはわれわれのこの問題にたいする基本的態度である。われわれは、「大学の管理運営は、多年の伝統にもとづく各大学の自主的慣行にしたがってなされることを原則」と考え、「これを細部にわたって画一的に法制化すること」に反対し、現行法規の不備を部分的に修正すれば足りると主張してきた。答申はこの根本的な点について、「管

理運営に関する諸制度を整備することが緊要である」と述べるにとどまり、その方途を必ずしもすべて法制化によるとは明示していない。しかし、答申の内容・表現には、法制化を目指していると解せられるおそれがある。この点で先ずわれわれは答申に反対せざるを得ない。（中略）かりに答申がわれわれの中間報告と同じく、「大学の管理運営をはかるにあたり、参考とすべき基準」を提示したものとしてみても答申は以下にのべるような多くの問題と疑点をふくむことを、指摘せざるを得ない。即ち、まづ《(ママ)》、文部大臣と大学との関係、および大学内部の自治組織についてである。この点で答申は、文部大臣および学長、学部長の地位・権限を強め、その裏面として、大学自治の根幹である教授会、評議会の権限を不当に弱めている。（中略）（答申最後の項目「文部大臣の職責」によれば――引用者注）これによってみれば、人事権の問題について答申がいかなる内容をもつか判断し難いばかりか、文部大臣の権限が不当に拡大され、ひいては学問の自由がおかされるおそれなしとせず、したがってこのような形で表現せられることには反対である。（中略）以上の外、答申が、大学の最高意思形成機関としての評議会、教授会の性格を否定していること、大学内諸機関の職務等について、大学の自治慣行を無視し、画一的な規制を加えようとしている傾きのあること、大学について格差づけを示唆し、また附置研究所等の取扱いについて明確な意見が述べられていないこと、「大学と国家・社会」の項にのべられているところが、わが国の現状からみて、大学の自主性において行われない危険のあること、等の点において、国大協の見解と反するものがあると考える。

ここでは、中教審が出した大学の管理運営に関する答申の内容の曖昧さを指摘したうえで、そのために文部大臣や学長といった権力者の権限が強化されるという事態を引き起こしかねない危険性があると警鐘を鳴らす。そして、万が一そのような事態になった場合には学問の自由が侵害されかねない点、および答申の内容が教授会・評議会の性格を歪曲しかつ個々の大学の自治慣行や自主性を否定するものである点など、多岐にわたって論点を提示し、答申を批判していることがわかる。そうした権力を牽制する姿勢からは、学内行政に対する文部大臣および学長の発言権強化によって「大学の自治」の根幹である教授会・評議会の権限が弱められることを懸念する、一橋大学執行部の「大学の自治」に対する認識が端的に読み取れよう。「大学の自治」の存立が著しく脅かされた一九六〇年代当時、一橋大学は「大学の自治」擁護の観点から毅然とした権力批判を展開したのである。

以上これまで、一九六〇年の大学問題に対する一橋大学執行部の対応についてみてきた。そこでは学長の権限強化や文部大臣の学内行政への介入を容易にせんとする中教審と国立大学協会の大学管理運営システムの大学機構改変案に対し、一橋大学執行部が「大学の自治」を尊重する観点から毅然と反対する態度をとっていた様子を確認した。こうした権力批判の雰囲気のなかで、一九六〇年代後半には一橋大学でも学園紛争の嵐が巻き起こる。次節では、学園紛争のなかで見られた「大学の自治」擁護の言説について確認する。

二 「学園紛争」と一橋大学

本節では、学園紛争が発生していた時期に、一橋大学内においていかなる「大学の自治」擁護の言説が表出していたかを確認する。[35]

まず、一橋大学における学園紛争の様子について、一橋大学の学園史資料をもとに見ておこう。全国的に学園紛争が盛り上がりを見せ始めた一九六〇年代後半の一橋大学では、民主青年同盟系（民青）の学生たちが学生運動の中心的担い手として存在していた。『戦後と一橋』によれば、民青系の学生運動の特色の一つは、生活改善を企図し経済的要求を運動の成果目標として掲げた生活闘争の路線にあり、学生自身の生活に関わる要求を掘り起こし、そこから結集されたエネルギーをもとに政治運動を展開せんとするものであった[36]。こうした状況は、一九六七年頃を境に変化する。それまで民青一色だった運動の担い手も、当時の世相に合わせたように、徐々に反日共系過激派学生が現れるようになった。この頃には学生寮「中和寮」などで、少数の過激派学生と多数の民青系学生とが激論を交わすような光景がみられはじめたという[37]。翌六八年になると、日大闘争や東大闘争に象徴されるように、いわゆる全共闘運動が最高潮を迎える。こうしたなか一橋大学でも、同年秋以降急激に緊張の度合が高まった。九月二〇日には前期自治会ストライキ実行委員会の結成が決定され、一〇月一八日には前期学生大会において民青系の前期自治会執行部の提案が否決されるなか、「一〇・二一国際反戦統一行動への参加」をうたう反日共系学生を中心とした前期スト実行委員会の案が可決された。このように一橋大学においても、一九六八年前後を画期として、反日共系の「過激派」学生を中心とした学生運動が展開されるようになったのである。

「過激派」学生たちは、全共闘運動と歩調を合わせながら、反戦・反帝闘争と教育改革闘争とを結びつけ、反体制運動の一環として大学管理問題を持ち出した。次の史料をみてほしい[38]。

我々前期自治会臨時執行委員会は、九月二〇日の評議員会決定によって結成され、寮生大会、学生大会の支持を得て、10・21国際反戦統一行動をバリケードストライキで貫徹した前期自治会ストライキ実行委員会を全面的に支持し、その担った運動の内実を継承するものである。我々はストライキ実行委員会が10・21バリケードストに於いて示した内容つまり安保体制下に組み込まれ、労働力再生産過程として機能している現在の大学を否定し、人間としての我々学生の可能性を全面的に開化しうる大学を我我のヘゲモニーの下に構築してゆく、そしてその故に既成の体制――安保体制――と対立せざるを得ない方向を持った運動を、さらに推進したいと思う。この運動は故に、反戦——反帝闘争と教育改革闘争の結合されたものとして、そしてそれが現実的な運動であるが故に反体制の運動として展開する。10・21のバリケードの意味は、既成権力拒否の意味表示であり、大学管理を行ない、我々学生の手によって創造してゆこうとする新秩序構築の運動を既成の権力から防衛する物理力である。それ故に我々学生の最高決定機関たる学生大会の決定である、以上のバリケードを拒否した大学当局に、前期学生を代表して臨時執行委員会は次のような公開質問を発する。

この史料は、一九六八年（昭和四三）一〇月三一日に前期自治会臨時執行委員会から当時の増田四郎学長に宛てて提出された公開質問状の前文である。ここでは、同年一〇月二一日に実施されたベトナム戦争に反対するデモ行動に参加した前期自治会ストライキ実行委員会を支持し、反戦・反帝闘争と教育改革闘争を結びつけたうえで「反体制の運動」を展開せんとする学生たちの意識が読み取れる。注目すべきは、そこにみられる学生たちの大学観である。学生たちにとって当時の大学は、「安保体制に組み込まれ、労働力再生産過程として機能」することに終始するものであり、故にそうした「現在の大学を否定し、人間としての我々学生の可能性を全面的に開化しうる大学を我我のヘゲモニーの下に構築し」たうえで既存の安保体制と対立してゆくべきである、そう学生たちは主張する。ここからは当時の一橋大学生が、自身らの身を置く大学が市場に労働力を供給するための単なるセクションとなっていることに不満を持ち、あくまで大学とは人間としての可能性を「開化」させる人間形成の場であるべきと認識していることがうかがえよう。

そうした意識は、実際の質問項目からも読み取れる。すなわち、公開質問の第三項で「大学の自治について」を掲げ[39]、大学の自治を構成する主体の範囲として①教授会、②評議会、③教職員、④学生・教職員のいずれの見解をとるかを学長に訊ねる。そのうえで、「大学の自治とは何か」と発問し、「政府文部省の教育政策に従属するのか否か」・「文部省通達に反対しうるか」・「政府文部省の権限に対し、相対的独自性を有するのならどの点及びどの範囲か」・「教育・学問の政治的中立とはどのような内容をいうのか」・「教育が常に政治制度の一つとしての教育制度としてある事実をどう見るか（教育を国家権力の一機能として捉えるのか否か）」・「大学の自治とは何か」と、「大学の自治」とは何たるかを当時の執行部に問いかけたのであった[40]。なお、この公開質問に対し、具体的に大学側がどの様に回答したか、今のところ詳しいことは分からない。だが、後日に旧前期自治会臨時執行委員会から増田学長宛に出された文書によれば、「当局の回答は、現行制度の検討をも含めて大学のあり方については、全学的な話し合いを続けて行こうとしている」としながらも、「従来の制度を何ら切開したものではな」いとして大学当局に対し団交を求めていることを踏まえれば、その回答は学生たちの満足いくものではなかったと考えられる[41]。ともかくもここでは、一橋大学内において全共闘運動を担った学生たちが、反体制の姿勢から大学管理問題を持ち出し、その中で「大学の自治」擁護の主張を叫んでいたことを指摘しておきたい。

「大学の自治」擁護を主張する声は、公開質問状の中だけで叫ばれたわけではなかった。次の史料は、学生たちが自主製作した学内新聞『一橋新聞』に掲載されたある学生の声である。これもやや長文だが、当時の学生の「大学の自治」に関する意識が端的にうかがい知れるものである[42]。

認証官制度導入、三十九年の学科目省令化など大管法の「実質化」に対して反対する側は有効な対処をしえなかった。それは、例の〝社会の要請〟という〝一見正当な論理〟に対する反論が決定的に不十分であったことによるものではなかったか。無媒介的に大学の自治、学問の自由を侵害すると言ってみても有効ではない。一方では〝社会の要請〟ということは実は、独占資本の利益を代弁しているにすぎないことを暴露しつつ、他方では「大学は人民全体の利益を代表し、学問をするのは、積極的に社会を改革するためである。そのためには学問の自治、大学の自治が保障されていなければ」と訴えるべきである。社会の矛盾を直視し、それを変革してゆく視点こそ、まさに今日において大学に要求されていることである。（中略）こうして迫りつつある〝大学危機〟に対して変革する主体はあくまで学生であり教授会に対する多大な期待は禁物である。教授個人の意識・思想と、この人間が置かれている、機構とは明確に区別されねばならない。変革の主体が学生であるとき、支配者にとって「学生の自治権」は大きな障害となる。それ故、学生の自治権の破壊、学生会館の管理運営権の剝奪の攻撃は、昨年十一月に行なわれた機動隊による東京学生会館の強制取りつぶしに見られるように国家権力を直接導入した形で行われる。我々はこの攻撃に対しても闘わねばならない（後略）

ここからは、第一節でみた一連の大学改革の流れのなかで、「大学の自治」と学問の自由が侵されようとしている危機的状況に対し危機感を表出させるひとりの学生の姿を見て取ることができる。以下、具体的にみてみよう。筆者はまず、国立大学における認証官制度の導入と一九六四年（昭和三九）の学科目省令化を受けて、多方面からの反対によって廃案となった大学管理法案の「実質化」が図られている現状に危機感を募らせる。そして筆者は、「独占資本の利益を代弁しているにすぎない」「〝社会の要請〟という〝一見正当な論理〟」が声高に叫ばれることによって、大学がもつ自治的機能、ひいては学問の自由が侵害される恐れがあると主張する。その上で、学問をするのは「積極的に社会を変革するため」であるとし、そのためにも「大学の自治」と学問の自由は保障されなければならないと、学問をする目的・必要性と、そのための前提条件を述べる。著者によれば、現在の大学に求められているのは「社会の矛盾を直視し、それを変革してゆく視点」であるという。そして、「大学の自治」と学問の自由を守り、社会の変革主体たりうるのは自分たち学生たちであると断言する。一方で、これまで「大学の自治」を担ってきた教授会に対しては「多大な期待は禁物」であると注意を促し、教授個人と組織体としての教授会とを明確に区別して認識する必要があると主張する。そして最後に「国家権力を直接導入し」た「支配者」との対決を前にし、変革主体としての自覚を学生たちに促す。

以上の言説からは、よりよい社会を創造するためにこそあるべき大学が、「独占資本の利益を代弁しているにすぎない」「〞社会の要請〟」によって市場の論理に取り込まれ、本来持っているその社会的な存在意義をも大きく変えられようとしていることを危惧し、その流れを阻止せんとする明確な反権力の思想を当時の学生が持っていたことが分かる。その思想は、現実に対する単なるアジテーションという枠を越えた、大学人としての自己認識の根幹に位置付くものといえよう。だが、こうした学生たちの主張は、その訴え方が「過激」で冷静さを欠いていたために、かえってむなしく響くこととなった。その後、学生たちはデモをくり返し、五月一七日には数十名の「過激派」学生によって国立キャンパスの本館が占拠・封鎖されという事件が発生する。そしてこの事件以降、一橋大学における学園紛争は膠着状態に陥っていく。『戦後と一橋』には次のように記されている。「かくして、一部学生による本館封鎖という異常事態と、全学のストライキが併行して継続していくなかで、一橋の学園紛争は膠着状態に陥っていった。折から大学立法が国会に上程されるなか、大学当局も、封鎖学生を除く他の学生も、大学立法反対の声にあおられてその反対行動にいそがしく、肝心の大学改革のための提案や、暴力による封鎖という異常事態解決のための具体策を何らとることなく流されていってしまった[43]」。

以上みてきたように、当時学生運動に参加していた一橋大学の学生たちは、数々のデモやストライキといった実力行使を伴う行動を展開する一方で、自分たちの学舎である大学に保証された学問の自由と、その自由を保証するために備えられた大学自治権の保守を主張していた。こうした点は、学生たちによる行動が「過激」であったために、先にみた『戦後と一橋』のように、これまでの一橋大学史の叙述において詳述されることは少なかった。本節でみた学生たちの意識や思想は、いま改めて、その表現のあり様の問題をいっ

たん措いて検討すべき内実を伴っていると思われる。(44)

三　「大学問題」に対する組合の意識

本節では、一橋大学教職員組合が所蔵する史料を手がかりとして、当時の組合に所属していた人びとが一九六〇年代の「大学問題」をどのように捉え、対応していたのかを検討する。

具体的な検討に入る前に、筆者と組合所蔵史料の関係性について述べておきたい。

一橋大学教職員組合所蔵史料は、長年にわたって同組合が段ボールに入れて保存してきた史料群である。筆者は、同組合が設置した「組合史料整理プロジェクト」に参加し、学内の社会学研究科に所属する教員・大学院生からなる有志とともに、二〇一五年一月から月一ないし二度のペースで同史料の整理・保全活動を行ってきた。整理ではまず、棚と引き出しごとに分類番号を付し、その棚なり引き出しに収められている史料一点一点に個別の番号を付け、中性紙封筒に収めるといった作業を実施した。二〇一六年三月までに、およそ一八〇〇点の史料の封筒詰めとデータ採取が完了しているが、まだすべての史料を整理するには至っていない。これまでに取り扱った主な史料は、『組合ニュース』や『情宣部報』、『さけび』『たすけて』といった、同組合が発行する（していた）機関誌のバックナンバーや、学長選考や学生部長選考時に作成された候補者に対する公開質問とその回答を掲載した刷り物、組合内でなされた打ち合わせに際し作成・使用されたレジュメなどが多数を占める。こうした文字史料の他にも、カセットテープや写真アルバムといったモノ史料の存在が確認されている。これらモノ史料についても、文字史料と同様の整理・保全措置を施した。目下、この整理プロジェクトは継続中である。なお、これらの史料については、まだ整理途中であるため、現時点では一般公開されていない。

こうした資料の整理・保全活動を行う過程で、偶然、ある史料が発見された。表題に「あゆみ」と書かれたその史料は、一橋大学教職員組合の機関誌のひとつ『あゆみ』をファイルで綴じたものであった。恐らくこの史料は、組合員の誰かが、何らかの目的で機関誌『あゆみ』をファイルに綴じて保存したものであろう。ただ、ファイルには、表題のほかいかなる情報も記されておらず、ファイルの作成者・所有者が誰なのか、作成者が具体的にいかなる目的でこのファイルを作成したのかなど、不明な点が多い。だが、このファイルは、後述する一橋大学史における一九六〇年代の記述を考える観点からも、また「社会における大学の存在意義とは何か」を再考するうえでも、貴重な手がかりを私たちに示してくれている。以下、直接史料をみていこう。

表1は、各号の発行年月日と、各号で掲載された項目を示したものである。表をみると、このファイルには、一九六九年（昭和四四）三月五日発行の創刊号から一九七〇年（昭和四五）三月一〇日発行の第二四号まで、一年間に発行された『あゆみ』が綴じられていることが分かる。だが、よく見ると、一年間といっても毎月発行されていたわけではなく、一九六九年七月三〇日に第二一号を発行したあとは、翌年の三月になるまで発行されていない。この半年間、なにゆえ発行されなかったのか、詳しいことは分からない。

つづいて、掲載された内容を見ていこう。第一号は、「自分自身にとって大学は何であり、何であればよいかを考えよう」という問題提起がなされ、大学と自分との関係性について考えさせることによって、「大学問題」を自己の問題として捉えさせようとしていたことがうかがえる（内容については後述する）。その後は、学長・学生部長選考に関する記事が大半を占め（二、三、九、一〇、一二号）、その他には集会に関する記事（七、八、十一、十三、十八号）や一九六九年の大学立法に関する記事（十六、十七、十九、二十一号）などが掲載されていた。以上が本史料の概要である。

No.	号数	発行年月日	表題・項目	備考
1	1	1969年3月5日	自分自身にとつて大学は何であり、何であればよいかを考えよう	
2	2	1969年3月10日	学生部長選考について	①原稿募集、② 3・19 要求貫徹集会参加の呼びかけ、③「ダコセ」の活動紹介、④一橋大教職組の取り組み紹介、の小項目あり。
3	3	1969年3月11日	3・19 と学長選挙	
4	4	1969年3月12日	自治の担い手としての参加を	
5	5	1969年3月13日	東大入試中止と確認書	
6	7	1969年3月20日	3・19 統一集会圧倒的に成功	
7	8	1969年3月27日	3・25 組合集会の報告	①学生部長選挙についての総括、②欠陥、③その他、感想として、という小項目あり。
8	9	1969年4月16日	学長選挙について	①学長選挙への各大学の職員参加例、②現行規則成立の経緯、③ 4・9 情宣部会学長選挙参加問題で討論、の小項目あり。
9	10	1969年4月21日	青年層の一員として学長選挙に思う	
10	11	1969年4月24日	4・18 学長選挙についての職員討論集会報告	
11	12	1969年5月7日	「学長選挙に関するアンケート」集計結果	
12	13	1969年5月12日	5・12 職場集会のために	
13	14	1969年5月19日	(無題)	「「反動的大学立法を粉砕し、学園の民主化を前進させる」全学集会」(主催：全学連絡協議会主催)、「三多摩全大学人総起集会」(主催：三多摩学生自治会連絡協議会)の参加呼びかけ。
14	15	1969年6月2日	(無題)	
15	16	1969年6月9日	大学臨時措置法とは	
16	17	1969年6月13日	6・10 大学立法法案粉砕日教組大学部統一行動に約 100 名参加	
17	18	1969年6月25日	封鎖問題に関する討論集会の報告	
18	19	1969年6月30日	「大学臨時措置法案」の内容は？	
19	21	1969年7月30日	大学立法粉砕・強行採決抗議　7.25 教職員集会によせて	当時の闘争委員長高須賀義博氏による寸評。
20	22	1970年3月2日	学生部長選考をめぐる問題シリーズ 1 中教審答申の先取り？	
21	23	1970年3月6日	学生部長選考をめぐる問題シリーズ 2 職制の意思形成とは	
22	24	1970年3月10日	学生部長選考をめぐる問題シリーズ 3 職員の意思形成	①大学職員とは？、②職員参加とは？、③職員の意思形成

表 1：『あゆみ』内容一覧

出典：一橋大学教職員組合が所蔵する『あゆみ』(史料番号：棚 2 箱 1 仮 1－6) をもとに筆者作成。

では、そこには具体的にいかなる言説が表出していたのであろうか。次に、この点について考えてみよう。まずは次の史料を見て欲しい。

> 東大「紛争」をはじめ、数々の大学「紛争」のなかで、現在の大学は、それ自体のもつ体質的な弱点を、白日のもとにさらけだしてきた。それらのうち、最も基本的な問題は、大学のあり方のアイマイさ、「大学の自治」の空洞化――「大学の自治」の実質は、大学の全構成員（教官・職員・学生）による自治ではなく、単に、学部の自治・教授会の自治、ないしは管理者の自治（?）《ママ》でしかなかった――にあるように思われる。本学に於ても昨年10月以来の学生たちによる大学改革運動の高まりのなかで、程度の差はあれ、その例外たりえなかったことが明らかになった。（中略）このことは、それが意識されていようといまいとただ単に、問題を提起した学生およびそれに答えようとする教官をだけではなく、われわれ一般職員を含めた、一橋大学の全構成員を、従来の慣行・制度、そして日常性のなかからひきずりだし、大学の新しいあり方を探る、緊張と不安にみちた、暗中模索の旅へと送り出す働きをもつものである。にもかかわらず、ここに到るまでの間、われわれ一般職員が、どのような状況下に放置されていたかは、説明を要しないであろう[45]。

この史料は、『あゆみ』第一号に掲載された「自分自身にとつて大学は何であり、何であればよいかを考えよう」という論説の一部である。ここでこの論説の著者は、大学の「体質的な弱点」を「大学のあり方のアイマイさ」と「「大学の自治」の空洞化」の二点に求め、その弱点は自身が所属する一橋大学にも当てはまると指摘する。そしてそのことを明らかにした学生による「大学改革運動」の高まりは、自分たち一般職員を含めた一橋大学の全構成員に対し、新しい大学のあり方を探る「旅」へと駆り立て、学生たちの運動が自分たちに大きな影響を与えたと、論説の著者は主張する。ここでは、匿名の組合員が、学生運動を通して大学問題に取り組むためにモチベーションを高めていたこと、および学生運動を、大学の新しいあり方を模索するうえで意義あるものとして好意的に受け止めていたことが分かる。だが、状況は決して明るくはなかった。著者によれば、組合は数多の組合員の期待を背に「大学が当面している今日の事態について、職員に説明してほしい」との申し入れを行なったが無視され、その後も「われわれ一般職員そして組合さえもが、基本的にはほとんど関知しえないようなかたちで、急速に展開されていった」という。[46]当該期に発生していた大学管理問題において、組合はまさに蚊帳の外に置かれた状態にあったといえよう。だがそれは、組合員たちの闘志を一層激しいものとしたようである。

ここにおいて、われわれ一般職員とりわけ組合員の発言権確保の重要性は、大学の構成員としてあるためだけではなく、労働者としての権利を守るうえからも、格段に強まったのである。なぜなら、われわれ一般職員は直接的にはもちろん間接的にも、有効に評議会・教授会に意見を反映させるすべを持ち合わせていないからである。（中略）われわれ一般職員・組合員は、もはや、ただ黙して待つべきではない。職場を通じ、組合を通じて、どしどし発現《ママ》しようではないか。われわれ一般職員・組合員の発言権を確保し、実効（制度的保障の）あるものにするには、どうすれば（どのような力をもてば）よいかを考えてみようではないか。われわれが大学の重要なポストの担当者を選ぶ権利を獲得することも、その1歩となるではないか。[47]

疎外された分、組合員たちは、自分たちが有する発言権の重要性を認識するようになる。そして、「ただ黙して待つべきではない」と自らに言い聞かせながら、大学執行部のメンバーを選択するための権利獲得を目指して行動しようと、同じ組合員に呼びかけるのである。そして彼は、「われわれは、今後起りうる学長選挙やその規則改正要求を通じより具体性をもつ方法を、われわれ自身が創出していかなければならない」と断言したうえで、「一橋大学にとっての自分を考えるのではなく、自分自身にとって一橋大学は何であり、何であればよいかを考えようではないか」と訴える。そこには確かに、自らに与えられた権利を守るべく大学問題に関わって行動を起こそうとするひとりの組合員の姿を見て取ることが出来よう。

こうしたムーヴメントは、やがて「大学の自治」を守るという大きな政治目標に昇華していくことになる。次の史料を見て欲しい。

「大学の自治を守ろう」この声は、いま全国の大学に働くすべての人々に学園紛争を契機とした国家権力の大学への介入の警鐘として大きく鳴りひびいています。事実新聞紙上にみられるように、自民党文教グループの大学改革試案をみるとき、その露骨な反動性は、単に学園からの暴力追放のための施策に止らず、大学の自治権を薄め大学を国家の統制下に置こうとする民主勢力への挑戦であることは明らかです。大学に籍を置く私たちとしてはこの攻撃を跳ね返す気概をもって、これに立ち向わなければならないことはいうまでもありません。（中略）しかしそうした反対運動、大学自治擁護のたたかいが、ただ言葉の羅列、物理的な行動形態だけを求めているならば、そこには実体のない形式だけがスローガンを空まわりさせているに過ぎず、単なる行事としての時点で終ってしまいます。先ず行動すること。それが集会を成功させるでしょう。そしてそれがいま必要なのです。[48]

右は、『あゆみ』第四号に掲載された、「自治の担い手としての参加を」と題する論説の一部である。[49]冒頭、自民党の文教グループが発表した大学改革試案が大学自治権を侵害する危険性のあることに警鐘をならす。

そのうえで、そうした政治勢力に対抗していくためには、「先ず行動すること」が何より大事だと、論説の著者は主張する。ここでは、「大学の自治」が権力によって侵されようとしている状況に危機意識を発動し、政治に対抗するために現実的な行動の実践を仲間である組合員に呼びかける主体の存在を確認することが出来る。そして彼は、運動の必要性を説くと同時に、「大学の自治への侵害が、またそれに反対することが、私達職員にとってどんな意味をもつものか、各自が考えてみる必要がある」として、次のように訴える。

しかし忘れてならないことは、大学の自治への侵害が、またそれに反対することが、私達職員にとってどんな意味をもつものか、各自が考えてみる必要があるのではないか。ということです。戦後の解放は、すべての人々に新らしい時代の到来を知らせ、貧しい者、虐げられた者に明るい未来を描かせてくれた筈です。が、現実はどうでしょう、大学内部の問題として、教官・事務職員・労務系職員夫々の階層は昔ながらに、いささかのくづれもみせず、上下関係を形づくっており、男女の差別は依然として存在し、文部官僚の増加に比例して職員はますます自主性を失い、教官も又権力機構の一部として自分達を支配している、というのが私達の実感といえましょう。そしてそれ等の圧迫をはねのけ、労働者の権利を守るための正当な組合活動も、団交権、スト権はなく、職員のさまざまな不満・要求も、部分的改良はあっても勤勉手当差別支給にみられるように、文部官僚の意のままに強行されているのです。こうした状況にある職員にとって、いままで大学の自治は無縁の存在でした。あってなきもの、ただ観念の上での教育・研究の自由としてしか映っていないのは当然です。いま学生が掲げてる「教授会の自治」から真の意味での「大学の自治」とするための学生の権利拡大、管理運営への参加の要求は、私達職員にとっては大学の中の已の置かれている状況をみるとき、今までの人権無視の状態から大学の重要な構成員として職員の地位を引き上げ、発言の場を確保せよという要求になることによって同じ意味をもつものといえましょう。そして大学はいま従来の伝統的な自治の形態から脱皮して、「全学の意志を結集する組織をつくるための準備懇談会」を発足させようとしており、新らしい大学はどうあるべきかを探る途上にあります。私達組合も、学生部長選考への参加の道を拓き、また、来るべき学長選挙及今後の新らしい大学における職員のかかわり方について真剣にとりくもうとしています。今までの従属的な諸君とちがって未来の大学においては職員もまた大学の自治の担い手としての自負を持ち得るだけの地歩を築くのが組合に負わされた任務といえましょう。[50]

著者はまず、職員たちが、大学内部で様々な「圧迫」を受けながら仕事に従事している現状に疑問を投げかける。そして、そうした抑圧状況を改善するためにも、大学の主たる構成員としての地位向上を主張し、学生部長選考への参加の道をひらくことを通して「大学の自治」の担い手としての地歩を築いてゆくことが組合の責務であると主張する。注目すべきは、著者が、戦後の解放時にみた「明るい未来」を理想としながら、現状の変革を主張している点である。この時の著者の脳裏には、あらゆるレヴェルで閉塞感に満ちた戦前・戦中の記憶が浮かんでいたに違いない。二度とあのような思いはしたくない――そう心に誓いながら著者は、「大学の自治」を護持すべく意見表明したのではなかろうか。ここからは、「与えられた民主主義」を標榜したのでは断じてない、自身の経験に基づいて民主主義を切望した人々が「大学の自治」擁護の担い手となっていたことを指摘しておきたい。[51]

こうした組合員たちの意識は、他の史料によってもうかがえる。たとえば、一九六九年（昭和四四）一月に教職員組合青年部が発行した機関誌『わかぎ』では、「大学問題によせて」と題した特集が組まれ、「大学問題」に対する組合員の意見を募集し掲載している。[52]冒頭には、「東大をはじめとする全国五十を越える大学でおきている「大学問題」は重大な社会問題となり、多くの人々の関心を集め」ており、一橋大学においても「「大学の自治と民主化」をめぐって真剣な討論がなされ」ているという現状分析を記す。その上で、「大学の職場に働く私たちはいま〝大学が社会の中で果している役割り〟〝私たちにとって働きやすい職場を作ることと大学のあるべき姿の関連〟〝職員の大学運営への参加のあり方〟等々沢山の課題を前にしている」と問題提起をし、組合員同士の「討論の場の一つ」となることを期してこの企画をつくったと、その目的を述べている。

この編集部の呼びかけに対し、いくつかの応答があった。『わかぎ』には、四名の組合員の「大学問題」に対する所感が掲載されている。なかでも目を引くのは、sという人物から寄せられた意見である。(53) 彼は「いま、「大学問題」は、日本の重要な社会問題、政治問題となり、各新聞とも連日センセーショナル的にそれを扱っている」と指摘したうえで、それら報道に「今日の大学問題が、暴力行為から起因しているように書いてあるのに、私は非常な疑問を感じる」と告白し、自身の思う問題の発生原因を三点指摘する。(54) 具体的には、①大学問題の「直接的な原因は、経営者の不正な金の使用、経理の乱脈、非民主的な大学運営、機動隊の導入等である」こと、②「政府自民党の大学に対する官僚統制の強化、学生運動弾圧のための学生の民主的諸活動の制限、教育と学問を独占資本に奉仕する技術主義的教育、産学協同、軍学協同等のひもつき研究に対する学生の燃え上がり」、そして③「一部の暴力的な学生が一般の学生の不満と怒りを利用し、学園封鎖の暴挙に出たこと」が挙げられている。注目すべきはsの、実力行使を厭わない学生に対する冷めた視線である。右に記したように、問題解決の妨げとして「一部の暴力的な学生」の存在を指摘する彼は、学生たちの運動を冷ややかな目で見ていた。彼の声を聞いてみよう。

私は、未熟な社会認識と浅い生活経験しか持たず、すべてを「否定」しようとする彼等に、いささかも曖昧な態度をとるべきではないと考える。特に彼らの行動が、警察権力の学内導入、文部省介入の

口実をつくってきている現状をみると彼等の個人個人が主観的にはどう考えていようと徹底的に糾弾しなければならない（後略）

みられるように、ｓは学生たちを「未熟な社会認識と浅い生活経験しか持たず、すべてを「否定」しようとする彼等」と断定し、学生たちの取り組みを完全に否定する。一橋大学史の叙述において、一九六〇年代後半から七〇年代前半に入学および卒業した人びとが、後年になって一九六〇年代の時代相を振り返るなかで学生運動に対し否定的な見解を示した事例は少なくなかったが[55]、同時代の、それも学生とは立場を異にする教職員が、右のごとく強い語調で学生たちの取り組みを否定的に捉えていたという事実は、管見の限り明らかにされていない。史料の性質上、このｓの同時代的な立場や思想に深く立ち入ることは出来ないが、ひとまずここでは、ひとりの組合員が「大学問題」と向き合うなかで、学生たちの取り組みに対し否定的な見解を持っていたという事実の存在を確認しておきたい。

もっとも、あまねく組合員たちが、ｓのように学生たちの取り組みを否定的に捉えていたわけではない。「Ｋ・Ｔ」という人物が寄せた次の文章をみてほしい。

最近、各大学の間でなんらかの形で学内、学外紛争を行なっている現状であることは、すでに御存じであります。この紛争がおこる原因は何か？について、私の愚考を述べさせていただきます。私はこの紛争の根源は、学園自治の問題と社会的（マスプロ教育）疎外が基調になっていると思います。先日本校で行われた11・29全学討論集会を通じて、（中略）大学とはどういうものか、どうあらねばならないかという基本的な問題が、提起されてきている中で現実の大学のあり方が大きな矛盾をはらんでいることが明白になり、更にその矛盾が広がりつゝある現状であると思います。つまり、日本の独占資本は、自らの経済的基盤を確立するための「人づくり政策」として学生を商品化している。これは独占資本の進展にともない、ますます拡がっていると思います。教育基本法でいう大学は、真理の探究の場であるはずにもかかわらず、一部のブルジョアジーによって学校を労働力再生産の場と拡大してきているのが、現在の大学教育であると思う。だから学生は、このような投資される教育、商品化される教育・真の研究の場でなくなった教育に、自治の虚偽性という意味から反発しているのである。学生も大学の一員であり、固有の要求をもって、然るべきであり、大学の自治は、教授会のみの自治でもない。つまり、学生、教職員、当局とも、大学の共同体として、固有の要求を認め、且つ、反映させることのできるような自治にこそ、いわゆる本来の正しい民主的な大学運営が築かれるのではないだろうか。学生部長拒否権の問題でも、自治への参加という意味で、一歩前進の道へ歩んできているると思います。

この人物によれば、学園紛争発生の原因として、「学園自治の問題」と教育のマスプロ化が挙げられるという。そして、「日本の独占資本」が、自身の経済的基盤を確立させるために学生を商品化し、真理を探究する場であるはずの大学が、一部のブルジョアジーによって労働力を再生産する場と化していることに学生たちは「反発」していると分析する。そのうえで、大学当局・教職員・学生が一体となって大学自治に取り組む必要性を主張する。

この人物は、先ほどのsとは異なり、学園紛争が発生する原因を、独占資本の進展に伴う学生の商品化と、それと併行して起きている大学自治の崩壊に求め、学生たちの運動そのものの責任は追及しない。むしろ「学生も大学の一員であり、固有の要求をもって、然るべきであ」ると明言し、大学自治の担い手として歓迎している様子を見て取ることができよう。この組合員にとって特に問題だったのは、大学が、正常な自治と民主的に運営されることによってのみ存在する真理探究の場ではなく、単なる独占資本のための「労働力再生産の場」となってしまっていることだったと考えられる。

ここでは、当時大学内にいた組合員が、「大学とはいかなる場か」という認識を明確に持って大学に存在していたことがうかがえる。その意識は、先に『あゆみ』誌上でみた意識と同じく、教授会だけでなく自分たちも大学の自治の担い手であるという自己認識のもと、その主体性の発露を促すものだったといえよう。「K・T」が書いた論説の最後では、学生と教職員の「自治への参加の点で、要求項目を学生と足並みを揃えていることは、はなはだ残念」と、自分たちと学生たちを区別しつつ「生活の場としての職員は、もっともっと自治への参加について学生とは異なった仕方を考えたらどうだろう」という、運動の「仕方」において学生運動との差異化を図るべきとする提案がなされる。「大学問題」が社会問題化し、学生運動が大きく取り沙汰されたその時代に、大学の未来を考えていたのは大学当局と学生たちだけではなかった。そして彼ら・彼女らは、「大学問題」について考えるなかで「大学の自治」について思いをめぐらせ、結果「大学の自治」を守りぬくべく、権力批判の声を上げたのである。

むすびにかえて

本稿では、一九六〇年代に発生した「大学問題」を事例として、問題に対峙した一橋大学関係者たち（執行部・学生・組合員）の言説をたどるなかで、学問の自由と大学自治という大学運営上欠くべからざる理念が、当該期の人びとにどの様に受け止められていたかを検討した。以下、本稿で述べたかったことを簡潔にまとめておこう。

第一節では、一九六〇年代に「大学問題」が発生した背景について考察した。具体的には、大学の「大衆化」と「マスプロ化」に対応する目的で国立大学協会と中央教育審議会が打ち出した大学管理制度の改変案に対し、一橋大学が如何なる対応をとったか、その様相を検討した。国大協・中教審が示した改変案は、学長の権限強化をめざす一方で教授会の権限を相対的に弱めんとするものであったが、こうした権力偏重の改変案に対し一橋大学執行部は修正案を提出し、国家権力の意向に否定的見解を示した。執行部は、「学問の自由・大学の自治」擁護の観点にたって、毅然とした態度を示したのであった。

第二節では、一九六〇年代後半に発生した学園紛争のなかで、学生たちが如何なる「大学の自治」論を唱えていたかを検討した。そこではまず、学生たちが、当時ひろく展開されていた全共闘運動に歩調をあわせて反戦・反帝闘争を繰り広げるなかで、反体制運動の一環として大学管理問題を持ち出したことを確認した。そのうえで、学生たちが、「労働力再生産過程」としてではなく人間としての可能性を「開化」させる場として大学を「再構築」せんとし、そのために「学問の自由・大学の自治」擁護を主張していた様子をみた。学園紛争下にあって「過激」な行動がまま見られた一方で、学生たちはリベラルな主張を展開していたのであった。

第三節では、「大学問題」に対する組合員たちの意識について、一橋大学教職員組合所蔵の一次史料を用いて検討した。具体的には、組合史料整理プロジェクトの取り組みを通して発見された一九六〇年代の「大学問題」に関する諸史料を分析し、そこに、政治権力によって「大学の自治」が侵害されようとしている状況に危機意識をもち、「大学の自治」の担い手としての自覚をもつよう他の組合員に呼びかける組合員の姿を確認した。彼らは、学生運動の評価をめぐる点など部分的には異なりながらも、独占資本の手によって大学が労働力再生産の場となりつつあることを危惧し、その動向に抗するために「大学の自治」擁護を掲げ権力批判の言説を露出させていたのであった。ここで重要な点は、組合員たちが様々なメディアを通して自身の「大学の自治」論を積極的に展開していたことである。組合員たちが当該期、具体的に如何なる主張を掲げて運動に参加していたのかについては、これまでの一橋大学史では明らかにされてこなかった。この点において、本稿で明らかにした事実は、一橋大学の戦後史を考えるうえで極めて重要な論点たりうることを強調しておきたい。

以上の検討をふまえて、改めて確認しておきたいことは、一九六〇年代の「大学問題」が発生したとき、教職員・学生を問わず多くの大学人が学問の自由と大学自治の尊重を訴えて声を上げていたことである。そこでは、当時大学にいた多くの人々が、社会における大学の存在意義とは何かを考え、学問の自由と大学自治を侵害しかねない政治権力と一部の独占資本とによる大学「改革」の企みに対し、敢然と拒否する姿勢をとったのである。とりわけ第三節でみた組合員たちの「大学の自治」論は、自分たちも大学自治の担い手のひとりであるという自己認識のもと、「大学問題」の発生に際して極めてリベラルな主張・権力批判を展開していた。同時代、「大学問題」について数々の論考を発表していた家永三郎氏は、「今日当面する深刻な大学問題の背景には常に権力の教育政策が厳然と横たわっている」と述べているが[56]、先述の「K・T」の主張は、まさしくこの家永氏の指摘と通じるものとみることが出来よう。だが、これまでの一橋大学史においては、ひとりの組合員が斯様な声を上げていたことは記述されていない。何ゆえか。

その理由はいくつかあると考えるが、最大の要因は、組合に関する資料が長年にわたって組合内で眠らされていたことにある。先述のように、今回使用した史料は、一橋大学教職員組合が長年段ボールや引き出しに入れて大切に保管してきたものである。今回、組合内においてその史料を整理するプロジェクトが立ち上がり、筆者らが整理・保全作業をしてはじめてその存在が確認されたことを考えれば、それまでの大学史叙述において組合の存在感が相対的に薄かったのも無理からぬことである。翻って、この点から言えば、史料整理という作業の重要性を指摘することが出来よう。もしも組合が史料整理プロジェクトを立ち上げず、筆者らが整理・保存作業に関わらなければ、今回使用した史料をはじめ多数の資料が段ボールと引き出しに眠ったままだったのであり、年代の古い資料やあるいはそもそも劣化しやすい資料は、その史料的価値を明らかにされる前に劣化・破損していたかもしれない。そうした最悪の状況に陥る前に整理・保全作業を施したことで、今回みたような組合員の意識を明らかにすることが出来たのである。ここに、史料整理という営みの有意性と必要性があると筆者は考える。歴史研究における史料の重要性が改めて見直されている今日、[57]今後も史料整理の実践を継続していく必要がある。

同時に、一橋大学は、普く自校の歴史に関わる資料の収集・保管を行う必要があると考える。これまでの一橋大学史に組合の存在が十分に反映されなかった背景に、そもそも組合資料の存在自体広くは知られていなかったこともある。その点からすれば、大学は、文書・モノ史料（学内に建つ学長の像や肖像画など）を問わず、学内に如何なる歴史的資料が存在しているのかをきちんと把握し、管理する必要があると考える。今日、大学アーカイブズの重要性を指摘する議論が盛んであるが、やはり大学が（敢えて言えば）自らのレスポンシヴィリティを果たすためにも、大学アーカイブズの設置は必要不可欠な措置であると筆者は考える。歴史学者の青木美智男氏が言ったように、大学が大学として社会に存在するためには、自校の歴史にかかわる歴史的資料を収集・保存し、そして公開する体制を大学自身が持っておく必要があるのである。[58]

現代の大学、とりわけ文系学部を擁する大学は、極めて厳しい状況に立たされている。この、現代の「大学問題」というべき事態に対し、大学にいる者に何が出来るか。もちろん、個々人が各々の学術研究に邁進し、その成果を社会に公表・発信していくことは欠くべからざることである。だが、もはやそれだけでは、この問題に対処し得ない。これからは、大学にいる者同士が連携し、かつて「大学問題」解決に取り組んだ人びとのように、絶えず「大学とは何か」を考える営みを通して大学人としてのプライドをもち、権力と対峙していく姿勢をもつことが重要である。

謝辞
本稿執筆にあたり、一橋大学教職員組合には特例的に、資料閲覧の御許しをいただきました。また同組合の田村澄子氏には、資料閲覧の際に「見守り役」として同席していただいただけでなく、貴重なお話の数々を聞かせていただくなど、大変御世話になりました。両者に対し、ここに深く感謝の意を表します。ありがとうございました。

注

（1）「小特集「大学改革」がもたらす荒廃」（『世界』第七一三号、岩波書店、二〇〇三年）。

（2）「特集　大学崩壊」（『現代思想』vol.42-14、二〇一四年）、「大学の終焉——人文学の消滅」（『現代思想』vol.43-17、二〇一五年）。

（3）代表的な論者として吉見俊哉氏が挙げられる。吉見俊哉『大学とは何か』（岩波新書、二〇一一年）、同『「文系学部廃止」の衝撃』（集英社新書、二〇一六年）などを参照のこと。

（4）小沢弘明「大学改革という「永久革命」　国立大学法人法体制一〇年の帰結」（『現代思想』vol.42-14、二〇一四年）、六七頁。

（5）この点については、全国大学史資料協議会編『日本の大学アーカイブス』（京都大学学術出版会、二〇〇五年）

（6）大学アーカイヴズについては、前掲注4、または菅真城『大学アーカイブズの世界』（大阪大学出版会、二〇一三年）などを参照のこと。桑尾・谷本両氏によれば、一九八八年の公文書館法の施行や「関東地区大学史連絡協議会」の発足、一九九〇年の「西日本大学史担当者会」の設立などにみられるように、一九八〇年代から九〇年代前半にかけて大学史に関わる事業や研究が飛躍的に拡大・多様化し、その根幹となる資料保存機関の重要性を論ずる議論が盛んになったという。そしてその流れは、二〇〇一年の「行政機関の保有する情報の公開に関する法律」（以下、「情報公開法」と略記）の制定と二〇〇四年の国立大学法人化の実施によって一層盛り上がりを見せるようになったと桑尾氏たちは指摘している。

（7）『一橋大学百二十年史　Captains Of Industry をこえて』（一橋大学、一九九五年）、二七八頁。
（8）以上の如水会の動向については、注7前掲書二七九頁を参照のこと。
（9）一橋大学学園史編纂事業委員会編『戦後と一橋』（一橋大学学園史編纂事業委員会、一九八三年）。
（10）対象をこの様に設定した理由は、しばしば描かれる学園紛争が、大学と学生、あるいは教員と学生という二項対立的図式で描かれることに対する批判意識にもとづくことを改めて強調しておく。
（11）「松田文相「大学教育の改善について」中教審に諮問」（国立国会図書館調査立法考査局編『大学管理問題に関する資料集』（国立国会図書館、一九六三年、二一六―二二五頁）。
（12）「大管理運営改善協議会規程」（同前書、二二五―二二六頁）。
（13）「関西経済連合会の「大学制度改善についての意見書」」（注（11）前掲書、二二六―二二八頁）。
（14）「中央教育審議会「大学教育の改善について」（中間報告）」（注（11）前掲書、二二八―二三七頁）。
（15）「大学の管理運営に関する国立大学協会第一常置小委員会の小委員会中間報告案」（注（11）前掲書、二三五―二三七頁）。
（16）同前書、二三五頁。
（17）同前。
（18）同前。
（19）同前書、二三七頁。
（20）同前。
（21）同前。
（22）「東京教育大学文学部教授会の国大協の中間報告案に関する各大学教授会宛の訴え」（注（11）前掲書、二三七―二三八頁。引用は二三七頁）。
（23）同前書、二三八頁。
（24）同前。
（25）同前。
（26）同前。

(27)「国立大学協会に対する各大学教授会の要望」(注(11)前掲書、二三八―二四〇頁)。
(28)同前書、二四〇頁。
(29)「大学の管理運営に関する中間報告」(注(11)前掲書、二六六―二七八頁)。
(30)そこでは「大学が社会と国家の信頼にこたえて、その使命をじゅうぶんに果たすように努めなければならない」という前提を掲げたうえで、「大学自治の原則の実施にあたり、大学の判断と活動が、広く社会、その権威を認められ、信頼を受けるためには、大学自治の名をかりて、これを濫用することのないよう自戒することが必要である」と述べられている(注(11)前掲書、二六七頁)。
(31)「中間報告案(国大協)修正意見」(一橋大学学園史刊行委員会編『一橋大学学制史資料　第十巻　その二』(一橋大学学園史刊行委員会、一九八八年、二二九―二三〇頁)。
(32)注(11)前掲書、二七五頁。
(33)「中教審の中間報告」(同前書、二八〇―二九四頁)。
(34)注(31)前掲書、二三二―二三三頁。
(35)当該期の学園紛争や学生運動については、各大学の大学史編纂において検討がなされているほか、多くの研究蓄積が存在する。やや乱暴なまとめ方をすれば、学生運動、よりひろく言えば全共闘運動に歴史的評価を与えんとするものが多いと考えるが、本稿では運動そのものの評価は行わない。本節の目的は、あくまで一橋大学内において学生運動が展開されるなかで、どの様に「大学の自治」擁護の言説が登場していたかを確認することにある。その点からすれば、ここで一橋大学における学生運動に歴史的評価を与えることは、本稿の研究課題から逸脱しかねない。以上の理由から、本節では、あくまで一橋大学における学生運動の様子と、そこで見られた「大学の自治」論の存在を明らかにすることを命題とする。なお、学生運動の歴史的評価を試みた近年の研究成果として以下のものがある。小熊英二『1968』(上下巻、新曜社、二〇〇九年)。
(36)一橋大学学園史編纂委員会編『戦後と一橋』(一橋大学学園史編纂委員会、一九八三年)、三七二頁。
(37)同前。
(38)同前書、三七三―三七五頁。引用は三七三頁。
(39)同前書、三七四頁。

(40) 同前。

(41) 同前書、三七五―三七六頁。引用は三七五頁。

(42) 『一橋新聞』(一九六九年月日付)

(43) 注(36) 前掲書、三八〇頁。

(44) 先述したように、学内における学生運動は、当初民青がリードしていたものを、一九六八年前後を画期として「過激派」が主導していくようになるが、とはいえ民青グループが消滅したわけではなかった。当時存在した学生グループも多様であり、個々のグループの主張を丹念に分析する必要があると考える。その点でいえば、本節で取り上げた『一橋新聞』の記事の作者がいかなるグループに属していたかを慎重に確認すべきと考えるが、史料の制約上本稿では検討が及ばなかった。今後の課題としたい。

(45) 『あゆみ　大学問題を考える』(第一号、一橋大学教職員組合情宣部発行、一九六九年)、一頁。

(46) 同前。

(47) 同前。

(48) 『あゆみ　大学問題を考える』(第四号、一橋大学教職員組合情宣部発行、一九六九年)、一頁。

(49) 同前。

(50) 同前。

(51) 吉見義明氏は、敗戦後占領期の日本で形成された平和と自由と民主主義の意識は、一九五〇年代を通じて伸張し、一九六〇年代の安保闘争に発展してゆくと指摘している(吉見義明『焼跡からのデモクラシー　下』岩波書店、二〇一四年、二四二頁)。この指摘に鑑みれば、当該期組合員たちが主張した「大学の自治」擁護の意識の根底には、戦後日本で芽吹いた平和・自由・民主主義を尊ぶ意識の存在を指摘することが出来ると考える。

(52) 一橋大学教職員組合青年部わかぎ編集委員会編『わかぎ』(第五号、一九六九年一月三一日発行)。以下、史料の引用は、この『わかぎ』からの引用である。

(53) 史料上には本名が記載されているが、当人のプライバシーを考慮してイニシャルによる表記にした。

(54) 注(52) 前掲書。

(55) 『戦後と一橋』に収められている卒業生へのアンケートの回答をみると、多くの学生が運動に対して否定的、もしくは、運動そのものの意義は認めながらも、学生たちの「過激」な行動に対してネガティヴな評価を与えた意見がまま散見される。詳しくは同書三五〇―三五二頁、および三六九―三七一頁を参照のこと。

(56) 家永三郎「大学問題と権力の教育政策」(『家永三郎集　第十五巻　評論4〔大学問題・時評〕』、岩波書店、一九九九年)、六八頁。同論文の初出は一九六九年。

(57) こうした点については、全国各地で展開されている史料ネットの取り組みが指摘できる。また、二〇一四年度の歴史学研究会大会において、全体会「いま、歴史研究に何ができるかII――歴史研究という営みを掘りさげる」や特設部会「特設部会　資料保全から歴史研究へ――いま、歴史研究に何ができるか」が開催されたことにも顕著に現れているといえる。同大会の内容については『歴史学研究』(第九二四号、二〇一四年)を参照のこと。

(58) 青木氏は、専修大学における大学史編さんの取り組みとその意味を述べたなかで、次のように言っている(青木美智男「いま大学史を研究し学び合う意義について――専修大学史の編集から考える」、『専修大学史紀要』創刊号、二〇〇九年。引用は四―五頁)。

> 二十一世紀にふさわしい大学として、世界に貢献できる大学像を描くとき、(中略)重要なことは、歴史を描く時の資料を、ある特定の人々が独占することなく、つねに多くの人々に公開され、情報を共有できる体制を構築していることである。(中略)新たな大学像を構築する際、原点に立ち返ると言っても、情報が独占されていたり隠ぺいされていては、議論のしようがないし、誤った方向へ導かれる危険性を阻止できず、大学があるべき姿を維持することすら危ぶまれるからである。その点から、大学の歴史的資料の収集と保存、そして公開の体制を整え、充実することが早急の課題となる。

この指摘に鑑みれば、大学が「誤った方向」に向かわないようにするためにも、大学の歴史に関わる資料を収集・保管し公開する体制の構築が「早急」に求められているといえる。

第六章　歴史教育における史料活用の可能性
——柳条湖事件を描いた漫画を例にして

関原正裕

はじめに

高等学校の歴史教育は、教員の講義による一方的な知識の詰め込み授業になっていて、生徒はひたすら膨大な歴史用語を暗記するだけのものになっているのではないか。テストや大学受験が終われば、詰め込んだ知識は生徒の頭からあっという間に消えてなくなってしまう。こんな無意味な「暗記」を強いる歴史の授業でいいのかという批判は古くからある。すべての講義式授業にこうした批判があてはまるとは思わないが、高校の歴史教育に詰め込み的な傾向があることについては否定できないだろう。本稿は、一枚の画像史料を活用することにより教員と生徒の対話をつくりだし、知識詰め込み型授業を乗り越えて、生徒が一定の歴史像の形成に向けて思考していくような授業をめざした一つの試みである。あわせて、画像史料の活用の可能性についても論じるものである。

一　高校歴史教育の模索

1　学習指導要領の動向

教員の一方的講義による知識詰め込みという高校歴史教育の現状が一因となって、生徒の世界史離れが進行し、ついには二〇〇六年に発覚した世界史未履修問題につながったといわれる。その詰め込み授業の背景には、歴史用語の増大、大学入学試験、学校五日制の中での地歴科目の時間数減少など様々な要因が指摘されている(1)。

この事態を何とか克服すべく様々な模索が行われてきたし、今も行われている。現行の高等学校学習指導要領の日本史Bでは「歴史と資料」「歴史の解釈」「歴史の説明」「歴史の論述」、日本史Aでは「私たちの時代と歴史」「近代の追究」「現代からの探求」という一つの主題（テーマ）を設定した学習活動が数多く登場し、その充実が求められている。たとえば、日本史B「歴史の説明」では「歴史的事象には複数の歴史的解釈が成り立つことに気付かせ、それぞれの根拠や論理を踏まえて、筋道立てて考えを説明させる」とあり、「歴史の論述」では「資料を活用して探求し、考えを論述する活動を通して、歴史的な見方や考え方を身に付けさせる」などとされている。これらの学習活動の特徴は、資料の活用、探求、疑問の提起、表現、論述、討論などが伴って行われるところにあり「生徒の思考力、判断力、表現力等をはぐくむ」「言語に関する能力の育成を図る」（総則）ことをねらいとして導入されたものであるといえるだろう。

この学習指導要領に基づいて、新しい日本史教科書には様々な工夫を凝らした主題学習が登場している。

しかし、これらの教科書執筆者の努力の成果を生かした主題学習も、通史学習の中で、時間の余裕があれば目を通す程度に扱われ、現場では学習指導要領どおりに活用、展開されてはいないようである。

また、次期学習指導要領について検討をすすめている中教審の教育課程企画特別部会の「論点整理」(二〇一五年八月)(2)を見ると、いわゆるアクティブ・ラーニングとよばれる「課題の発見・解決に向けた主体的・協働的な学び」を促す指導方法が重点的に議論されている。歴史教育にとって、教えるべき教科の内容と切り離して指導方法を論ずることは、ある種の危険性を伴うものだが、「主体的・協働的な学び」を目指すことは当然のことである。次期高校指導要領地理歴史科の新必履修科目「歴史総合」は「グローバル化する国際社会に主体的に生きる平和で民主的な国家及び社会の有為な形成者を育成する」ことを目的にした科目で、その学習イメージは「歴史の大きな転換に着目し、単元の基軸となる問いを設け、資料を活用しながら、歴史の学び方を習得する科目」(教育課程部会社会・地理歴史・公民ワーキンググループ資料)(3)であるとしている。ここでは、大きな問を設け、資料に基づいて考察する学習が示されている。

文科省の「歴史総合」必修化発表(二〇一五年八月)に先立って、日本学術会議の「高校歴史教育に関する分科会」は、世界史と日本史を統合した「歴史基礎」科目を新設し、これを必修化すべきであるとした提言「再び高校歴史教育のあり方について」(二〇一四年六月)を発表していた。ここでも「授業の内容を暗記中心の知識伝達型から生徒の学習意欲を喚起する思考力育成型へと転換する」ことが提起されている(4)。また、これに先立つ二〇一一年の提言では思考力育成型の授業の五要素を試案として提示している。それは①過去への興味・関心の喚起　②歴史的資料の調査力の育成　③歴史的分析・解釈力の育成　④時系列的思考力の育成　⑤意思決定の連鎖としての歴史学習、の五点だとしている(5)。

一方、民間の社会科教育研究団体である歴史教育者協議会でも一方的な講義式授業を克服するべく、かねてから様々な授業実践が取り組まれてきた。一九七〇年代の安井俊夫氏の『子どもと学ぶ歴史の授業』(地歴社、一九七七年）や九〇年代の加藤公明氏の『わくわく論争！　考える日本史授業』（地歴社、一九九一年）などが注目されている。

2　歴史教育にとっての史料

一方的な講義式授業を克服し、生徒が自分で考える授業をつくるうえで一つのカギとなるのが史料の活用であろう。(6) なぜなら、史料はその読み取りや解釈をめぐって教員と生徒の間で対話が成り立ち、それを通じて考えを深めたり、解釈をめぐって生徒間で討論を組織することができるという利点があるからだ。なかでも、視覚に訴える図像史料は、文字史料が一定の文字を読み、理解する学力が求められるのに対して、必ずしもそうした力がなくても絵や写真などの図像を見て感じたり、「変だなあ」と気が付けばよいのであり、その意味で生徒を引き付ける力を持っている。多少学力の低い生徒に対しても教員が問いかけ、返答を求め授業を展開できるというメリットがある。

その図像史料を授業の導入やイメージを豊かにするための引き立て役の教材としてではなく、時代の特徴や社会のしくみを捉えることにつながり、歴史認識を鍛える史料として教材化できれば、一方的な講義式授業を克服し、多くの生徒が史料を読み解きながら、自ら考え、歴史像を形成し、楽しいと感じる授業が創れるのではないだろうか。

そもそも、歴史研究とは膨大な史料を読み解く作業の繰り返しの中から一定の論理を見出し、歴史像を描いていくものであるから、史料を読み取るとは一種の歴史研究の醍醐味のダイジェストを体験していることでもあると言える。しかし、膨大な史料群と格闘する歴史研究とは異なり、歴史教育においては、教員が「これぞ！」と思う限られた史料を選んで授業に組み込むことにより生徒の歴史像の形成を促すのであり、ここが歴史研究とは決定的に異なる。

歴史教育にとっての史料とは、その史料を観たり、読み解いたりすることによって、授業で教員が教えたいこと、生徒に考えてほしいこと、つまり「授業のねらい」に向かって、生徒の歴史認識が深まっていかなければならない。だから、教員側がどんな歴史像を描き、どんな歴史認識を求めているのかという目的性、その認識の形成にとってその史料が相応しいのかどうか、教員自身の歴史認識のあり方、歴史像が問われるのである。私は、その歴史像とは人類の平和と民主主義、人権の発展が見えてくるようなものでなければならないと思っている。

では、教員はどのような史料を活用すべきなのだろうか。歴史研究者の編んだ「史料集」や「証言集」などから史料を利用するなら、それなりに「ねらい」とする歴史認識に沿った活用がある意味では「安心」してできるだろう。たとえば、原爆の悲惨さ、非人間性を認識してほしいという授業のねらいならば、被爆者の「証言集」や原爆投下後の広島の街や火傷を負った被爆者の「写真集」から教員が選んで教材として活用すればよい。

しかし、もう一つ史料活用上の観点を私はあえてあげたい。それは教員がその史料に対してどれだけ「これぞ！」と思っているか、その思い入れの度合いである。その「度合い」は意外に授業に強く反映するのではないかと経験上感じている。たとえば被爆者の「証言集」から史料を選ぶのでなく、地域に暮らす被爆者から教員自身が直接聞き取った証言を活用した場合、その授業の迫力は格段に増すことは間違いないのである。あるいは教員自身が骨董市などで探し歩いて発見し、身銭を切って購入した実物であった場合も同じである。前近代の実物史料を手に入れるのはそう簡単ではないが、近現代の場合は史料として活用できる実物はまだまだ無限に存在していると言えるだろう。

もちろんここには危険な落とし穴もあることも承知しなければならない。それは、専門の歴史研究者の史料批判を経ていないという「不安」がつきまとっているということである。このことは承知しつつも、私は教員自身の「これぞ！」という思い入れ、"熱い思い"にこだわりたい。それは教員も生きた人間であり、語りかける相手の生徒も生きた人間であるからだ。授業にとって、教室空間を覆う人間的な迫力の強弱はきわめて重要な要素ではないかと感じている。

なお、授業の中での教員と生徒の対話、あるいは生徒どうしの討論によって歴史認識を深めようとしても、必ずしも教員が思い描いたとおりの展開になるとは限らない。その史料に対し教員がどのような課題を設定して問を立て、問に対して生徒がどのような読み取りを行い、その読み取りが「ねらい」とする歴史認識に接近していく新たな問につながっていくかは、それぞれの学校の生徒の実態、教員と生徒との関係によって異なってくる。授業とはこのような教員と生徒の試行錯誤、すなわち実践の繰り返しの中から経験的な要素を含みながら創りだされていくものだと思う。

以下の実践は、二〇一六年一月、以上のような問題意識から、埼玉県東南部の県立三郷高校三年生の日本史B（三単位）で行ったもので、一枚の漫画を図像史料として活用して展開した満州事変の授業である。なお、授業は一五年戦争をテーマとしているが、三年生三学期であるため、授業回数は六回だけだった。うち一回は大雪のため大多数の生徒が登校できず授業が出来なかったため、実質的には五回しか実施できなかった。五時間の授業の展開は以下のとおりである。

一、満州事変、柳条湖事件 …一時間
二、満州事変、国民は満州事変をどう見ていたか …本時
三、日中戦争と日本軍、盧溝橋事件 …一時間
四、日中戦争と日本軍、日本軍は中国で何をしたか …一時間
五、アジア太平洋戦争へ …一時間

二　漫画を活用して柳条湖事件を読み解く

1　史料紹介

この漫画（図像史料1）は、一九三一（昭和六）年一〇月四日付の『時事新報』の日曜附録「漫画と読物」

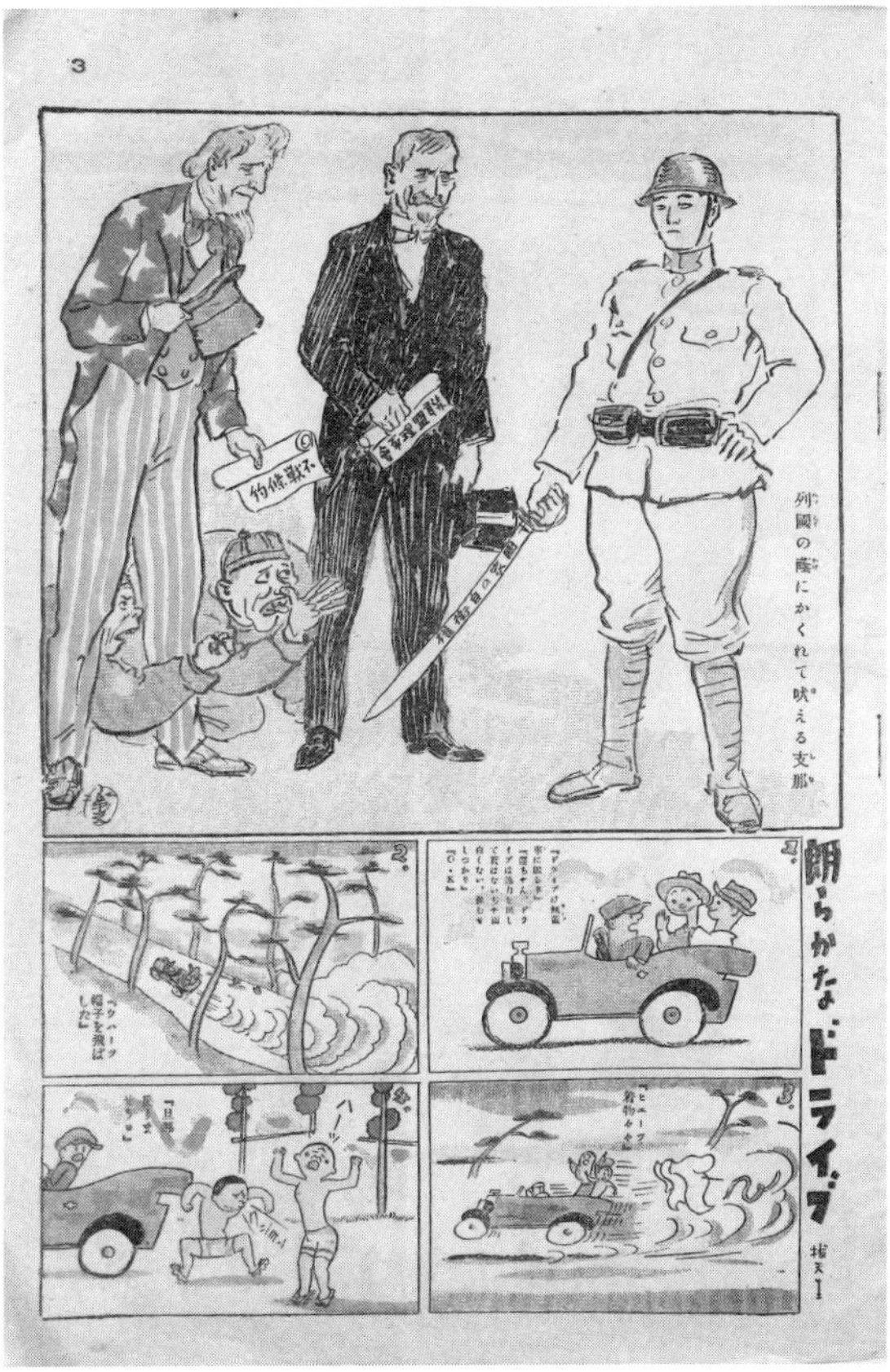

図像史料 1：柳条湖事変の漫画
出典：関原正裕所蔵、2016 年 9 月 23 日撮影、撮影者：関原正裕

に掲載されたものである。『時事新報』は福沢諭吉が一八八二（明治一五）年に創刊した日刊新聞で、一九二一（大正一〇）年から毎週日曜日に色刷りの風刺漫画「時事漫画」が付録として折り込まれ、読者に親しまれていた。「漫画と読物」は一九三一年七月から「時事漫画」から改題され、内容も一新したものである。

漫画の作者は北沢楽天である。楽天は一八七六（明治九）年埼玉の大宮に生まれ、横浜で欧米人向けの新聞社で漫画手法の指導を受け、一八九九（明治三二）年、作品が福沢の眼にとまり時事新報社の漫画記者として活躍するようになる。庶民の生活・風俗、世相、政治などをユーモラスな風刺漫画に表現し、「日本近代漫画の父」とも呼ばれている。(7)

これは私自身が骨董市で偶然発見し、一、五〇〇円で購入したものである。一〇月四日という柳条湖事件直後の日付を見つけた時の興奮は今でも忘れられない。個人的な〝熱い思い〟が詰まった実物図像史料の一つである。

2　図像史料1の歴史的背景

ご承知のとおり、一九三一年九月一八日、関東軍の作戦主任参謀石原莞爾と高級参謀板垣征四郎は、奉天郊外の柳条湖で南満州鉄道の線路を自ら爆破し軍事行動を開始した（柳条湖事件）。満州事変の始まりである。爆破は後続の列車の通過に支障のない程度の小規模なもので、中国軍のしわざであると見せかけるための謀略であった。石原はかねてから、政治的にも戦略的にも、また経済的にも日本にとって大きな価値のある満蒙を「我が領土」としてこそ満蒙問題は「解決」すると主張していた。石原と板垣によって周到に準備された計画的な軍事行動であった。

事件の翌年の一〇月に公表された国際連盟のリットン報告書は事件について次のように述べていた。

支那軍は（中略）日本軍に攻撃を加へ又は特に右の時及び場所に於いて日本人の生命或は財産を危険ならしむるが如き計画を有したるものに非ず。九月一八日午後十時より十時半の間に鉄道線路上若くは其附近に於いて爆発ありしは疑なきも鉄道に対する損傷は（中略）列車の定刻到着を妨げざりしものにて（中略）軍事行動を正当とするものに非ず。同夜に於ける叙上日本軍の軍事行動は正当なる自衛手段と認むることを得ず。(8)

一年後のことではあるが、国際連盟は関東軍の軍事行動の正当性を明確に否定したのである。

柳条湖事件から四日後の九月二一日、中国国民政府は事件を国際連盟に提訴した。自国の世界恐慌の対応で日中の軍事衝突どころではなかったイギリス、アメリカは、この時点では日本に対し宥和的であった。しかし、連盟理事会は日中両国政府に事件の不拡大と両国軍隊の即時撤兵を通告した。アメリカ政府も同様の通牒を日中両国政府に送っていた。

漫画の右下にこの絵の題名と思われる一文「列国の蔭にかくれて吠える支那」がある。これは国際連盟に提訴した中国を嘲笑している言葉だろう。「国家の自衛権」と書かれた軍刀を手に堂々と胸をはる日本兵、「不戦条約」を手にするアメリカ人と「連盟理事会」を手にするイギリス人らしき人物、そしてその足元にかくれて小さくなっている中国人。アメリカ人・イギリス人の足元にかくれる中国人を明らかに蔑視し、その中国を擁護する米英を中心とした国際社会に対して「国家の自衛権」を掲げて堂々と立ち向かう日本という構図で描かれている。

柳条湖事件を引き起こした直後、軍部は次のような見解を発表する。

史料1　日支事変と諸条約とに関してわが軍部の見解[9]

今回の満州事変が、我が陸軍が自衛のために起てることは明白なる事実であって此帝国自衛権の発動に基く行動が何等不戦条約の精神に牴触せざることは明瞭である。元来国家の自衛権は絶対的なものであって戦争を絶対に忌避せんとする不戦条約に於てすら主要締約国は挙げて之を認めている。況んや正当なる戦争を禁止しない連盟規約に於て何等帝国が之を留保して居ないにしても自衛上の戦争行為の妨げなかるべきは条約の精神より見て当然と云ふべきである。

不戦条約や国際連盟との関係にたいへん神経を使っていることがわかるだろう。ここで唯一軍の立場を正当化する根拠となっているのが「自衛権の発動」という論理なのである。この「自衛権」を主張するためには、中国側が先に攻撃を仕掛け、関東軍はそれに対抗して応戦したという形を取らざるをえなかったのである。まさに謀略を仕組んだ関東軍のこうした立場をそのまま描いているのがこの漫画である。

さて、アメリカ人が持っている不戦条約とは次のとおりである。

不戦条約（一九二八年）[10]

第一条　締結国は国際紛争解決の為、戦争に訴ふることを非とし、且其の相互関係に於いて国家の政策の手段としての戦争を放棄することを、其の各自の人民の名に於いて厳粛に宣言す。

第二条　締結国は相互間に起こることあるべき一切の紛争又は紛議は、其の性質又は起因の如何を問わず平和的手段に依るの他、之が処理又は解決を求めざることを約す。

不戦条約は、アメリカのケロッグ国務長官とフランスのブリアン外相が提起し、一五カ国が調印（後に六三カ国）した国際条約で、日本も第一条の「人民の名に於いて」という部分は「国体」に合致しないという理由で保留したものの条約を批准している。第一次世界大戦は一千万人以上の犠牲者を出すという人類史上未曾有の惨禍を招き、平和を求める当時の国際的な世論を背景に、一九二〇年に国際連盟が創設され、一九二八年にはこの不戦条約も結ばれたのである。

国際紛争の解決の手段として「自衛戦争」を除いて戦争を一般的に禁止したこの条約は、実効性に乏しかったとの批判はあるが、人類の大きな進歩だった。第二次大戦後の国際連合憲章にもこの理念は引き継がれ、日本国憲法第九条の戦争放棄条項もこの不戦条約を参考にして起草したといわれている[11]。

関東軍の謀略であったという事実を知ったうえでこの漫画を見れば、平和を求める国際的な世論に敵対して、謀略によって「自衛権」を捏造し、中国への侵略を開始した軍部の姿が浮き彫りになってくるだろう。

3　授業のねらいと展開

満州事変は一五年戦争の開始を告げる日本軍の軍事行動なので丁寧に扱いたいし、その後の中国侵略を考える上でも重要な事件である。満州事変直後の国際情勢と日本の立場を描いたこの漫画を読み解くことによって、なぜ満州事変が謀略によって開始されたかが分かってくるだろう。キーワードは謀略によって作り出された「国家の自衛権」であり、こう仕組まざるを得なかった不戦条約という国際法の存在である。この授業のねらいは、教員と生徒との対話の中からこのことを浮かび上がらせ、同時に国民が戦争に加担していく状況を認識するところにある。

満州事変の授業に入る前には「満蒙の「危機」」というテーマで、張学良による満鉄平行線の建設、世界恐慌の影響よる満鉄の経営不振、国境を接するソ連の五ヵ年計画に対する脅威など、満蒙の「危機」が叫ばれ、満蒙は「帝国の生命線」という世論が高まっていたことを指摘し、その中で石原莞爾の『満蒙問題私見』にも触れた。

そして満州事変をテーマにしたこの授業に続く。一時間目では、まず一九三一年九月一八日夜に起こった柳条湖事件の概要を説明し、それを「中国側の敵対行為」と見なした関東軍が「自衛のための応戦」だとして軍事行動を開始したこと、しかし実際の犯人は関東軍自身だったこと、翌年三月には関東軍幹部が実権をにぎる「満州国」を建国したこと、犬養内閣は「満州国」を承認しなかったが、五・一五事件で犬養首相が殺害され、次の斎藤実内閣が「日満議定書」を結んで承認、国際連盟にリットン報告書が出されるが、日本政府はこれに反対して一九三三年に国際連盟を脱退していくという一連の流れを説明した。

そして、本時では「関東軍はなぜ『謀略』を仕組んだのか」という問を立て、謀略まで使ってなぜ「自衛のための応戦」という形をつくったのかを考えさせた。すぐには生徒の反応はないので、ここで史料1「日支事変と諸条約とに関してわが軍部の見解」を読んでいった。すると、自衛のための行動ならば不戦条約に反することはないと主張していることが読み取れる。不戦条約については二学期の「第一次大戦後の世界と日本」という授業で触れてあるので、その内容について再確認し、日本も加わっていたことを説明した。

次に、「国民は満州事変をどう見ていたか」という問を立てて、『時事新報』付録の漫画を印刷して配布する。この漫画全体が当時の国際社会での日本の立場をどのように描いているかを教員と生徒との対話を展開するなかでつかむことができる。まずこの史料は私自身が購入したものであること、柳条湖事件から一六日後に発行された『時事新報』という日刊新聞の付録の漫画であること、作者の北沢楽天が埼玉の大宮生まれの人物であり、楽天の作品を集めたさいたま市立漫画会館が北区（旧大宮市）にあることなどを説明した。そして、次のような対話をしかけていった。

T　描かれた人物はどこの国の人物かな、いちばん左から

S1　アメリカ人
（服装がアメリカの国旗になっているので、生徒はすぐに分かる）
T　手に何か持っているけど、何かな、右から読むと……
S2　不戦条約
T　そのとなりの黒いスーツの人物は、当時アメリカと並ぶ大国だけど
S3　うーん、イギリス？
T　そうイギリス人のようだね。手に持っているものは、右から読んで……「聯」の字は今の「連」です。
S4　連盟理事会
T　「連盟」って何かな、これは「国際連盟」を示しているんだ。つまり、この二人の人物は不戦条約や国際連盟など紛争の平和的解決を求める米英を中心とした国際社会を表していると見ていいね。
T　さて、ヘルメットをかぶった兵隊はどこの国、刀には何て書いてあるかな
S5　日本の兵隊、刀には「国家の自衛権」
T　そうだね、この兵隊さん堂々とした姿で描かれているよね。堂々と「国家の自衛権」を主張しているということだね。それでは、アメリカ人、イギリス人の足元にいる二人、鼻に親指をあてて「ベロベロバー」ってやっている、もう一人は拳を突き出しているのはどこの国の人かな。「ベロベロバー」なんて知らないかな、相手をバカにしたり、囃したりするとき子どもがやる仕草なんだよ。この漫画の題名のようなものが右下に書いてあるから、それがヒントになるよ。
S6　中国人？

T　そう、「列国の蔭にかくれて吠える支那」と書いてあるね。支那は中国のことだって以前に話したよね。それに、この中国人の描き方、どんな印象持つかな。

S7　ずるい人って感じ

T　そうだね、イギリスやアメリカという大国の足元にかくれて、正々堂々と自衛権を主張する日本をバカにしているように描かれているね。実は、柳条湖事件から三日後の九月二一日に中国は国際連盟に提訴しているんだ。このことをこの漫画は「列国の蔭にかくれて吠える支那」と題して描いているんだ。国民は柳条湖事件が関東軍による謀略であったことは全く知らされず、日本は不戦条約でも認められている自衛権を堂々と主張し、中国は米英の大国を頼りにして、日本を不当に非難しているという構図がつくられ、報道されていたんだ。

こうした対話の後、一九三二年一月の第一次上海事変の中で三人の兵士が作戦の中で戦死したことが、爆雷とともに敵陣に突撃した「肉弾三勇士」の話として美談に仕立て上げられ、歌や演劇にもなり国民の戦争熱が高まっていったことも付け加えて授業を終えた。

4　生徒の感想

満州事変・日中戦争と日本軍・アジア太平洋戦争、計五時間の授業のあと、どれか一つについて授業の中で印象に残ったことについての感想を書いてもらった。最も多かったのは、南京虐殺など中国戦線での日本軍の残虐行為についての感想だった。満州事変については九人（全体は二クラス、六二名）だった。

その多くは「満州鉄道にばくだんをしかけたのは日本なのに自作自演をして中国に罪をなすりつけたことは最低だと私は思います。」（男子）、「私が三学期の授業で一番印象に残っているのは、満州事変です。理由は、私は日本人ですが、客観的に見て、あきらかに日本のやりかたがきたないし、ずるいと思ったからです。……今の時代を生きている私からみると、日本のやり方はとてもきたないと思います。自分達のために満鉄を爆破し、それを中国のしわざにするなんてよくないと思います。」(女子)、「満州事変で思ったことは、中国軍のしわざだと言って満鉄の線路を爆破させたり、そのせいで多くの何も悪いことをしていない人達は命を落としてしまったわけだから、日本はとてもひどくてずるい国なんだなと思いました。」(女子)、「日本が経済不況だからなんて、そんな自分勝手なことで戦争を始め、……しかも、始め方も本当にひきょうで、自作自演なんてバカなこととして、しかも不戦条約があるから表向きは自衛のためなんて言っていて……」(女子)などと書いている。謀略によって戦争を仕掛けたやり方の不当性を「最低」「きたない」「ずるい」「ひきょう」など少し感情的な表現で指摘しているのが特徴的だ。

柳条湖事件が日本軍による謀略であったとする説明、それに対して「自衛権」を主張する軍部の見解(史料1)を読み、さらに図像史料1を読み解くなかで、生徒は日本軍の不当性については強く認識したようだが、不戦条約という国際法の存在まで視野にいれて書いていたのは最後に紹介した生徒だけだった。

漫画まで使って軍部の立場である「国家の自衛権」という日本軍の正当性が国民に宣伝され、戦争へと突入していったという国民の戦争加担の構図に関わって記述した生徒もいた。「満州事変は満鉄の線路を爆破して、このことを中国のしわざにしようとした事件ですが、思ったことは、不況だからといって、自作自演をするのはひきょうだなと思いました。で結果、満州を占領しちゃうなんて最低だなと思いました。国際連盟を脱退してもおかしくないです。で驚いたのは国際連盟脱退を後押ししたのは日本国民だったたってことに驚きました。それで満州事変を日本のせいだと知らなかったことに驚きました。日本はこの時かなり必死だったと思うけど、だからといって他の国を襲っていい理由にはならないと思います。」(男子)この生徒は、謀略は「ひきょうだ」とするだけでなく、「国際連盟脱退を後押ししたのは日本国民だった」ことを知り、国民自身が国際社会から孤立し、戦争の方向を「後押し」したこと、つまり国民が戦争に加担していったことに驚いている。

本授業は、図像史料の持つ特性を活かして教員と生徒の間の一定の対話を成立させたという点では、一方的な講義式授業からある程度は脱することはできたのではないかと思う。しかし、本授業のねらう謀略を仕組まざるをえなかった国際法の存在や国民の戦争加担という歴史認識を生徒自身が考え、歴史像を形成するところまでは達しているとは言えないだろう。講義で説明した内容を教員のリードによって図像を読み取り、再確認したにすぎないものだったのかもしれない。だから多くの生徒は、日本軍の謀略のことばかりが印象付けられ、感情的にその不当性を指摘することになったのではないだろうか。

もう少し時間を取れば次のような問も考えられる。アメリカ人の持つ一枚の紙、いかにも軽いものとして描かれている「国際法」不戦条約に対して、「国家の自衛権」は重たそうな軍刀に記されている。この描かれ方の違いを軍部の見解（史料1）をもう一度読んで考えさせることもできたと思う。

また、当時の国際社会での日本の立場をどのように描いているのか、生徒を班に分け、班ごとに調べさせ、発表させるという方法もあるだろう。これには、国際連盟、不戦条約と自衛権、中国の国際連盟への提訴など部分的には教科書記述レベルでは理解できない内容もあり、調べるための一定の時間と資料が必要になってくると思われる。十五年戦争の開始に関わる重要な事件なので、可能であれば時間をとって展開する価値はあるだろう。

三　図像史料1活用の可能性

最後に、図像史料1は他にどんな活用の可能性があるか検討したい。授業の対話の中でも触れたが、この図像の中国人の描き方から、当時の日本人が持っていた差別的な中国人観を読み取ることができるだろう。『時事新報』の創刊者である福沢諭吉の中国・朝鮮観は、『脱亜論』（一八八五年）に見られるように差別的で蔑視に満ちたものであるが、それがこの漫画の中国人の描き方にも影響しているのかもしれない。

日中戦争における中国戦線での日本軍の様々な蛮行の根底には、日本兵が中国人を「チャンコロ」と蔑視し、同じ人間とは見ていなかったという意識があったとされている。[12] 日本人の中国人観の形成という観点から、北沢楽天が「時事漫画」を描いた一九二一年から一九三二年の間の作品を何点か見てみたい。

参考図像1は図像史料1の七年前、一九二四（大正一三）年一〇月一二日の「時事漫画」の図像で、欧米人、日本人、中国人を描いており構図的に似ている。これは一九二四年九月の中国における奉天派と直隷派の軍閥抗争（第二次奉直戦争）とそれを眺める列強を描いたものである。腕組みをして碁盤を見つめる着物姿

参考図像1：「奉直戦争」
出典：関原正裕所蔵、二〇一六年八月三一日撮影、撮影者：関原正裕

の日本人は当時の護憲三派内閣の首相加藤高明のようである。政府は中国の内政に対しては一応干渉しないとする幣原外相の協調外交の方針を取っていた。この政府の姿勢を描いているようである。対立抗争する中国の軍閥勢力は、「支那動乱」と書かれた碁盤の上で互いに強がって両者とも白石を打っている。二人とも背中の曲がった老人で囲碁に夢中になっている。また、図像史料1と同様に欧米人が立って見ている下で、中国人はその足元で座っている姿が描かれている。自分の国が列強の食い物にされることもかえりみず、自分たちの勢力争いに明け暮れる老いた中国人、いかにもいつまでも近代化しようとしない遅れた中国人といったイメージを読み取ることができる。

次の参考図像2は図像史料1の二年九カ月前の一九二九(昭和四)年一月二七日の「時事漫画」の図像である。当時の中国情勢を描いたもので、「支那の卑劣手段!」という題が付いている。一九二六年から蔣介石率いる国民革命軍は北伐を開始するが、一九二七年に北伐軍が山東省に及ぶと当時の田中内閣は三回にわたり山東出兵を行い、国民革命軍の北上を阻止しようとした。一九二八年五月には大規模な日中両軍の衝突(済南事件)が起こり、このために中国での反日運動は燃え上がり、日貨排斥運動も中国全土に広がっていく。さらに、一二月には満州の張学良が国民党の青天白日旗を掲げ、国民政府に合流し、かえって中国の政治的統一は前進する。

参考図像2の中央で中国人にいじめられている子どもの服には「漢口在留邦人」と書かれているが、これは一九二七年四月、北伐の過程で漢口において中国側との衝突が起き、多数の日本人が暴行を受けた漢口事件を指しているようだ。左側の中国人が蹴り飛ばしている荷物には「日本貨物」と書かれ、日貨排斥運動を指している。また二人の中国人の服の胸と背には青天白日旗のデザインが描かれている。

この図像では、無抵抗の日本人に対して乱暴狼藉を働く、まさに「卑劣」な中国人というイメージが描かれ、日本企業の経済的進出や日本軍の出兵などについては描かれていない。こうした図像と合わせて図像史料1を見ると、「列国の蔭にかくれて吠える支那」とあるように「ずるい」「卑怯者」といった中国人観がより説得的に受容されていったのではないだろうか。

　さらに参考図像3を見てみよう。これは図像史料1の一ヵ月後の一九三一（昭和六）年一一月八日「百鬼夜行の満州」と題された「時事漫画」の図像である。上方左から、熊手のような武器を持った鬼、次は首から上は馬の「馬賊」、青竜刀を持っている、次は右肩につるはしを背負い、左手には爆弾らしきものを持つ、背中に「鉄道破壊」の文字のあやしい人物、次は右手にピストルを持ち目を剝く人物、次は右手にナイフを隠し持ち左手にはピストルらしきものを持つ「便衣隊」、最後は軍服を着て銃を持つ兵隊、左手に「正規兵」

参考図像2：「支那の卑劣手段！」
出典：さいたま市立漫画会館所蔵、二〇一六年八月三一日、撮影、撮影者：関原正裕

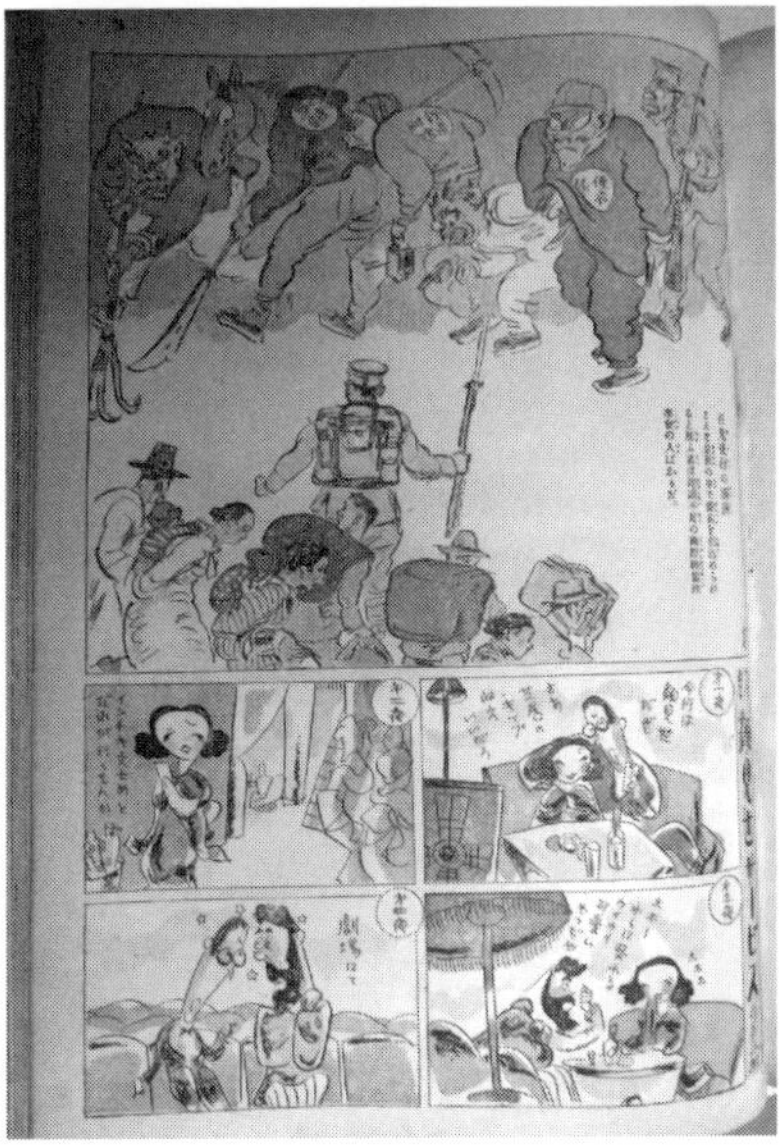

参考図像3：「百鬼夜行の満州」
出典：さいたま市立漫画会館所蔵、二〇一六年八月三一日、撮影、撮影者：関原正裕

の文字が見える、目を剝いて怒っているようだ。これらは皆満州の中国人と見てよいだろう。

満州はこのような中国人ばかりで、日本人はいつどんな危害を加えられるか分からない状況であることを描いている。これに一人で立ち向かうのが、背のうを背負い、右手に銃を持つ日本兵である。その後ろ、画像の下方には日本兵に守られ避難する人々が描かれている。左の二人は朝鮮人夫婦と見られ、母親は赤ん坊を背負っている、その右は日本人夫婦のようで、やはり荷物を持ち子どもを背負っている。

そして「こんな景状（ありさま）の中で番兵を引き込められると思ふ者は認識不足の国際連盟理事会の人ばかりだ。」という説明がある。満州事変の開始から一ヵ月半、どんな危害を加えるか分からない満州の中国人から現地邦人を守るために日本軍が出兵するのは当然であり、国際連盟はこの事態を分かっていないと非難しているのである。

以上、一連の中国人像をまとめてみよう。まず参考図像1は、自分たちの勢力争いしか考えられない近代化に遅れた軍閥たち、参考図像2は無抵抗の日本人に乱暴狼藉を働く卑劣な中国人、図像史料1は「列国の蔭にかくれて」自分たちの主張を言い張る卑怯者、参考図像3は日本人にどんな危害を加えるか分からない危険人物、このような中国人像が見えてくる。

北沢楽天が一九二〇年代から三〇年代初めにかけて「時事漫画」に描いた中国人の図像は、社会的事象を描くというこの漫画の性格から、その時々の中国情勢に対する一定の「解釈」をともなって描かれている。その「解釈」とは、これまで述べてきたように、日本の中国に対する帝国主義的な侵略には目をつぶり、日本の侵略に抵抗する中国人は乱暴で卑劣でわがままな卑怯者だというものである。従って、日中間の対立の責任はひとえに中国側にあるという自国中心の情勢認識である。

漫画という手法によって視覚的に中国人に対する蔑視観を増幅させるだけでなく、自国に都合のいい中国情勢の「解釈」の上に描くことによって、理屈の上からもより蔑視観を強化し、固定化する役割を果たしたのではないかと考えられる。

おわりに

講義式授業であっても、展開の中でいくつかの問を発し、考える時間を取るなどして生徒が考え、思考力を育成していく授業は可能だろう。従って、講義式授業だからといって一概に否定されるべきではないと考えている。私自身、普段の授業はほとんどこのタイプで実践している。しかし、「これも教えないと、あれも教えないと……」といった教員側の思いから講義式授業が往々にして教員の「一方的な講義」に陥り、結果的に知識詰め込みの授業になってしまっていることを自分自身の反省としても自覚しなければならないと思っている。

本稿では、一方的な講義式授業を乗り越える一つのカギとして史料の活用、とりわけ図像史料の活用について私自身の実践をふりかえりながら論じてみた。高等学校の社会科教員になって三九年経つが、この間授業が「うまくいった」ことは一度もない。毎日が失敗と試行錯誤の繰り返しのように思う。その失敗の一つとして見ていただければ幸いである。

注

（1）油井大三郎「新しい高校歴史教育の創造と歴史研究者の責任」（『歴史学研究』八八八号二〇一二年一月）。

（2）教育課程特別部会論点整理　http://www.mext.go.jp/b_menu/shingi/chukyo/chukyo3/053/sonota/1361117.htm

二〇一六年五月二八日閲覧。

（3）平成二八年六月一三日教育課程部会資料8－1 file:///C:/Users//AppData/Local/Microsoft/Windows/INetCache/IE/ZRCZW141/1371282_08.pdf 二〇一六年八月二三日閲覧。

（4）久保亨「高校歴史教育の見直しと「歴史基礎」案」（『歴史評論』七八一号、二〇一五年五月）で日本学術会議の提言の内容が紹介されている。

（5）油井大三郎「歴史的思考力の育成と高大連携」（『歴史評論』七八一号、二〇一五年五月）では歴史的思考力を育成する授業のあり方について論じられている。

（6）『歴史学研究』（九三六号、二〇一五年一〇月）は「史料の面白さ、歴史教育の現場」という特集を組み、おもに世界史分野の歴史教育における史料の活用について論じられている。

（7）『復刻東京パック第八巻』（龍渓書舎、一九八五年）所収の清水勲「解題」に北沢楽天の業績等は詳しい。

（8）歴史学研究会編『日本史史料5現代』岩波書店、一九九七年、一八頁。

（9）『中央新聞』一九三一年九月二五日。

（10）山田朗編『外交資料 近代日本の膨張と侵略』新日本出版社、一九九七年、一九七頁。

（11）グランド・K・グッドマン「GHQ時代の経験を語る」（佐々木隆爾「現代ときりむすぶ一五年戦争学習」『東京の歴史教育』二三号、一九九四年）。

（12）吉田裕『天皇の軍隊と南京事件』青木書店、一九八六年、一八六頁～一九〇頁。

第三部　海外におけるアーカイブズと歴史研究

第七章　グアムにおける追悼・慰霊の空間
――「想起の場」としての戦跡を考える

新井　隆

はじめに

グアムを含むマリアナ諸島は、一七世紀後半以来、スペイン、ドイツ、アメリカ、日本という四つの大国から約三五〇年にわたり植民地支配を受けてきた歴史がある。二〇世紀前半ということだけで見ても、マリアナ諸島はアメリカと日本が戦略的な観点からせめぎ合う場となっているのである。グアムはアジア・太平洋戦争において、一九四一年一二月から一九四四年七月まで日本軍による占領統治を受けており、その末期に米軍の再上陸が間近に迫ると、男性は飛行場建設や陣地構築に駆り出され、女性や子どもは食糧増産に動員された。(1)さらに、日本軍はグアムの先住民であるチャモロの利敵行為に神経を尖らせ、警戒するようになっていった。そうした状況下で、日本軍による拷問や虐殺、レイプが多発するようになり、グアムのチャモロにとっては、トラウマになりかねないほど、恐ろしい体験を強いられたといえる。四四年七月二一日には、米軍がグアムに再上陸し、数週間にわたり日本軍と激戦を繰り広げた後、同年八月一一日に同島を奪還した。このように日本占領統治やその後の日米戦の中で、両軍の将兵に加え、チャモロの人々も数多く犠牲になった。こうしたグアムにおける「戦争」で犠牲になった人々はどのように想起されてきたのだろうか。

グアムでは、毎年七月になると、日本による占領統治や日米両軍の激戦の中で惨禍を被ったり、亡くなったりしたチャモロの記念・追悼の諸行事が島内各地で行われている。特に、七月二一日はアメリカ軍が日本の占領統治からグアムを「解放」したことを記念して、「解放」記念日 Liberation Day という祝日が設けられている。また、同時期には、戦時中に戦禍を被ったり、命を落としたチャモロの人たちに向けた追悼行事も行われている。つまり、グアムの人々にとって毎年七月は、約七〇年前の日米による戦争で受けた苦難を想起し、犠牲者を悼むための大事な一ヶ月であるということができる。

同島には、これらアジア・太平洋戦争に関わる「戦跡」も数多く残されており、日米両軍の激戦が行われた痕跡が今も島のあちこちに見られる。さらに、忘れてはならないのが、最も戦争の惨禍を被ったのは、元々グアムに暮らしていたチャモロの人々であるということだ。チャモロの人々にとっては、自分たちが暮らしていた島に日米による「戦争の嵐」がもたらされたのである。この「戦争の嵐」は、チャモロの人々に多大な苦難を与え、現在に至るまで様々なかたちで、その跡をグアムという島に刻んでいる。

「戦跡」もそうした戦争の傷跡の一つであるということができる。グアムにおける戦争の痕跡とそれらをめぐる記憶の想起について考える時、グアムを含むマリアナ諸島が辿ってきた歴史的背景に目を向けることで、グアムという場所に点在する戦跡で戦争の記憶が想起されることの意味がより鮮明に浮かび上がってくる。太平洋地域における日米の植民地支配や戦争の歴史が「戦跡」という場において、如実に立ち現れてくる。こうしたグアムや太平洋の島々の歴史的背景は、現在の社会状況にも影を落としている側面があり、戦跡の残され方に注目することで、大国、特に日米による植民地支配や戦争が太平洋の島々に及ぼした影響の大きさや根深さを知る一端にもなるだろう。本稿では、グアムにおけるアジア・太平洋戦争の「戦跡」に着目し、その場で如何なる戦争の記憶が想起されるのか、考えてみたい。具体的には、グアムに点在する「戦跡」を概観しつつ、かつて戦争によりこの島で命を落とした者たち（戦没者）の追悼・慰霊と「戦跡」のつながりに目を向ける。「戦跡」については、「記憶のアーカイブ」としての側面を持ち、「人の死」と密接不可分の存在であるということを頭に入れておきたい。

一　「戦跡」と追悼・慰霊をめぐる諸研究

ここでは先述したグアムや太平洋諸島の歴史的背景を踏まえながら、追悼・慰霊に関する先行研究を整理するとともに、本稿の立ち位置とねらいを説明していきたい。

まず、追悼・慰霊に関する研究動向については、粟津賢太がアメリカやイギリスなど海外の諸研究にも目を配りながら、社会学や人類学の成果を引きつつ、「過去を語る」という行為の延長線上に戦没者表象の問題を位置づけている。(2) 加えて、モーリス・アルヴァクスやピエール・ノラらによる集合的記憶や「記憶の場」に関する諸研究を押さえながら、追悼・慰霊の場における死者の想起のされ方についての様々な事例に言及しており、現在の追悼・慰霊研究の動向を端的に知ることができる。また、死者の想起のされ方に注目して見てみると、必ずしも一様のスタンスで死者たちが想い起こされているわけではないことがわかってくる。差異化や序列化といった過程を経ながら、死者たちが様々に区分けされた上で生者たちにより記憶されていくことがある。

また、人の移動と「戦跡」のつながりを扱うものとしてダーク・ツーリズムに関する諸研究を挙げることができる。観光研究の一つにも位置づけられるダーク・ツーリズム研究だが、慰霊とツーリズムという問題設定がはらむ問題についても、死者に対する人々の距離感の観点から指摘がなされている。[3] そもそもダーク・ツーリズムとは、「闇の観光」「暗部の観光」[4]や「歴史や社会の「闇」に焦点を当てる行為」「観闇」「闇観光」[5]などと定義されており、その言葉の中身からも二律背反的な要素が併存していることがわかる。同様の問題は、グアムについても言える部分があり、山口誠は同島における慰霊観光の試みや戦没者慰霊と観光開発の両立の問題についても言及しながら、「戦争を埋立てた楽園」としてのグアムの変遷を分析している。[6] いずれにしても、人の死にまつわる場所が分析軸の一つになっており、場所と人の関係のつくられ方という視点がカギになっている。虐殺現場、犠牲者の遺体が葬られている教会、軍隊が上陸した海岸線、激戦地跡、強制収容所跡等々、グアムという島一つを取ってみても、特に戦争に関する人の死にまつわる場所は数多く存在している。

次に、戦跡を含めた追悼・慰霊の場における死者の想起のされ方に関する研究を見てみたい。福間良明は、知覧の特攻戦跡や沖縄・摩文仁戦跡、広島平和記念公園・原爆ドームといった事例を取り上げつつ、戦跡について「一見相容れない情念や思考をさまざまに喚起し、それが同時並存することを許容するもの」であり、[7] そこでは様々な「感情移入の体験」があり得たとしている。[8]「記憶」という問題系を考える時、死者同士あるいは、死者と生者の関係性において、誰のどのような記憶を誰が想起するかということで、対抗的で複雑な様相を呈してくる。そのため、ある出来事に関する記憶／忘却という関係も時代や社会状況の変化とともに移り変わってくる。しかし、一方で福間が述べているように、「戦跡」という場は、時として対抗的ですらある記憶の並存を赦すものでもある。グアムにおいても、追悼・慰霊の諸行事の主催者や参加者による想起の仕方の違いにその「複雑さ」がよく表れている。想起という営みに関わる主体の解釈や意味づけには、現在の生者における権力関係が投影されることがままあるが、戦跡で様々な記憶、特に人々に対する暴力や死にまつわる記憶が想起される際には、異なる情念や思考を排他的に扱うのではなく、むしろ包含する空間が形成されているといえる。

また、死者の想起のされ方をよく見てみると、ある出来事や人物を想い起こすという行為自体に重きが置かれるだけでなく、死者を称える――顕彰するという意味合いが付与されることもある。これら想起の方法は、死者と生者がいかにつなげられているかという観点から重要な意味を持っている。つまり、(戦争における)死者の存在が生者との関係の中でいかに位置づけられているかという点が示されているといえる。このような死者の位置づけの問題は、現在の生者同士の関係にも関わってくるものであり、往々にして不均衡な権力関係の照射になっている場合がある。不均衡な権力関係とは、まさに死者が想起される場所が辿ってきた歴史的背景にも由来しており、植民地支配や戦争による暴力が今なおかたちを変えながら、継続していることを示している。

想起の性格ということを考えるなら、マリタ・スターケンのモニュメント(monument)とメモリアル(memorial)の違いを扱った研究も興味深い。(9) モニュメントもメモリアルも日本語で表記する際には、「記念碑」として一括りにされることもあるが、スターケンは両者には明確な差異があるとしている。すなわち、モニュメントはほとんどが勝利を記念するものであるのに対して、メモリアルは特定の価値体系のために犠牲になった生命や生活を表しているというもので、前者は匿名性が高いのに比べ、後者は個別の死者の名前が刻まれることが多いとしている。(10) この指摘は、それぞれの碑がどのような経緯で建立されたのか、いかなる人々により建てられたのかといった「記念碑」の性格に注目しており、碑の周囲で行われる追悼・慰霊の諸行事と併せて考えてみると、より複合的な視点で戦争の記憶の想起について分析できる。例えばグアムにおける追悼・慰霊・記念の諸行事を考える際にも参考になる見方であり、各種行事の性格の違いや複雑さを捉える上でも大事な視点になる。同島で展開されている様々な想起の諸活動には、記念・顕彰と追悼・慰霊の各要素が複雑に絡まり合っている様子が見て取れるからだ。いずれにしても、明確な差異があるとされるモニュメントやメモリアルといった「記念碑」であるが、そうした差異は必ずしも固定的なものではなく、人々による想起の営みには、様々な思惑が交錯しながら変遷してきているということができる。

これまで述べてきた先行研究でも度々、「戦跡」という言葉が使われていたが、明確にその内容にまで直接踏み込んでいるものは、あまり多くない。戦争の痕跡が残されている場所という幅広い意味なのか、あるいはモニュメントやメモリアルといった記念碑等も含み込む複合的な場所という意味なのか、使われる文脈によりに意味内容が異なる場合が出てくる。粟津の研究動向のまとめや福間の諸研究では、どちらかといえば、「戦跡」形成の歴史的変遷の過程に分析の比重が置かれており、その意味内容を深く掘り下げる作業を行っていない。その一方で、北村毅は『死者たちの戦後誌――沖縄戦跡をめぐる人びとの記憶』において、「戦跡」が意味するものを掘り下げながら、具体的に分析・考察している。北村は、現在使われている戦跡の意味として、沖縄の状況に即しながら説明している。具体的には、①記念碑など戦後になってからつくられたもの、②戦前・戦中につくられた戦争関連の遺跡、③沖縄戦に関する展示を行っている資料館などまで含めつつ、「本書では、戦跡という概念を、単なる「戦闘のあった跡」(広辞苑)という意味にも、歴史的・文化的遺産たる「戦争遺跡」の価値にも限定しない。こうした言葉の使用状況と重なる部分は大きいとはいえ、本書において戦跡は、生者(戦争体験者、遺族、戦後世代)が死者に対して実践的に関わりを持とうとする場として理解されるべきである。」としている(11)。つまり、戦跡とは単なる「戦いの跡」ではなく、生者と死者の関係性が形づくられていく場であるということができる。

本稿では、死者と生者の関係を切り結ぶ場として「戦跡」を捉える北村らの分析視角を取り入れながら、グアムにおけるアジア・太平洋戦争の「戦跡」に注目し、その場でどのような戦争の記憶が想起されるのか、

「戦跡」という言葉の意味も掘り下げながら考えてみたい。具体的には、グアムに点在する「戦跡」を概観しつつ、かつて戦争によりこの島で命を落とした者たち（戦没者）の追悼・慰霊と「戦跡」のつながりに目を向ける。生者と死者が関係を切り結ぶ場である「戦跡」に注目することで、グアムにおける戦争の記憶の継承可能性やその複雑さがいかに生まれてくるのかを掘り下げて、分析・考察していくことができるのではないだろうか。「戦跡」で行われる追悼・慰霊の諸行事には、実際に戦争を生き抜いてきた人々はもちろんのこと、彼ら／彼女らの子や孫も参加している。加えて、グアム知事・副知事、グアム議会関係者、米軍関係者、在グアム日本人有志など実に多様な人々の参加も見られる。個々のサバイバーの体験は、追悼・慰霊の諸行事を通じて、参加者たちにも「共有」されうるものとなっていく。このように人の死と根深くつながっている「戦跡」において追悼・慰霊の諸行事が行われるということは、生者と死者の結びつきをより強める作用があるといえる。

それでは、こうした数々の想起の諸活動が行われる「戦跡」とはいかなる場でありうるのだろうか。次節では「戦跡」の持つ意味や位置づけについて述べてみたい。

二　「戦跡」とは

アジア・太平洋戦争の痕跡は今も様々なかたちで太平洋の島々に残されている。グアムやサイパンといったかつての激戦地でも旧日本軍の戦車やトーチカなどがビーチや道路の脇に佇んでいる光景を目にすることがよくある。また、戦時中に島内で起こった戦争の暴力（虐殺、強制行進、強制収容、集団自決など）の場所やその周辺には、メモリアルやモニュメントが建てられているケースも見られる。こうした戦争の痕跡は、様々な主体によって残されている場合もあれば、きちんとした維持・管理がなされることもないまま放置され、偶発的に残っている場合もある。

「戦跡」のまわりでは、しばしば戦争の惨禍で命を落とした人々を悼むための追悼・慰霊の諸行事が行われる。加えて、その中で展開される戦争の記憶の想起のされ方についても上述のように、人・場所などに関わる様々な要素が複合的に絡まり合っている。一方で、そもそも「戦跡」とは何を指しているのか、という根本的な問いにも目を向けながら、「戦跡」を含む「景観」の変遷を分析したものとして、再度、北村毅の研究に目を向けてみたい。北村は「戦跡とは、戦死者をめぐる生者の実践の展開、すなわち、生者と戦死者の関係性を記録した場所であることがみえてくる。つまり、そこで亡くなった人びとを、悼み、弔い、かなしみ、讃え、記憶にとどめ、追慕し、想い起こし、忘却してきた、生者の営みが空間的に記録されているのが、戦跡という場所だということだ。いうならば、そこは戦死者の「戦死後」のアーカイブである」と述べている。[12] つまり、単に戦いの跡というだけの意味に止まらず、戦争による人の死と生者がどのように関係を切り結んできたのか、という生者の営みの変遷が刻まれているのが「戦跡」だということができる。「戦跡」という景観の移り変わりの中には、戦没者と生者の可変的な関係が織り込まれており、それらの歴史的変遷を追うことで、「戦死後」の営みをより鮮明に浮かび上がらせようとしている。[13] 加えて、「想起」や「追慕」のみならず、「忘却」も生者の営みの一つであるということに注目しており、記憶と忘却が表裏一体の関係にあるということを改めて思い出させてくれる。生者の営みの一つとして記憶／忘却という関係性がつくられているということは、死者をめぐる想起の諸活動には生者の様々な思惑が含まれつつ、場合によってはその時々の権力関係が投影されているということができる。言い換えると、誰がどこで誰を（何を）想起するのか、という問いが避けては通れなくなってくるのである。

加えて、「戦跡」そのものに対する見方だけでなく、その周りを取り囲む地政学的な認識にも目を向ける必要がある。グアムと同島に点在する「戦跡」についても、然りである。グアムが辿ってきた歴史的背景を振り返ってみると、太平洋に勢力を拡大してきた諸列国がグアムを自国の軍事的経済的利益という視点から眺めていた／いることがわかる。先述のように、グアムを含むマリアナ諸島は、一七世紀後半にスペインが植民地支配を開始して以来、約三五〇年にわたり、ドイツやアメリカ、日本といった大国による植民地支配や戦争に晒されてきた。現在もサイパン（北マリアナ諸島）やグアムには、カトリックをはじめとするキリスト教の教会が散在し、後者においては、各村の守護聖人を祀るカトリックの行事であるフィエスタ（もとはスペインの伝統）が行われている。さらに、現地の人々が使う言語の中にも植民地支配の影響を見て取ることができる。マリアナ諸島の先住民の一つであるチャモロの人々が使うチャモロ語は、基本となる言葉の多くがスペイン語から派生したものであると言われており、加えてゾーリ（草履）、ベントー（弁当）、センセイ（先生）、コーバン（交番）など数々の日本語由来の単語も浸透している。まさに、植民地支配による言語の支配がハイブリット化して残っているといえる。[14] 社会文化的な植民地支配の影響は、今日もなお日常生活の一部として根強く残っている。

一七世紀後半から一九世紀末まで約二〇〇年間、スペインによるマリアナ諸島の植民地支配が続いたが、一八九八年の米西戦争でグアムはアメリカに割譲され、ロタ島以北の北マリアナ諸島はドイツに売却されることになった。二〇世紀に入った後も、同諸島は戦争と大国による支配の影響を被っていく。一九一四年に第一次世界大戦が勃発すると、日本は連合国側の一員として参戦し、赤道以北の旧ドイツ領太平洋諸島を占領した。この軍事占領により、それまでドイツにより支配されていた北マリアナ諸島は、国際連盟のC式委任統治領として、日本の管理下に置かれるようになっていった。一方で、こうした状況は近代日本の南進政策が具現化したものであるということもでき、同C式委任統治領は以後三〇年余りにわたり「南洋群島」として日本化政策も推進されていった。これら世紀転換期から二〇世紀はじめにかけての大国同士による戦争の結果、マリアナ諸島は政治的に分断されてしまった。加えて、二〇世紀前半には日米による政治的軍事的なせめぎ合いが激化し、マリアナ諸島を含む太平洋島嶼地域がアジア・太平洋戦争に巻き込まれていく中で、同諸島における分断は政治的な側面だけでなく、精神的な側面にまで広がりを見せ、戦後グアムと北マリアナ諸島の関係にも影を落とすこととなった[15]。日本によるグアム占領統治では、お辞儀の強制や学校における日本語教育といった日本化政策が推し進められ、「日本人」が現地の先住民チャモロを指導するという流れの中で、殴打などによる身体的懲罰が加えられることも度々あった。こうした占領統治政策に協力するかたちとなっていたサイパンやロタのチャモロは、グアムのチャモロとの間に緊張関係を醸成し、戦後まで尾を引くこととなった[16]。

日本による占領統治とその後の日米戦は、グアムに対して物理的・精神的に多大な損害をもたらした。日本占領統治末期の一九四四年七月になると、強制労働、強制行軍、拷問やレイプ、虐殺などが頻発するようになり、同年七月二一日の米軍のグアム再上陸に際しては、苛烈な艦砲射撃、爆撃や機銃掃射が行われ、島の各地域では壊滅的な被害を受けた。特に、中心都市であったハガッニャ（Hagåtña）は瓦礫の山と化し、戦前は一一、〇〇〇人いたとされるハガッニャの住民はそのほとんどが家を失い、修復されないままだった[17]。さらに、グアムは米軍が日本本土に向かう上で最大の前進基地となり、飛行場や仮設滑走路などが早急に建設され、毎日のようにB－29による日本本土爆撃が行われた[18]。アジア・太平洋戦争終結後もグアムの軍事化は強く推進され、戦後まもない同島は三分の二以上の土地が軍用地として米軍に接収された。

こうした一九－二〇世紀転換期からアジア・太平洋戦争後、そして現在に至るグアムの歴史的背景と地政学的な位置関係を顧みながら、同島における「戦跡」の残存状況を考えてみると、両者は密接不可分なつながりを有していることがわかってくる。端的な例は、島内の地名・通りなどのネーミングである。特に、毎年七月二一日に米軍が日本の厳しい占領統治からグアムを「解放」したことを記念する、「解放」記念日

(Liberation Day)に行われるパレードでは、同島の置かれてきた／いる社会的状況が如実に視覚化されて表象されている。というのも、「解放」記念日のパレードが行われるのは、Marine Corps Drive と呼ばれる大通りであり、米海兵隊の名をそのまま冠した場所となっている。これは単に、第二次世界大戦中にグアムで行われた日米の軍事的衝突の勝利者を記念・顕彰するだけでなく、戦後グアムにおけるアメリカによる軍事化を端的に象徴する場ともなっているのである。先述したように、戦後まもなくのグアムでは、島全体の三分の二が米軍の軍用地として接収されていたわけだが、現在も島全体の三分の一は米軍ならびに連邦政府の用地として使用されている（図1参照）。R・D・Kハーマンは、"Inscribing empire: Guam and the War in the Pacific National Historical Park" *Political Geography* 27 (2008) において、一九－二〇世紀転換期から現在にいたるアメリカの拡張主義と理想のせめぎ合いの中で、グアムが自由や民主主義といったアメリカの言説にいかに取り込まれているかということを国立公園や景観の変遷という視点から明らかにしている。また、同論文でハーマンは、グアムにおける（米）軍の存在と戦争の記憶の関係にも目を向けながら、やはり場所のネーミングが同島に軍の影響を刻み込んでいると指摘している。[19] ハーマンの論考は本稿の分析視角を考える上でも非常に示唆的であるが、「戦跡」の残され方を考える時、その管理・維持を行う主体の有無や内容をまず押さえていく必要がある。その上で、戦争の痕跡が残っている場所が辿ってきた歴史的背景や地政学的な位置関係を考慮すると、ただ単に戦争の記憶が想起される場所として「戦跡」を捉えるだけでなく、まさにその場・空間がどのように形成され、いかなる記憶が想起されるのかという、より精緻な観点をも浮き彫りにすることができる。グアムについて言えば、スペインに始まる植民地支配の歴史から米西戦争・第一次世界大戦を踏まえた日米の軍事的せめぎ合い、さらにアジア・太平洋戦争後のアメリカの再支配という一連の歴史的流れが「戦跡」やグアムという島そのものに投影・刻印されているのである。それでは、実際にグアムではどのような「戦跡」が残されているのであろうか（図2参照）。次に、同島を取り巻いている社会状況・国際関係

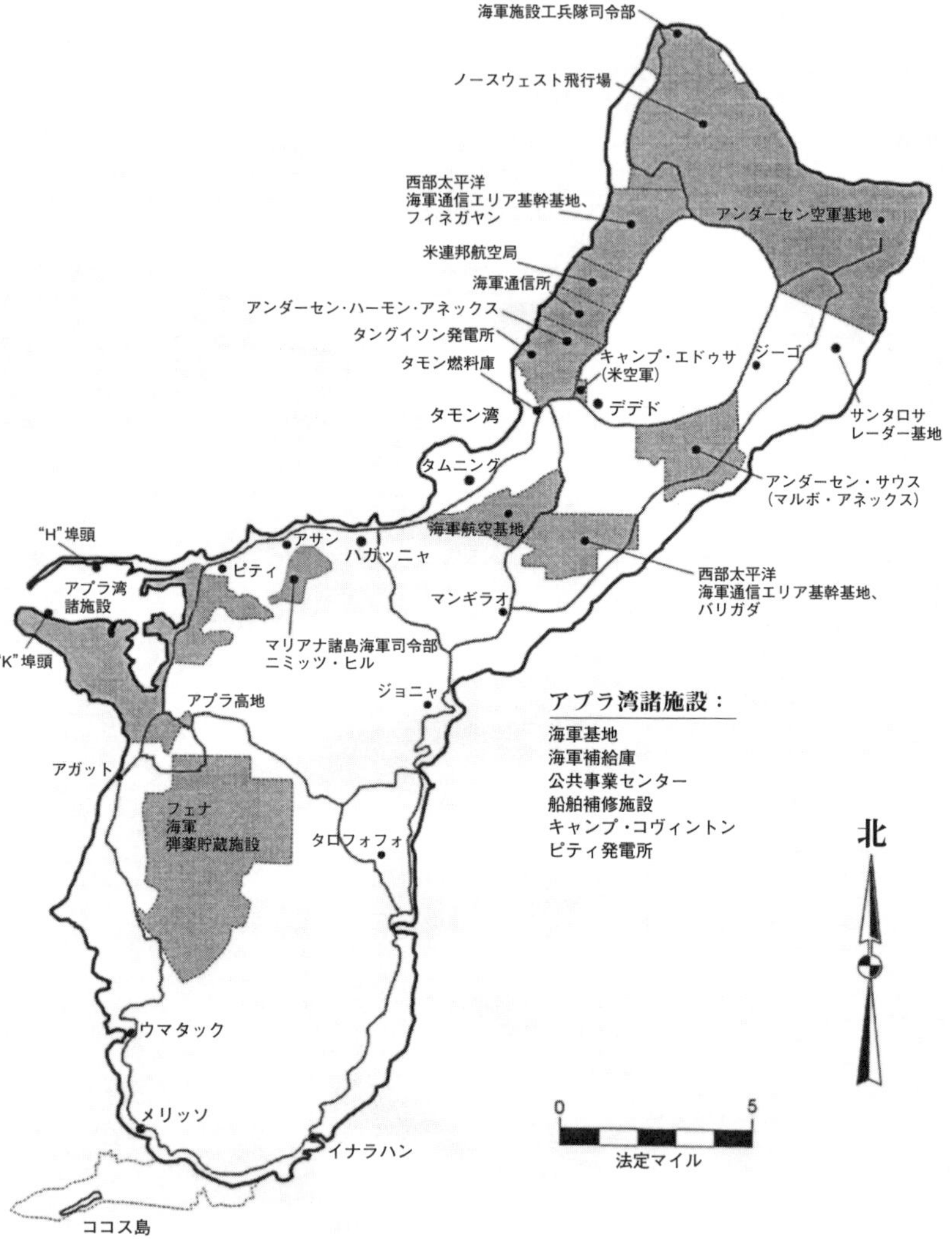

図１：グアムにおける連邦政府・軍用地（1950–1990）

出典：Rogers, Robert., *Destiny's Landfall*, (Honolulu: University of Hawai'i press, 1995), 231. の図をもとに筆者作成。

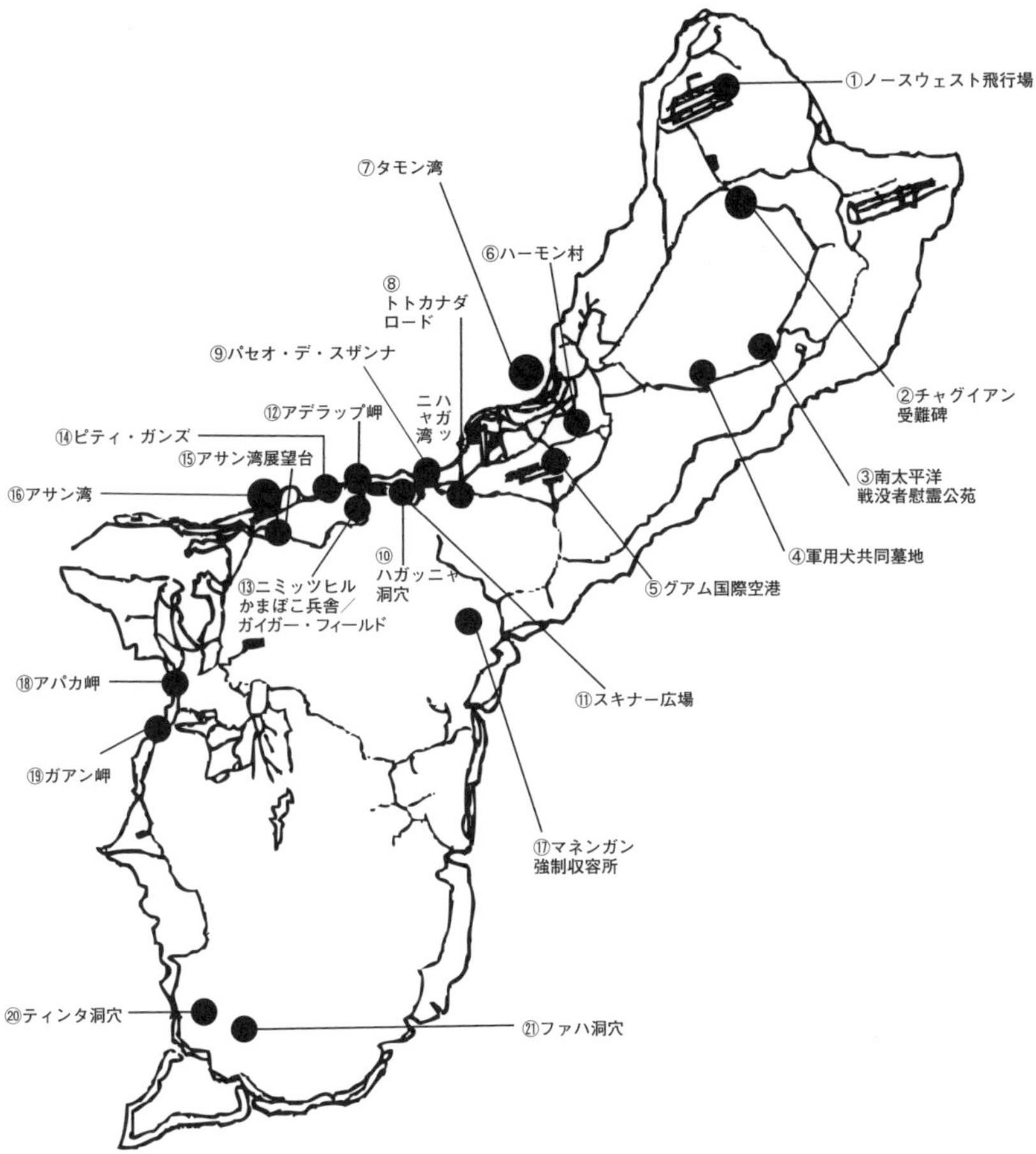

図2：グアムにおけるアジア・太平洋戦争の主な戦跡
出典：*Pacific Daily News* (July 21, 2005), 12-13.; Ibid. (July 21, 2009), 8-9. の図をもとに筆者作成。

写真１：ティンタ虐殺の碑①
出典：2015 年 7 月筆者撮影。

写真２：ティンタ虐殺の碑②
出典：2015 年 7 月筆者撮影。

の変遷も念頭に置きつつ、具体的な戦争の痕跡がいかに残されているのか、いないのかを見ていきたい。

三　グアムの戦跡

１　戦時中に戦禍を被ったチャモロに関する「戦跡」

グアムにおける戦跡に目を向けると、いくつかのカテゴリーに分けることができる。まず、戦時中に強制収容や虐殺といった戦争の惨禍を被ったチャモロに対する「戦跡」であるが、この中には地元コミュニティや記念財団などにより建立された慰霊碑・追悼碑なども含まれる。これらの追悼碑・慰霊碑を概観してみると、グアムを含むマリアナ諸島でアジア・太平洋戦争の戦闘が終結してから五〇年や六〇年といった節目の年にこうした「碑」が建立されるケースが見られる。例えば、グアム南部の村メリッソにあるティンタ・ファハの虐殺の受難碑は一九九四年に当時のメリッソ村長イグナシオ・バック・クルーズ(Ignacio "Buck" Cruz)氏により建てられている。ティンタ・ファハの虐殺とは、日本占領統治末期の一九四四年七月一五日・一六日にグアム南部のメリッソで地元住民計四六名が日本軍の機関銃掃射や手りゅう弾投擲、銃剣刺突により虐殺されたという事件である。立て続けに二

写真３：ファハ虐殺の碑①
出典：2015年７月筆者撮影。

写真４：ファハ虐殺の碑②
出典：2015年７月筆者撮影。

つの場所で日本軍によるチャモロの虐殺事件が起こったが、いずれも海岸沿いからやや内陸側に入ったジャングルや丘陵部に位置している。ティンタ虐殺とファハ虐殺の碑はともに、虐殺当時の経緯が刻まれたものと犠牲者の名前が刻まれた碑がセットになって建てられているのが特徴の一つである（写真1～4参照）。虐殺現場を訪れる人々が戦時中の虐殺という暴力の記憶を想起するに際して、約七〇年前の出来事を辿りやすくする工夫が施されている。特に、毎年七月に行われるティンタ及びファハ虐殺の現場訪問には地元の人々を含め、数十人が参加しており命を落としたチャモロの人々に向けてカトリックの祈りが捧げられるとともに、両虐殺現場の麓にある聖ディマス教会（San Dimas Church）で追悼行事が実施されている。こうした「戦跡」やその周りで行われる追悼・慰霊の諸行事については、後で詳述することにしたい。

また、マネンガン強制収容所跡のメモリアルもグアムの「戦後六〇年」にあたる二〇〇四年に建てられている（写真5参照）。設立主体は、マネンガン記念財団（Manenggon Memorial Foundation）でメンバーには、これまで同島の戦後補償問題に関わってきたグアム議会の議員などが参加している。このメモリアルが建てられているのは、日本によるグアム占領統治末期にチャモロの人々が強制収容されていた場所である。日本軍は米軍のグアム再上陸が迫ると、島内にいたチャモロを内陸部に集め、いくつかの収容所を設置した。現在、メモリアルが建てられているマネンガン渓谷を含む一帯には約九、〇〇〇人が移動させられてきたといわれており、当時いくつか置かれていた日本軍によるチャモロの収容所の中では最大規模のものであったという。こうした当時の状況を踏まえながら、改めてメモリアルがある場所を眺めてみると、一体どれほど大勢のチャモロがわずかな空間に集められたのだろうかという気がしてくる。例えば、グアムの主要紙であるパシフィック・デイリー・ニューズ紙（Pacific Daily News：以下PDNと省略）における二〇一一年七月の報道を見てみると、およそ五〇名のサバイバーと二〇〇名のコミュニティー・メンバーが同年のマネンガン追悼式に参加していたとされている。[20]つまり、当日の追悼行事参加者の約三六倍の人々がかつてこの一帯に追いやられていたことになり、チャモロの人々がいかに劣悪な状況に置かれていたかということを想像できる。

これまで触れてきたティンタ・ファハ虐殺の受難碑やマネンガン強制収容所跡のメモリアルがここ一〇年、二〇年ほどの時期に建立されているのに対し、戦後間もない時期に建てられている追悼碑がある。先ほど紹介したティンタ・ファハ虐殺の受難碑から海岸沿いまで下ってくると、聖ディマス教会（San Dimas Church）が目に入ってくる。この教会の敷地内には、両虐殺で犠牲となった地元メリッソのチャモロの人々の名前（ティンタ虐殺：一六名、ファハ虐殺三〇名）が刻まれた追悼碑が建てられており、碑にはTAYUYUTE HAM（Pray for us：我々のために祈る）と記されている（写真6参照）。建立されたのは、一九四八年であり、まさにグアムを含むマリアナ諸島でアジア・太平洋戦争の戦闘が終結してすぐのことであった。しかも、この碑の最大の特徴と言えるのが、表記は全てチャモロ語で書かれているということだ。現在グアム大学の学長を務めているロバート・アンダーウッド（Robert A. Underwood）は、一九七七年七月にPDNの日曜版（当時）である*The Sunday News*に折り込まれている雑誌*Islander Magazine*において、「赤、ホワイトウォッシュ、青――チャモロの体験に色を塗る」と題した論考を寄せているが、[21]その中で「この碑（monument）は名声を掲げるものではなく、その感銘を与えるような言葉とチャモロ語で書かれているという事実によって、むしろ心を震わせるものである。実際のところ、チャモロに捧げられているだけでなく、銘文にチャモロ語のみを使用している島で唯一の碑である」と述べている。[22] 筆者は、二〇〇九年三月から現在に至るまでの間、複数回にわたりグアムでフィールドワーク・資料収集を実施しているが、このTAYUYUTE HAMのモニュメント以外にチャモロ語のみが刻まれた記念碑を知らない。つまり、アンダーウッドの指摘は一九七七年七月時点の話だけでなく、現在のグアムに存在している記念碑についても同様のことが言えるのである。同島に現存している他の記念碑等について言えば、英語とチャモロ語が併記されている場合が多い。その意味では、このTAYUYUTE HAMのモニュメントはグアムの中で稀有な存在であると言えるだろう。

長島怜央は、先に引用したアンダーウッドの論考にも言及しながら、チャモロのアイデンティティとアメリカへの愛国心の関係からこのモニュメントの存在を分析している。[23] 例えば、グアムの「解放」記念日に対

写真５：マネンガン強制収容所跡のメモリアル
出典：2015 年 7 月筆者撮影。

写真６：TAYUYUTE HAM の碑
出典：2015 年 7 月筆者撮影。

するチャモロの人々の反応を見てみれば、彼ら／彼女らが述べていることと感じていることが必ずしも一致していないというアンダーウッドの指摘は、同島の歴史的背景を考慮してみると、非常に示唆的であるといえる。[24]

TAYUYUTE HAMのモニュメントは、戦後まもなく建立されたものだったが、逆に二〇〇〇年代に入ってから建てられた碑もある。それが、グアム北部にあるチャグイアン虐殺の慰霊碑である（写真7参照）。この慰霊碑が建っているのは、米軍によるグアム再上陸後の一九四四年八月に日本軍の物資運搬に使役されたチャモロ四五人が虐殺された場所だといわれている。ここには、白十字の簡素な慰霊碑が地元企業による寄贈で建てられており、[25]グアム大学の教員・学生のグループが中心になりこの場所を発見した後、二〇〇八年に最初の追悼式が行われている。[26]このような慰霊碑建立と追悼式開催の背景を踏まえると、まさに、忘却されたかに見えた虐殺されたチャモロの若者たちを想い起こす試みが行われているといえるのではないだろうか。

さらに、グアムという島が辿ってきた歴史的背景や現在の社会状況を考慮すると、どうしても外せない問題と絡んでくる「戦跡」もある。それが、米軍用地内に存在する虐殺現場・墓地である。フェナ虐殺の現場やオロテ半島旧スマイ墓地といった場所はいずれも現在、米（海）軍が管轄している軍用地内に位置しているため、通常は一般の人々が足を踏み入れることはできない状況がつくられている。前者については、虐殺現場の洞窟が米軍用地（海軍の弾薬貯蔵施設）内にあるため、毎年七月に行われる追悼行事の時のみ、特別に中に入ることができることになっている。その際、麓にある旧アガット墓地に現場訪問の参加者はいったん集合し、バスに同乗して米海軍施設のゲートまで向かう。そこで、米軍関係者が軍用地内に入るにあたっての注意事項などを説明し、参加者たちに同伴するかたちでともに虐殺が行われた洞窟まで行く。虐殺現場である洞窟に至る小道には米軍関係者が両脇にズラリと並んでおり、この洞窟が位置しているのがいかなる場所であるかということを否応なく感じることになる（写真8参照）。

後者のオロテ半島旧スマイ墓地については、さらに入場規制が厳しくなっている。米海軍により半島すべてが軍用地（基地）化された場所だからである。筆者は、二〇一四年に初めてこの旧スマイ墓地で行われる追悼行事に参加しようとしたのだが、事前に行事の主催者であるサンタ・リタ地区の村役場で手続きをしていなかったため、基地内に入ることができなかった。翌二〇一五年の七月にも同追悼行事に参加しようと試み、その際はきちんと事前の手続きを経ていたことで、無事に追悼行事に足を運ぶことができた（写真9参照）。事前の準備不足と言ってしまえば、それまでなのだが、他の追悼行事が行われる場所、例えば、マネンガン強制収容所跡やチャグイアン虐殺の慰霊碑などは、事前申請なしで一般に開かれている。各追悼行事における参加のプロセスの違いについては、やはり追悼行事の開催場所が軍用地内であるか否かという点が大きく関わっているといえる。逆に言えば、グアムという島では、これだけ軍（米軍）の存在が大きく、戦

写真7：チャグイアン虐殺の慰霊碑
出典：2014 年 7 月筆者撮影。

写真8：フェナ虐殺の現場訪問
出典：2015 年 7 月筆者撮影。

争の記憶の想起に関する諸活動、すなわち追悼・慰霊の諸行事にも多大な影響を及ぼしているのである。しかも、写真9にある招待通行証（Invitation Pass）の文言をよく見てみると、グアムにおける米軍の存立理由というものを改めて考えさせられる。以下に全内容を引用したい（傍点と傍線は筆者）。

【日本語訳】

招待通行証

アンディー・アンダーソン大佐

合衆国海軍グアム基地司令官

グアム海軍基地におけるスマイ記念ミサに

元スマイ村住民と彼らの子孫を招待する

二〇一五年七月二〇日　月曜日

　午前一〇時－午後二時

ミサは午前十一時開始予定、その後昼食

グアム海軍基地警備哨兵にこの招待状を見せ、

基地内での運転中は、自動車のダッシュボードに載せておいてください。

スマイ記念ミサの全ゲストは、グアム海軍基地の正門を通って出入りすること。

写真9：スマイ記念ミサの通行証
出典：2015年7月筆者撮影。

【原文】

Invitation Pass
Captain Andy Anderson,
Commanding Officer, U.S. Naval Base Guam
Invites the former residents of
Sumay Village and their descendants to the
Sumay Memorial Mass
on Naval Base Guam
Monday, 20 July 2015
10 a.m. to 2 p.m.

Mass will be held at 11 a.m., followed by a luncheon

Please show this invitation to the Naval Base Guam Security Sentry
but keep it on your vehicle dashboard while driving on base.
All Sumay Memorial Mass guests are to enter and exit
through the NBG Front Gate.

グアム海軍基地がどのような過程で現在の場所につくられたかという歴史的背景を踏まえつつ、この招待通行証の文面を読み返すと、違和感を覚えずにはいられない。同海軍基地が位置するオロテ半島（スマイ地区）は、戦前にも米海兵隊の幕舎が置かれていたが、一般の住民も暮らしていた。しかし、日本による占領統治とその後の日米戦を経た後、半島全てが米軍用地として接収され、現在に至っている。つまり、元々オロテ半島（スマイ地区）に暮らしていた人々は、自らの土地を追い出されたままのかたちになっているのである。要するに、傍点・傍線部分を見てもらえればわかるように、オロテ半島（スマイ地区）を接収した当事者である米（海）軍の司令官が、元々そこに暮らしていた人々とその子孫を記念ミサに招待するという状況が生まれているのである。チャモロの人々の追悼・想起の活動が制限されているという状況が浮き彫りになっているわけだが、表立って米軍に批判的な言説というのは、あまり耳にすることがない。

2　日本（軍）に関する「戦跡」

前項では、戦時中に戦禍を被ったり、命を落としたチャモロの「戦跡」について見てきた。つづいて、日本（軍）に関する「戦跡」に目を向けたい。まず、グアムの公的機関によって保存・維持がなされているものについて見ていきたい。グアム政府の機関として、公園レクリエーション局グアム歴史資源課（Department of Parks & Recreation, Guam Historic Resources Division）があり、また関連する組織として、非営利の公的法人であるグアム保存信託局（Guam Preservation Trust）が挙げられる。両者による歴史遺跡の維持・管理は戦争に関するものだけでなく、スペイン統治時代やそれ以前の古代チャモロの時代のものも含むなど、よりトータルなものとなっている。

そんな中、アジア・太平洋戦争に関する「戦跡」としては、ラッテ・ストーン公園の旧日本軍防空壕やサン・ラモンの旧日本軍壕がある（写真10・11参照）。どちらも、グアムの中心都市であるハガッニャ（Hagåtña）に残っているもので、壕を掘る際にはチャモロの人々が使役されていたという。各戦跡の前には、英語・チャモロ語・日本語による説明板が設置されており、その史跡がどのようなものであるのかということが端的に説明されている。

また、グアム内外の日本側関係者の働きかけで生み出された「戦跡」として、グアム北部ジーゴ地区にある南太平洋戦没者慰霊公苑（South Pacific Memorial Park）とその裏手にある叉木山戦闘司令部壕跡が挙げられる（写真12参照）。この場所は、一九四四年七月のグアム戦で日米両軍の激戦が繰り広げられた際、日本軍最後の軍司令部が置かれていた場所であり、慰霊公苑の裏手には今も司令部壕跡が残る。写真12の向かって右側の奥にその壕がひっそりと佇んでいる。この慰霊公苑は、一九六七年に南太平洋戦没者慰霊協会とSouth Pacific Memorial Association の協力で建設が進められようとしていたが、アメリカ本土の退役軍人や政治家等から激しい反対が噴出し、当初の予定とはかけ離れたかたちでつくられた。(27) まさに、日米とグアムの戦争の記憶が相克する場となっていたわけである。加えて、日本側のグアムにおける慰霊公苑建設の動きがあった

写真10：ラッテ・ストーン公園の旧日本軍防空壕
出典：2016年5月筆者撮影。

写真11：サン・ラモン旧日本軍壕
出典：2011年7月筆者撮影。

写真12：南太平洋戦没者慰霊公苑
出典：2009年3月筆者撮影。

後、アメリカ側でも同島での記念施設をつくる動きが見られるようになり、最終的にアメリカ内務省国立公園局（National Park Service）が管理する太平洋戦争国立歴史公園（War in the Pacific National Historical Park）というかたちに結実していく。南太平洋戦没者慰霊公苑建設との対比で一つ言えることは、戦争の記憶に関わるアメリカの言説（パトリオティズムや忠誠）が強力に作用しているという事実である。まだアジア・太平洋戦争が終結してから、二〇年余りしか経っていなかったということもあるかもしれないが、かつての敵国であった日本の慰霊公苑をグアムに建てるというのは、アメリカという国家レベルで見た時には、看過できない出来事だった。裏を返せば、グアムをアメリカの一部として捉える意識が働いていたともいえるのではないだろうか。太平洋戦争国立歴史公園については、次項のアメリカ（軍）に関する「戦跡」で分析を行うが、戦後グアムの再軍事化の動きとも相俟って、同公園で想起される戦争の記憶には、米軍の影が色濃く投影されている。

本項では、いずれも何らかの公的組織ないしは地元コミュニティなどにより保存・維持されている「戦跡」について述べてきた。しかし、グアムに点在する戦争の痕跡は必ずしも全てにきちんとした管理主体があるわけではない。ここで、ホテルの敷地内やビーチに点在している「戦跡」についても考えてみたい。

グアムには毎年大勢の観光客が訪れているが、同島北西部のタモン湾には、そうした観光客向けのホテルが立ち並んでいる。さらに、ビーチにも多くの観光客が見られるが、そこで目にするのは観光客だけではない。湾を歩きながら、注意して見てみると、旧日本軍のトーチカがちらほらと目に留まる。それも一つや二つではなく、四つほどが確認できる。中には、保存状態の問題もあってか、周囲の風景と同化してしまい、目を凝らさないとわからないものもある。また、ホテルの敷地内にも同様の戦争の痕跡が見られることがあるが、こちらも気にしていないと、見つけることが難しかったりする。加えて、日本をはじめとする島外からの観光客が数多く足を運ぶタモン湾では、旧日本軍のトーチカに観光客の荷物などが普通に置かれている光景もしばしば目にすることがある。戦争の痕跡が目の前にあるにも関わらず、彼ら／彼女らの意識の中では、かつてグアムでも戦争があり、現地のチャモロの人々や日米両軍の将兵が命を落としているという事実が影をひそめてしまっているのかもしれない。

これらの「戦跡」は、特に明確な管理主体があるわけではなく、放置されているに等しい場合も多い。写真13はホテルや結婚式を挙げるチャペルと並ぶようにして残っているトーチカだが、「観光」「結婚式」と「戦争の痕跡」が同居しているという居心地の悪さがある。観光客が大勢遊んでにぎわっているビーチ、ホテル街で埋め立てられつつある「戦争の痕跡」が現在のグアムには確かに存在している。まさに、「戦争を埋立てた楽園」(28)が眼前に広がっているのである。

写真13：タモン湾のトーチカ、チャペル、ホテル
出典：2015年9月筆者撮影。

3　アメリカ（軍）に関する「戦跡」

最後に、アメリカ（軍）に関する「戦跡」については、太平洋戦争国立歴史公園（War in the Pacific National Historical Park）として管理されているものが挙げられる。主なものとしては、①ピティ・ガンズ（Piti Guns）、②アサンビーチ（Asan Beach）、③ガアン・ポイント（Ga'an Point）、④アパカ・ポイント（Apaca Point）、⑤アサン湾展望台（Asan Bay Overlook）などがある。これらの「戦跡」はいずれも、アメリカ内務省国立公園局（National Park Service）が管轄しており、グアム戦における米軍上陸地点であるアサン（Asan）とアガット（Agat）をはじめとし、かつて日米両軍の激戦が行われた場所を中心に整備されている。さらにどの戦跡にもそれがいかなる背景を持つ戦跡であるかということを述

写真 14：アサン湾展望台のレリーフ
出典：2016 年 5 月筆者撮影。

べている説明板が付されているが、先述したラッテ・ストーン公園にある旧日本軍壕などと同じく英語、チャモロ語、日本語という三つの言語による表記がなされている。メリッソの聖ディマス教会にある TAYUYUTE HAM のモニュメントには、チャモロ語のみが刻まれているが、日本やアメリカに関する「戦跡」の場合は、説明の言語それ自体に意味があるというより、もっと広い範囲の人々に対して周知させるという目的の方が前面に出ているということができる。つまり、グアム島内だけでなく、観光客など島の外から来る人々に対して、各戦跡の由来を説明するという機能が果たされているといえる。

また、アメリカ（軍）に関する「戦跡」ということになると、やはり避けて通れないのが、「解放」の言説である。特に、先ほど紹介したアサン湾展望台（Asan Bay Overlook）には、「日本による苦しい占領からアメリカがグアムを解き放ってくれた」とするアメリカの「解放」（Liberation）言説が「戦跡」空間の整備に如実に表れている。写真14は、まさにこの「解放」の言説を端的に示しているレリーフであり、左から「攻撃」（Attrack）、「占領」（Occupation）、「解放」（Liberation）という三つのパートに分かれている。この展望台には、他にもいくつかレリーフや碑があるのだが、どれもアメリカによるグアムの「解放」を強調するものとなっており、それにチャモロの人々の戦時中の苦難が寄り添うような構図になっている。この「解放」の言説は、個別の「戦跡」の構成のみに止まらず、グアム全体の「戦跡」の中で、特にアメリカに関わるものの配置を俯瞰した時にも顕在化しているといえる。

例えば、四四年七月におけるグアム戦の米軍の再上陸地点は、アサンとアガットの二ヵ所であり、両地点ともそれぞれ日米両軍の間で、激しい戦闘が行われた（写真15参照）。先述したように、アサンとアガットには現在、太平洋戦争国立歴史公園として「戦跡」空間が整備されており、グアム戦の推移と照らし合わせて考えてみると、戦争の記憶の想起という意味でもグアムにおけるアメリカの存在を強調しているといえる。二つの上陸地点に焦点を当てることは、まさにアメリカによるグアムの「解放」の端緒を象徴することにもなるからである。特に、アサンに関しては、米軍の諸部隊（海兵隊や海軍、陸軍など）の働きを称えるとともに、チャモロの人々との結びつきを強調するモニュメントが建てられている（写真16参照）。ちょうど、かつて米軍が再上陸した地点で米軍とチャモロのつながりが象徴されているのである。しかし、ここでもう一度、これらの場所が太平洋戦争国立歴史公園として、国立公園局によって維持・管理されていることを思い出したい。その上で、アメリカとグアム・チャモロのつながりという点に注目してみると、日米の戦闘に関わる場所が「戦跡」として保存・管理の対象となっていることの理由も浮き彫りになってくる。

写真 15：アサン湾展望台から見た米軍再上陸地点（アサン）
出典：2016 年 5 月筆者撮影。

写真 16：アサンビーチの米軍モニュメント
出典：2014 年 7 月筆者撮影。

先に引用したハーマンは、国立公園の設立目的や歴史的変遷を太平洋におけるアメリカの拡張主義・国家の理想と関連づけながら、グアムの太平洋戦争国立歴史公園について論じている。[29]そもそも国立公園の設立には、国民統合を目指す側面が色濃く出ており、さらに、かつての戦場を国立公園局が維持・管理していくことで、戦争の記憶をアメリカの言説に取り込んでいくという流れが見られるようになる。そうすることで、グアムにおいて何が起こるかといえば、①太平洋戦争国立歴史公園のような国の史跡がチャモロの歴史や文化を認識することがなくなり、②グアム自体よりも米軍に焦点が当てられるかたちで、戦争が記念・顕彰されるようになる。[30]つまり、太平洋戦争国立歴史公園のような場所で戦争の記憶が想起される時、アメリカ（軍）の存在が前景化するのに伴い、グアムやチャモロといった存在が後景に退いてしまうのである。これは、グアムにおける戦争の記憶の表象全体において、アメリカ（軍）の存在が支配的地位を占めていると言えるほどに強力であることを顕著に示している。こうした状況は、アジア・太平洋戦争以降の同島におけるアメリカによる再軍事化の流れを踏まえると、グアムという島全体の空間形成にアメリカ（軍）が多大な衝撃を与えてきたことがはっきりと看取できるのである。

四　戦没者追悼・慰霊の空間としての「戦跡」

1　戦争を生き抜いたチャモロの追悼式への参加

グアムでは、毎年七月にアジア・太平洋戦争期の日本による占領統治やその後の日米戦で命を落とした人々の追悼式・慰霊祭をはじめ様々な追悼・慰霊の諸活動が行われる。これらの追悼式・慰霊祭などは、主に戦争の惨禍を被ったチャモロの人々に向けられるものが多いが、戦死した日米の将兵を悼むためのものもある。ここでは、これまでの筆者の研究も踏まえながら、[31] 激しい戦闘や虐殺・強制収容の現場となった場所と追悼・慰霊の諸活動との関わりに目を向けてみる。

グアム島内には、アジア・太平洋戦争に関する「戦跡」が点在しており、加えて、戦争による暴力や悲劇が起きた場所ないしは、その近くで様々な追悼・慰霊の諸行事が行われている。①チャグイアン虐殺の追悼式、②マネンガン強制収容所跡の追悼式、③ティンタ・ファハ虐殺の現場訪問・追悼式、④フェナ虐殺の現場訪問・追悼式、⑤オロテ半島旧スマイ墓地の記念ミサといった具合に、ざっと見渡しただけでも、これだけの追悼行事が行われている。これらの追悼行事は、いずれも戦時中に戦争の惨禍を被ったり、命を落としたりしたチャモロの人々に向けられたものであり、第三節第1項で見てきた「戦跡」で行われているものである。これら追悼の諸行事を見ていく際に、忘れてはならないのが、戦争を実際に生き抜いてきたサバイバーたちである。彼ら／彼女らは、自らとともに家族で追悼の諸行事に参加することもあり、追悼式のなかで自らが生き抜いた戦争の惨禍について、参加者たちに語ることもある。[32] サバイバーたちにとって、日本による占領統治とその後の日米戦に関する体験・記憶が忘れ難いものであることは間違いない。彼ら／彼女らからしてみれば、戦争の火ぶたを切ったのは紛れもなく日本であり、その存在を自らの戦争体験・戦争の記憶を語る時に外すことはできない。しかも、自らの子や孫を連れて、追悼式に参加するということは、戦争の体験・記憶を「伝えていくこと」の意味を考える上で、非常に重要な行為であるといえる。なぜなら、サバイバー側からだけでなく、子や孫の方からも積極的に追悼の諸行事に参加していこうという姿勢が見られ、[33] 世代の枠を越えて、双方向的に想起の活動が活性化されているからである。かつて、戦争の暴力や悲劇が起きた場所に自ら足を運んだり、関連する追悼行事に参加するということは、実際に戦争を経験したことのないチャモロの若者にとっても、自分たちが暮らしている島の歴史を自らにつながる出来事として捉える目を養うことにもなるだろう。つまり、より身近な問題として、戦争の時代のグアムについて考えるきっかけを掴むことにもなると言えるのではないだろうか。確かに、追悼行事への参加者は地元の人々に限らず、グアム政府・議会関係者や米軍関係者、在グアム日本総領事など多岐にわたるが、「戦跡」に絡めて追悼の諸行事がなされることで、個々の体験や記憶を「共有」「継承」するための場づくりがなされているといえる。

加えて、彼ら／彼女らの戦争体験の語りには、「赦すけれども、忘れない」[34]という表現がよく見られるということを覚えておく必要がある。日本がかつてグアムとそこに暮らすチャモロに行なったことについて、サバイバーたちが「赦し」ながらも「忘れない」でいることは重要な点である。この後でも述べるが、ここ一〇年来の期間で、チャモロの追悼式には在グアム日本総領事館の関係者や在グアム日本人有志が参加するようになってきている。この事実を踏まえながら、チャモロによる戦争の記憶の想起を考えるなら、戦時中のグアムの出来事を経て、現在の日本とグアム・チャモロという関係がいかに位置づけられるかという問いを避けて通ることはできない。

2　戦争の記憶をめぐるグアムと日本のつながり

次に、グアムにおける戦争の記憶の想起に日本がどのように関わっているのか、ということについて考えてみたい。戦時中に犠牲になったチャモロの追悼式に日本総領事や在グアム日本人有志が参加するようになったのは、二〇〇四年頃からのことである[35]。つまり、ここ一〇年来という最近になってから、チャモロの人々による追悼の諸行事に在グアム日本関係者が関わるようになってきたということになる。さらに、二〇〇五年と二〇一〇年には、在グアム日本総領事により「お詫び」や「哀悼」の意が表明されるとともに[36]、二〇一一年には式典の参加者と懇談する様子がグアムの地元紙で報道されている[37]。外務省の一機関である日本総領事館の責任者がこうした追悼行事に参加しているということは、グアムにおける戦争の記憶を想起する活動に日本も関わっていることを示している。グアム・チャモロと日本との関わりを考える時、戦後グアムで発展してきた観光業でのつながりに目がいきやすいかもしれないが、同島における戦争の記憶の想起に日本も関わってきているということを覚えておかなければならない。アジア・太平洋戦争中のグアムにおける戦争被害が日米によるものであることを考えると、一方の当事者でもある日本の代表（総領事）がチャモロの追悼式に参加することは非常に重要な行為であるといえる。[38]グアムにおける戦争の惨禍——それも多くは日本軍により惹き起こされた——を想起する活動に日本側が参加するようになったことと、グアム・チャモロ側による「赦し」への言及を照らし合わせれば、両者の間で戦争の記憶をめぐる「回路」がつながりつつあるといえるだろう。しかし、ここで忘れてはならないのが、チャモロの人々は同時に「忘れない」とも言っているということだ。実際に日本による占領統治を経験してきたサバイバーたちが当時の出来事について、「赦す」としながらも「忘れない」と述べていることの意味は慎重に考えなければならない。過酷な時期を生き抜いてきたチャモロの人々にとって、日本とのつながりは緊張関係をはらむものでありうるし、日本側の関係者もそのことをしっかり理解していく必要がある。もちろん、筆者自身を含めて研究者としてグアムに関わろうとする者にも同じことがいえる。筆者は同島での研究活動において、日本占領統治期を生き抜いてきたサバイバーをはじめとするグアム・チャモロの人々と交わっていく中で、時として感情的な反応に直面することもあった。表立っては、平穏に接してくれているとしても、彼ら／彼女らが抱えている感情には、グアムが辿ってきた戦争や植民地支配の歴史が深々と刻まれているのである。

「戦跡」とのつながりから考えてみると、こうした追悼・慰霊の諸活動が実際の現場やその近くで行われるということは、式典等への参加者たちが戦時中のグアムやそこで暮らしていた人々に思いをめぐらす——「想起する」——という営みをより強く促すものだといえる。かつて、実際にその場・空間で起こった出来事を想い起こすという行為は、時として生者に牙をむくこともありうる。本稿の最初でも述べたように、グアムで戦争の記憶を想起するということは、往々にして生者や死者を含むつながりに不均衡な権力関係を色濃く映し出すことがある。つまり、想起される戦争の記憶の「複雑さ」が顕在化してくるのである。戦争という状況の中で生まれた暴力や悲劇を想起するのであれば、なおさらである。そう考えると、「戦跡」という場は、実は非常に危うい空間なのではないかという気がしてくる。しかし、一方で戦争により亡くなった人々を想起することが、新たな「記憶の回路」を形成する可能性も秘めている。これらの点については、筆者自身の立ち位置も含めて、先述の通りである。

戦争の記憶の複雑さということでいうと、同じ戦跡で行われる追悼・慰霊の諸行事でも式典の主催者や参加者の違い、構成されているプログラムの内容如何によって、想起される中身も変わってくるということも注目すべき点である。グアムでは、ここ数年、在グアム日本人の中からチャモロの人々が主催する追悼行事とは別に、自分たちで戦没者慰霊祭を執り行う動きが出始めている。それが「戦争を風化させない会」(Pacific War Memorial Association Guam) が主催する慰霊祭である。筆者は、二〇一四年と二〇一五年の二回にわたり、本慰霊祭のフィールドワークを行ったが、以下、その時の様子を簡単に振り返りながら、戦跡とそこで想起される記憶・体験のつながりについて、見ていきたい。

まず、この戦没者慰霊祭は、マネンガン強制収容所跡及びFonte Plateau Last Commander Post[39]で執り行われており、日本の神道や仏教形式を取り入れたプログラムが組まれるとともに、参加者による玉串奉拝礼や靖国神社神職による祝詞奏上などがある。式典の参加者も日本から来ている人が多く、しかも、私的訪問というかたちではあるが、国会議員も数名参加している。日本の国会議員の参加は、チャモロの追悼式では見られなかった。グアム議会や地元コミュニティの関係者なども出席していたが、規模としては少人数だった。加えて、グアム側の参加者も神道形式の作法に則って、式典に参加する様子が見られ、中には「二礼二拍手一礼」で玉串奉拝礼を行うグアム側参加者もおり、その場を目撃していた筆者は驚きを隠せなかった。なぜなら、アジア・太平洋戦争開戦以来、二年七カ月にわたりグアムを占領統治していた日本は、現地住民に

「お辞儀」を強制し、きちんと行わなかった者には、身体的な懲罰を加えていたという事実があったからだ。[40]在グアム日本人有志による戦没者慰霊祭における「二礼二拍手一礼」と日本による占領統治期グアムにおける「お辞儀」の強制を照らし合わせてみると、慰霊祭という空間で戦争の記憶が想起されることがはらむ「危うさ」のようなものを垣間見ることができる。つまり、「二礼二拍手一礼」という行為が戦時期グアムにおける「お辞儀」の強制という「過去の苦難の記憶」を不意に想い起こさせる可能性を持っているのである。こうした「危うさ」は、慰霊祭に参加している全ての人々に降りかかってくるものであり、個々の参加者一人一人が戦争の記憶を想起するという行為における自らの立ち位置を厳しく問われることになるのである。こうした想起の活動における個々の立ち位置の問題は、チャモロによる追悼行事に比べて、より鮮明に浮かび上がってくるといえる。

加えて、「戦争を風化させない会」による戦没者慰霊祭は、マネンガン記念財団による追悼式と同じく、マネンガン強制収容所跡でも実施されている。これは、強制収容という戦争の惨禍を被ったチャモロに対しても、一定程度の敬意が払われているともいえるが、式典の内容は変わらず日本の神道・仏教形式を中心とするものであり、参加者や主催者のスピーチを見てみても、日本側とグアム側の関係者の間には、戦中から戦後にかけてのグアム認識について、同島が辿ってきた歴史的背景や社会状況に関わる「ズレ」が存在しているといえる。この「ズレ」の詳細については、別途学会報告の内容に譲るが、[41]いずれにせよ同じ「戦跡」で追悼・慰霊の諸活動が行われる場合でも、それに携わる様々な主体の不均衡な権力関係が投影されることで、必ずしも同じ内容が想起されるとは限らないということがいえる。

こうした日本人主催の戦没者慰霊祭について、チャモロの人々の受け取り方を考えてみると、彼ら／彼女らが主催している追悼行事ほどには、積極的に関わっているとは思えない節がある。先に触れたように、グアム側関係者の参加状況がチャモロの追悼行事に比べて小規模であることに加え、戦没者慰霊祭の対象が日本軍将兵をメインとして取り扱っていることも関係していると考えられる。「赦すけれども、忘れない」というグアム・チャモロの人々の戦争の記憶の語りが示すように、同島で日本軍将兵向けの戦没者慰霊を執り行うということは、現地の人々にとって、やはりセンシティブな側面をはらんでいるといえるだろう。これらグアムにおける戦没者慰霊活動の実践については、また稿を改めて論じたいが、かつて日本が占領統治を行い、その後日米両軍の激戦が繰り広げられたグアムで追悼・慰霊の諸行事を行うということは、「戦跡」が持つ想起の作用を強めるという効果と相俟って、より明確に各主体の関係性の内実を浮き彫りにするのである。

おわりに――「戦跡」で想起されるもの

日本による占領統治やその後の日米戦の中で命を落としたチャモロの追悼式において、日本の関係者がグアム現地の人々とつながりを持つ機会を得ているということは、やはり注目しておきたい点である。それは、チャモロのサバイバーたちの追悼式への参加と照らし合わせて考えてみるとよくわかる。つまり、かつてグアムを占領統治していた日本にルーツを持つ者たちと当時をよく知るサバイバーたちが同じ空間に集い、戦禍を被ったチャモロを追悼しているという構図が浮かび上がるのである。まだまだ不十分なものであるかもしれないが、一度は埋立てられ、途切れたと思われていたグアムと日本の間の戦争の記憶をめぐるつながりが回復しつつあることを確認できる。

こうした動きは、日本（の人々）がグアムとそこに暮らすチャモロが被ってきた戦争被害や植民地支配の歴史に向き合う上で、非常に重要なものであるということができる。再び形成されつつある、この「つながり」をこれからも維持・発展させていくことが、グアムでかつて占領統治を行い、アメリカとの戦闘で多大な被害をもたらした日本にとって大きな課題である。さらに、個々のレベルで考えてみても、グアムの「楽園」ではない部分、すなわち過去の「戦争の断片」を拾い上げていくことが求められている。つまり、追悼式への参加や「戦跡」訪問といった活動をしていくことにより、グアムが戦争の惨禍を被ってきたことに思いを致すことが、上記の「つながり」の維持・発展にむけた第一歩となるのである。そういう意味では、「戦跡」という存在は、戦争の記憶をめぐる「回路」をつなげていくための最初のきっかけになりうる。何気ない「楽園」の中にも「戦争の痕跡」が刻まれているということを少し考えてみるだけでも、上述した「つながり」の回復に近づけるのではないだろうか。実際に現地に足を運ぶことができなくても、グアムがかつて日米による戦争の舞台であったことを知ろうとする姿勢は忘れてはならないだろう。

しかし、この戦争の記憶をめぐる「つながり」も決して単純なものではない。最後に言及した戦没者慰霊祭では、在グアム日本人有志の中から式典を挙行する動きが出てきたことが一つの特徴だといえる。慰霊祭の中で語られるのは、グアムにおける戦争で犠牲になった全ての人々（日米両軍の将兵、グアムの現地住民）を慰霊するという姿勢だった。しかし、慰霊祭そのものは神道形式で行われており、そこには明らかに旧日本軍将兵に対する「慰霊」と「顕彰」が織り交ざった様子を垣間見ることができる。「日本人に寄り添っているグアム」という見方もできるが、同じ「戦跡」で行われる追悼・慰霊の行事であっても主催者・参加者の違いやプログラムの構成によって、想起される戦争の記憶が変化してくるといえるだろう。

また、一方でグアムという島が置かれてきた／いる社会状況、すなわち、日米による軍事的せめぎ合いとアメリカによる再軍事化の問題が「戦跡」空間の形成に多大な影響を及ぼしているという点も改めて指摘しておきたい。先に述べたように、太平洋戦争国立歴史公園をはじめとする国レベルでの「戦跡」の維持・管理がアメリカの言説を前景化させるという状況がグアムでは見られる。しかし、他方でグアムにおける追悼・記念の諸活動にアメリカがどこまで主体的に関わっているかという問題もある。同島におけるアメリカのアクターとしては、国立公園局や米軍の関係者が挙げられるが、彼らはチャモロの追悼行事をサポートしたり、賓客として参加することはあっても、自分たちが主催するかたちでの追悼・記念の行事は現在行っていない。数年前まで、七月に太平洋戦争国立歴史公園の一部であるアサン湾展望台で追悼行事を行っていたケースはあるものの、式典の主催者として行事を取り仕切るというかたちは、あまり見られない。ただ裏を返せば、自らが追悼行事を主催するかたちを取らなくても、すでに島の「戦跡」空間には、アメリカの言説が色濃く投影されているという状況が背景にあるともいえるだろう。主体的に追悼行事を企画せずとも、戦争の体験・記憶の想起におけるアメリカ（軍）の存在感は——ことの良し悪しはまた別問題だが——それだけ大きなものであるということを図らずも証明しているといえるのではないだろうか。「戦跡」には、様々な戦争の記憶がとどまっているといえるが、その時々の時代背景や社会状況、想起する主体により、異なる記憶が想い起こされる。「想起すること」の作用が強まる場所が「戦跡」であるとしても、その内容は可変的であるという点を忘れてはならない。

謝辞

本研究は、現地でのフィールドワーク・資料収集を行うに際して、ＪＳＰＳ科研費（特別研究員奨励費）JP15J02602の助成を受けたものです。なお、本稿は二〇一五年の『日本オセアニア学会 NEWSLETTER』（一一一）に掲載された拙稿「グアムにおける戦争の記憶の表象——追悼・慰霊の場から考える」を元にして、大幅に加筆修正したものです。グアムやサイパンにおけるこれまでの現地調査でお世話になった全ての方々に、この場をお借りして感謝の意を表します。

注

（1）Sanchez, Pedro C., *Guahan Guam: The History of our Island* (Agana: Sanchez Publishing House, 1989),187, 215-217.; Carano, Paul & Sanchez, Pedro C., *A complete History of Guam* (Rutland, Tokyo: Charles E. Tuttle Company, 1964),274, 287-289.

（2）粟津賢太「〈研究動向〉慰霊・追悼研究の現在」『思想』一〇九六号、（二〇一五年八月）。

（3）木村勝彦「趣旨説明　慰霊の地をツーリズム対象とすること」『宗教と社会』（一九）、二〇一三年、一九〇―一九一頁。

（4）木村、同上、一八九頁。

（5）西村明「歴史の闇を観る――観光都市長崎における原爆慰霊の位置」『宗教と社会』（一九）、二〇一三年、一九三頁。

（6）山口誠『グアムと日本人――戦争を埋立てた楽園』岩波新書、二〇〇七年、六六―七六頁。

（7）福間良明『「戦跡」の戦後史――せめぎあう遺構とモニュメント』岩波書店、二〇一五年、二四七頁。

（8）福間良明「戦跡の「発明」と地域の記憶」『図書』七八四号、（二〇一四年六月）、二三―二四頁。

（9）マリタ・スターケン（岩崎稔・杉山茂・千田有紀・高橋明史・平山陽洋訳）『アメリカという記憶――ベトナム戦争、エイズ、記念碑的表象』未來社、二〇一四年、九〇―九二頁。

（10）同上。

（11）北村毅『死者たちの戦後誌――沖縄戦跡をめぐる人びとの記憶』御茶の水書房、二〇〇九年、三四―三五頁。

（12）北村、同上書、二四頁。

（13）北村、同上書でも「景観」ないしは「風景」に着目した分析・考察がなされているが、同様のアプローチを取っているものとして、ケネス・E・フット（和田光弘ほか訳）『記念碑の語るアメリカ――暴力と追悼の風景』名古屋大学出版会、二〇〇二年（原著は一九九七年刊行）などが挙げられる。『記念碑の語るアメリカ』では、悲劇や暴力が刻まれた景観の変容のパターンとして、「聖別（sanctification）」、「選別（designation）」、「復旧（rectification）」、「抹消（obliteration）」の四つに分類している。必ずしも戦争による悲劇や暴力のみを取り上げているわけではないが、北村『死者たちの戦後誌』と併せて、本稿のテーマを考える上で、非常に示唆的である。

（14）中山京子「ゾーリ？　ダイゴ？　コーバン？――チャモロ語にみる日本統治の名残」中山京子（編著）『グア

ム・サイパン・マリアナ諸島を知るための五四章』明石書店、七二―七五頁。

（15） Sanchez, *Guahan*, 203.; Carano & Sanchez, *A complete*, 282.; Rogers, Robert F., *Destiny's Landfall (Revised Edition)*, (Honolulu: University of Hawai'i press, 2011[1995]), 160. また、石上正夫（作）・こさかしげる（絵）『海と星と太陽と――フィリップ・メンディオラの生涯』あすなろ書房、一九八八年には、ロタ島出身のチャモロであるフィリップ・メンディオラの日本占領統治期グアムにおける体験が記されている。

（16） 長島怜央『アメリカとグアム――植民地主義、レイシズム、先住民』有信堂高文社、二〇一五年、一一〇、一三四、一九五―一九七頁。また、マリアナ諸島における記念の諸活動を北マリアナ諸島とグアム、それぞれの状況を日米との歴史的つながりも踏まえながら分析したものとして、Camacho, Keith L., *Cultures of Commemoration: The politics of war, memory, and history in the Mariana Islands* (Honolulu: University of Hawai'i press,2011) も参照。なお、同書の内容に関連するものとして、以下の論考がある。二つ目の論考については、同書の第一章を抄訳したものとなっている。

キース・L・カマチョ（畠山望訳）「マリアナ諸島で大戦を記念する日本人」矢口祐人・森茂岳雄・中山京子編『真珠湾を語る――歴史・記憶・教育』東京大学出版会、二〇一一年；キース・L・カマチョ（西村明・町泰樹訳）「忠誠と解放」『思想』一〇九六号、（二〇一五年八月）。

（17） Sanchez, Pedro C., *Guahan*, 254.

（18） Ibid., 252.

（19） Herman, R. D. K., "Inscribing empire: Guam and the War in the Pacific National Historical Park" *Political Geography* 27 (2008), 640.

また、グアムにおけるアメリカ植民地支配の歴史をマリアナ諸島全体における記念の諸活動の文脈で位置づけたものとして、Camacho, *Cultures of Commemoration*, 21-30.; カマチョ「忠誠と解放」、一九〇―一九九頁も参照。

（20） *Pacific Daily News* (July11, 2011), 1.

（21） Robert A. Underwood, "Red, Whitewash and Blue: Painting over the Chamorro Experience," *Islander Magazine* in *The Sunday News* (July 17), 6-8.

（22） Ibid., 6.

（23） 長島『アメリカとグアム』、一七二―一七四頁。

(24) 同上：Underwood, "Red, Whitewash and Blue"
(25) *Pacific Daily News* (July 16, 2008), 1, 4.; Ibid. (July 21), 15.
(26) Ibid. (July 8, 2008), 3.; Ibid. (July 15, 2008), 2.
(27) 南太平洋戦没者慰霊公苑の建設経緯については、山口誠『グアムと日本人――戦争を埋立てた楽園』岩波新書、二〇〇七年、長島怜央「グアムにおけるアメリカ政府への戦後補償要求――一九七〇年代〜一九九〇年代初頭のパトリオティズムとの関わりを中心に」『季刊　戦争責任研究』(六七)、二〇一〇年、Camacho, *Cultures of Commemoration*, 100-104.; カマチョ「マリアナ諸島で大戦を記念する日本人」一〇五―一〇八頁等を参照。
(28) 山口誠は、グアムにおける観光産業の発展と日本との関わりをメディア学や社会学の観点から分析・考察しているが、著書の副題にもなっている「戦争を埋立てた楽園」という表現は、まさに現在のグアムの様子を端的に表すものとなっている（山口、『グアムと日本人』）。
(29) Herman, "Inscribing empire"
(30) Ibid., 641-645.
(31) 拙稿「グアムにおける戦争の記憶の表象――追悼・慰霊の場から考える」『日本オセアニア学会　NEWSLETTER』(一一二)、二〇一五年、一―一二頁。日本オセアニア学会ホームページより閲覧可能。http://www.jsos.net/nlpapers/NL111_01-12.pdf.
筆者はこの論考の中で、グアムにおける追悼・慰霊の空間形成を日米との関わりも踏まえながら論じており、先述した通り、本稿の執筆にあたっては、同論文を改稿した。
(32) *Pacific Daily News* (July 17, 2007), 3.; Ibid.(July 16, 2008), 2.; Ibid. (July 11, 2010), 3.
(33) Ibid.
(34) サバイバーやその家族などによる「赦す」や「忘れない」といった表現は、追悼式等の新聞報道でも散見される。以下を参照。*Pacific Daily News* (July 17, 2007), 3.; Ibid. (July 16, 2008), 2.; Ibid. (July 11, 2010), 3.; Ibid. (July 25, 2010), 15.; Ibid. (July 22, 2011), 3.
(35) Ibid.(July 22, 2005), 4.
(36) Ibid.(July11, 2010), 3.

"Today, having the opportunity to attend the memorial service and to lay a wreath, I truly express feelings of deep sympathy and sincere apology as a husband, a father and a human being that the people of Guam became (victims)"; Ibid. (July 16, 2005), 2.

"I want to express my profound condolences and deepest sympathies to all the Cha- morro people who lost their lives and to those who survived and experienced physical and mental pain"

"I laid the flowers at Tinta and Faha today as an expression of my heartfelt apologies"

(37) *Marianas Variety* (Guam edition) (July 11, 2011), 1.

(38) *Pacific Daily News* (July 16, 2005), 2. 当時の日本総領事は、日本政府の代表にとって、これら戦時中に命を落としたり、被害を受けた全ての人々に敬意を払う行事に参加することは非常に重要であると述べたという。また、筆者が二〇一四年七月にグアムにおける現地調査で在ハガッニャ日本総領事館を訪れた際には、首席領事及び現地の総領事館職員から日本総領事の追悼行事への参加について話を聞くことができた。それによると、二〇〇四年頃から日本総領事がチャモロの追悼式に参加するようになった背景には、グアム側からの参加の打診があったという。それに対して、総領事館側は当初、行事への参加について躊躇する面もあったというが、最終的には参加することになった。グアム側が参加を打診した具体的な動機等については、さらに調査を進める必要があるが、同島における戦争の記憶を想起する活動に日本側が参加する大きな契機になったことは間違いないだろう。

(39) ニミッツ・ヒルのアサン湾展望台から少し降った場所にある。米軍がグアムに再上陸した際、最初に日本軍の師団司令部が置かれていた。

(40) Sanchez, *Guahan*, 187.

(41) 筆者は、二〇一六年五月一九日〜二一日までグアムで開催された22nd Pacific History Association Conference にて、"Entangled war memories in Guam: Aspects of "commemorative" and "memorial" events" と題する報告を行った。そこで、グアムにおける戦争の記憶の想起には、追悼・慰霊の要素と記念・顕彰の要素が絡まり合って展開されていることを明らかにした。その際、諸行事の参加者や主催者の内容に注目するとともに、グアムの歴史的背景や社会状況にも目を向けることで、同島で想起される戦争の記憶の「複雑さ」にも言及している。

第8章　キリー・キャンベルの収集活動から見る歴史意識の変容
——南アフリカにおけるアーカイブズ構築の一事例

上林朋広

はじめに

南アフリカ、クワズールー・ナタール州、インド洋に面する海岸都市ダーバンの高級住宅地ベリア。海からは見上げる形となる丘陵の、そのまた頂上に、ケープダッチスタイルで建てられた古い屋敷が聳えている。南アフリカ固有の植物が繁茂する庭を臨む屋敷の中には、初期入植者の調度品、アフリカ人の日用品やビーズ細工などの伝統的工芸品が保存されている。そして一九七〇年代に建てられた別棟には、南アフリカの歴史、特にこの屋敷が位置するクワズールー・ナタールの歴史に関する大量の書物や手稿が収蔵され、研究者に開かれた図書館として機能している。

現在はクワズールー・ナタール大学が所有するこの屋敷は元々砂糖産業で財をなしたキャンベル家の住居であった。そして、内部に収められた歴史的史資料は、この屋敷に最期まで住んだキリー・キャンベル（Killie Campbell）という一人のイギリス系白人女性の尽力によって収集された。ナタール植民地の、そして南アフリカの歴史的発展と結びついた家族の歴史に釣り合うように住居を歴史的な品々で満たさなければならない、そのような強迫観念に取り憑かれたかのように、彼女は書物・手稿・工芸品から植物の種子に至るまで南アフリカに関わる史資料を精力的に集め、南アフリカに関わるモノで満ちた濃密な空間を作り上げたのである。

キリー・キャンベルの収集活動は、第一次世界大戦後に本格的に開始され、第二次世界大戦、国民党政権成立に伴うアパルトヘイト体制の開始、南アフリカの共和制への移行とコモンウェルス離脱という激動の時代を背景として展開された。生前すでに著名な収集家であったキャンベルは、彼女の収集活動とそのコレクションについて語ることを求められる機会も多かった。しかし、自身の収集した愛着のある書物やモノが余りにも多量で多岐に渡るためであろう、彼女がコレクションについて語るとき、それらを簡潔にまとめて説明することへのためらいが見られる。[1] そして、集めた本人のように愛着を持たない筆者にしても、多岐にわたるコレクションの南アフリカ史における意義を一つの論文に要領よくまとめることは不可能な課題と感じられる。それゆえに本稿は、その主眼を、既に収集されたモノの意義にではなく、集めるというプロセスそれ自体に置く。収集活動を「物質世界との関わり方を構成し、自己を造り上げる」行為であると述べる、[2] 博物館学者スーザン・ピアース（Susan Pearce）に倣って言えば、本稿の目的は、書物や工芸品を収集し、整理するという行為を通して、キャンベルが、南アフリカの歴史を物語る秩序を構成し、入植者社会の発展を中心として自分自身を、そして南アフリカに住む人々を位置付ける、その様態を明らかにすることである。

収集することによって特定の歴史像を提示しようとするキャンベルの試みは、しかし、複雑な時代状況と絡まり、縺れる。まずはその縺れの存在を把握するために、新聞記事を二つ引用したい。どちらも、キャンベルが彼女に関係する新聞記事を集めたスクラップブックに収められていたものである。

一つ目の記事はナタールの有力紙『ナタール・マーキュリー』の編集者宛で書かれた意見広告である。キャンベルも提案者に名を列ね、「フォールトレッカーの日——連帯への呼びかけ」[3]と題されたこの記事は、一九四九年に完成したプレトリア郊外にある、巨大なアフリカーナー（Afrikaner）の記念碑、フォールトレッカー・モニュメントの完成を記念した集会にイギリス系白人も参加することを呼びかける。

「スマッツ将軍の全ての南アフリカ人にフォールトレッカーの式典に参加し、フォールトレッカーの記憶を寿ぐことを一方の集団にのみ任せてはならないという声高な呼びかけは、私たちに強く訴えかけた。私たちは特に私たちイギリス系南アフリカ人（our English-speaking South Africans）に、国民の連帯のために、この呼びかけに応答することを求めたい[4]」。この声明からはアフリカーナーとの協調を促し、南アフリカにおける白人の連帯を唱える政治姿勢をキャンベルが保持していたことが分かる。

しかし、一方で、キャンベルは、アフリカーナーを支持母体とする国民党政権の政策に強い反発を示すこともあった。もう一つの記事は、この方向での彼女の政治活動を伝えるものだ。

「ダーバン、金曜日。黒いたすきを掛けた、護憲女性同盟ナタール理事会のメンバーが、正午ダーバン郵便局の階段の頂上に立った。それは、連邦成立に導いた全国代表者会議の第一回会合が四七年前にこの建物で開かれたという事実を記念するプラークの掛かる円柱の前で、一時間の無言の抗議表明をするためである」。記事は同時に、抗議を表明する二人の女性の写真を掲載している。左手に写るキリー・キャンベルは、九月のダーバンの夜の寒さに耐えるためであろう、長い厚手のコートを着て、革の手袋を身につけている。肩からかけた黒のたすきが、彼女の両親がその成立に尽力した一九一〇年の南アフリカ憲法が失われることへの抗議と喪の姿勢を示している[5]。黒いたすきにちなみブラック・サッシュと呼ばれるこの団体は、カラードと呼ばれる混血の人々の選挙権を排除することを目的とした憲法改正を推し進める国民党への反対を目的として設立された。

二つの記事で描かれた事象を時系列上の二つの点として俯瞰的に眺める視点をもってすれば、これらの記事が同一の人物の行動を表していることは、奇妙なことと映るだろう。なぜ彼女は一方でアフリカ人を僅少な土地に押し込め労働力として活用することを基礎に置き、社会のあらゆる場面で人種の分離を強制するアパルトヘイト体制の支持基盤となっているアフリカーナーとの連帯を唱え、他方で、国民党政権の政策を非難し、アパルトヘイト体制下の南アフリカで白人の良心とも認識されているブラック・サッシュとしての活動に心血を注ぐのか。彼女のこのような政治姿勢の揺れはいかにして捉えることができるだろうか。まずは、この矛盾とも見える事象を本稿が検討するべき問いとして提示したい。

この問いを考える手がかりは先の新聞記事の中にあるように思われる。上記のキリー・キャンベルに関わる二つの記事のどちらもが、記念碑をその背景としてなされた、彼女の政治活動を取り上げていることに注目しよう。一つは、プレトリアのはずれに建てられた、巨大なフォールトレッカー・モニュメントであり、もう一つは南アフリカ連邦の成立を記念するプラークである。これらの記念碑は、南アフリカの歴史を一つの物語として捉えることを支えるものだ。フォールトレッカー記念碑が支持するのは、圧政から逃れ、土地を切り拓くアフリカーナー開拓者の苦難の歩みとして南アフリカ史を捉える物語である。もう一つの憲法制定を記念するプラークは、南アフリカを、イギリス・ドミニオンを構成する一つの国家として定位する。

これらの物語は記憶の場として過去に関わるものであると同時に、ありうべき未来を指し示すものでもある。キリー・キャンベル自身、南アフリカの歴史的遺産を選定する政府の委員会、自然・歴史記念碑委員会(Natural and Historical Monument Commission)の委員として一九四〇年に女性として初めて任命され、同委員会で活動をする中で、記念碑が提示する現在の国家の有り様を説明する物語の一部としてのモニュメントの役割を意識してきたことだろう。しかし、現在を説明する物語は、巨大なものにのみまとわりついているのではない。本稿は、キリー・キャンベルが集めたもの全てに――書物、手稿、手紙に、ビーズ細工、絵画、家具、工芸品に――物語は付随していると考えるべきであり、これらの収集物は、集合体として特定の秩序のもとに配置されることによって、より大きな物語を紡ぎ出すと主張する。先述の一見矛盾とも思えるキャンベルの政治姿勢に着目することは、キリー・キャンベルの収集活動の歴史をたどる際に、キリー・キャンベルという人物が、その収集活動の重点をずらし、収集物に対する語り方を変えていく様に注目することを要請する。一度構築された物語も、二〇世紀南アフリカという激動の舞台を背景として、書き直さざるを得なくなったのだ。このことは、彼女の周りに付着する多様な修飾語(6)を彼女が収集活動を進める中で捉え直し、アフリカーナー・ナショナリズムの興隆に対峙していったのかを明らかにすることにつながるだろう。本稿の目的は、キリー・キャンベル・アフリカナ図書館の形成の歴史を通して、個人のアイデンティティとアーカイヴとの間の、またコレクションの構築と歴史的ナラティブとの間の共振と共鳴のメカニズムを解き明かすことである(7)。

本稿の構成

おそらくは多くの読者にとって馴染みのない南アフリカの歴史を対象とする本稿の道標として、まずはその構成を示しておきたい。第一節では、キリー・キャンベルの生涯とそのコレクションの概略を簡潔にまとめた。第二節では、キャンベルの収集活動をより大きな文脈に位置付けて理解するために、南アフリカ史におけるアフリカナ（Africana）の収集について説明する。アフリカナという言葉は何を指示し、その収集家は何を目的として、どのように収集していたのか。この節では、これらの問いに、主にシドニー・メンデルスゾーンとジョン・ガビンズという二人の著名なアフリカナ収集家の活動を検討し、彼らの収集活動が、南アフリカを、イギリス・ドミニオンの構成国と位置づけた上で、アフリカーナーとイギリス系との和解を重視する南アフリカ主義（South Africanism）という立場に基礎付けられていたと主張することによって答える。キャンベル以前に活躍した収集家を検討することで本節は、次節で彼女の収集活動を南アフリカの政治文化史に位置付けて検討することを可能にする。第三節では、キリー・キャンベルが自身のコレクションを意義付ける、その仕方が国民党政権の成立を境に変化する様を描く。キャンベルが収集活動を始めた当初においては、彼女の活動は、彼女の父親を含めイギリス系白人の間で高まった南アフリカ主義の観点に立つものであった。すなわち、国民党政権成立以前のキャンベルの政治活動の力点は、両集団に共通の過去を認識させ、南アフリカ国民としての一体感を醸成することにあったのである。しかし、一九四八年にアフリカーナーを中心とした国民党政権が成立して以降、キャンベルは、力点をイギリス系入植者の歴史の発掘、及びそれを顕彰することに移す。本節では、彼女の政治的意識の変化に伴ってコレクションが持つ位置づけが変わっていく過程を、特に彼女のブラック・サッシュとしての政治活動とナタール州における入植百周年祭での彼女の尽力に焦点を合わせて叙述する。

史料に関して

キリー・キャンベルは名誉心とは無縁の人であった。彼女は、他の著名な収集家、例えば収集活動における自身の哲学的基礎を公刊したガビンズや、収集した文献を目録として出版したメンデルスゾーンとは異なり、自著を出版することはなかった。また、彼女が心血を注いだアフリカナ収集においても、入植者の古い調度品を中心とした博物館を自宅に開いた際には、兄ウィリアムの名を冠したし、ナタール州植民百周年記念祭においては、資料の収集や歴史の一コマを描いた山車の検証などその成功に尽力したにもかかわらず、自分の名前を出すことはしなかった。さらには、自身の蔵書票にも、この書物のコレクションを父と叔父の思い出に捧ぐと記している。

しかし、確かにキャンベルは、著書こそ残していないが、長年にわたる彼女の活動の痕跡は多く残されている。歴史的に重要な場所や資料の保存を訴えた新聞への寄稿や投書、自身のコレクションについて語った講演原稿なども残している。また多年にわたる日々の収集活動において蓄積された数多くの手紙も見ることができる。本稿は、これらを史料として利用することで、キャンベルが情熱を持って取り組んだアフリカナ収集活動と収集されたものが作り出す秩序を再構成することを目指す。

一 「故国への情熱的な愛着」――キリー・キャンベルの生涯と収集活動

「おそらく、私の故国、南アフリカへの情熱的な愛着ゆえに、私はこの国の人々、彼らの歴史、この国のすべてについてもっと知りたいと切望することになったのだ[8]」。キリー・キャンベルは、収集家としての自身の来歴を回顧する記事をこのように書き始める。彼女ほど南アフリカ戦争(ボーア戦争)後に、南アフリカが一つの国家として成立する過程を身近に感じていた人物、そして国家形成の歴史と家族の歴史が結びついていた人物はそういない。彼女は自身の収集家としての、また郷土史家としての活動を通して、南アフリカに住む白人に彼女の歴史観を共有することを求め、そうすることによって南アフリカの統合を実現しようとしていたのだ。

愛書家から図書館の設立へ

キリー・キャンベルは、一八八一年イギリス植民地であったナタールのマウント・エッジコム(Mount

Edgecombe）という場所で入植者の三世代目として生まれた。

キリー・キャンベルが、自宅を図書館・博物館として開くという広い意味での慈善活動を行っていくに際しては、父親の影響があった。父親マーシャルは砂糖会社（Natal Central Sugar Company）の経営によって財を成した実業家であり、ナタール植民地議会議員を務めた政治家でもあった。一八九九年から一九〇一年にかけての南アフリカ戦争（ボーア戦争）がイギリス軍の勝利に終わり、それまで二つのイギリス植民地と二つのアフリカーナーの共和国に分かれていた南アフリカが統一され、一つの国家となる過程で、マーシャル・キャンベルは憲法の批准に尽力し、また一九一〇年の南アフリカ連邦成立後は連邦議会上院議員を務めた。[9] マーシャルはケープタウンにある国会に出席するときには、しばしば娘のエレンとキリー、姪のエゼルを連れ立って行った。キリー・キャンベルは、議員や著名な歴史家たちとの出会いが、歴史への関心を起こす契機となったと回想する。著名な建築史家であるドロシア・フェアブリッジ（Dorothea Fairbridge）には、オランダ式の住宅やケープの古い家具を愛でることを、またケープ植民地の首相も務めた有力な政治家ジョン・メリマン（John X. Merriman）と父が南アフリカの歴史について語らうのを聞いて刺激を受けたりもした。[10]

しかし、キリー・キャンベルの収集熱をかきたてた人物はより身近にもいた。キリー・キャンベルは、マーシャルの砂糖会社の共同経営者であったディビッド・ドン（David Don）のアフリカナ・コレクションに影響を受け、十代後半から古書購入に熱を入れ始めたのである。[11] キリー・キャンベルの収集活動が、アフリカの植物や鳥などを扱った博物誌的書物の収集からはじまるのも、おそらくは、ドンの収集の影響を受けてのことである。

キリー・キャンベルが本格的に収集を始めるのは、第一次大戦が終わり、一九一七年に父親が亡くなったことで手に入れた遺産を、古書購入に使うことができるようになった二〇年代からであり、当初は引き続き探検記・白人入植者の記録が対象の中心であったようである。[12] 第二次大戦前の主な書籍や手稿の入手場所はロンドンであった。ロンドンには、イギリス軍人と結婚した妹グレディス（Gladys）が住んでおり、キリーは母と妹夫婦に会うために毎年当地を訪れていたのである。キリーは、ロンドンの古書店やオークションで収集家としての最初の訓練を受けたと回顧する。[13]またロンドンには、南アフリカで活動し、その後当地に居を構えた引退した行政官や宣教師が住んでおり、キリー・キャンベルは彼らを訪れ、交渉し、彼らの活動に関わる手稿を購入していったのである。[14]

ナタールの郷土史家として自己を捉え、日々活動することは、愛書家として収集してきた書物を自己の所有物としてだけでなく、他の人々も利用すべき知識の宝庫としてみることをキャンベルに促したことだろう。一九三〇年には自宅を、所在地にちなみミュクレニック（Muckleneuk）図書館と名付け、研究者・郷土史家などに開放するようになる。[15]そしてまた蔵書を図書館として開放し、南アフリカ、特にナタール・ズールーランドの歴史に関心を持つ研究者や作家の利用に供したことは、キリー・キャンベルに自身を同地の歴史の守護者として捉え、史料の保存活動にさらに邁進させることともなったのだろう。彼女はことあるごとに、講演会や新聞の広告で、自宅などにある過去の史料を探し出すことを読者に促す。彼女自身が作成したスクラップブックから、いくつかの例を挙げよう。まずはダーバンのロータリー・クラブでの講演の例である。一九三五年十月に百人近くのロータリー関係者が集まったダーバン市内の会合で、キャンベルは講演を行い、「歴史的遺物、古い手紙や写真、アフリカナ関係の書物やパンフレットを探し出すためのより徹底した探索」が為されるべきだと主張し、ナタール州の博物館や文書館が収集物を保存すべきであると述べたのである。[16]

このようなキャンベルの呼びかけの背景には、ナタールが資料の収集において他の地域に遅れをとっており、ヨハネスブルクやケープタウンなど他の地域の博物館に資料が流出しているという現状への危機感があった。ケープ州グラハムズタウンにあるローズ大学に、自宅に残っている初期入植者の記録を送って欲しいという投書を掲載した『ナタール・マーキュリー』紙に対して、キャンベルは抗議の投書を送っている。

その投書によれば、同様の要請は第二節で取り上げる収集家ガビンズによってもなされており、キャンベルは、彼がヨハネスブルクにあるウィットワータースランド大学への資料の寄贈を呼びかけたために、貴重な資料がナタール州から失われたのだと嘆く(17)。

そして、この危機感ゆえに、キャンベルは、ナタール州の大学及び史料館にナタールの歴史に関する史料を寄贈することを強く促すのである。彼女は、「グラハムズタウンの人々と同様にナタールに住む私たちも、私たち自身の手紙、南アフリカに関する書物や手稿への愛情を涵養し、知識を持ち、保存していくという必要性を強く感じなくてはならないのだ」と主張するのである(18)。実際に、彼女の名前が収集家として知れ渡るようになると、彼女の呼びかけに応じ、キャンベルの元には、図書館に自分が保有する資料を所蔵してもらいたいという依頼が多く寄せられるようになる。そのほとんどは、入植者としての自分の先祖の記録を後世に残そうという人々からの品々である(19)。また時には、彼女に購入を持ちかける人々からの手紙が舞い込むこともある(20)。彼女は、その都度それらの収集品を、その書誌情報をカード目録に整理し、その後屋敷内の適切な場所に配置することを通して、南アフリカの歴史の中に位置付けていったのである。

そして彼女は自宅の図書館について、「南アフリカに関する貴重な記録の多くが無慈悲に破壊され、あるいはナタールから失われるということを強く認識しているので、私は南アフリカに関するコレクションをこれまで徐々に作り上げてきており、これらは将来的にナタール大学図書館に寄贈される」と述べる(21)。すなわち、収集活動を通じて、キリー・キャンベルが目指していたのは、貴重な資料を溜め込むことではなく、ナタールという場所に関わりを持つ人々が、キャンベルの収集品を通して過去を知り、歴史的出来事や場所への愛着を育み、白人入植者の子孫であれ、アフリカ人であれ自身の来歴への認識を深めることにあった。そして、知識を広げていくという点に関して、キャンベルはすべての人に対して協力的であった。キャンベルは、国内外の様々な研究者の問い合わせに対応し、時には自身で研究分野の文献目録を作成し、送ることとまでしている。[22] また著名なアフリカ人劇作家ディロモ（H. I. E. Dhlomo）はキャンベルの図書館の利用者であり、彼はズールー人の歴史に関する自身のエッセイを執筆するにあたって、キャンベルが保有する図書や伝統工芸品のビーズ細工などを参照している。[23] このように彼女の活動は、多くの人々の関心をとらえ、キャンベルの自宅兼図書館は、研究者やジャーナリストが集い、ナタールに関わりを持つ人々が想いを寄せる場所となっていったのである。

一九三〇年に蔵書を公開してから、キリー・キャンベルの収集活動は加速し、四五年にはその蔵書は二万冊を超えるに至った。あるいはそれは、キャンベルほどの財力を持つ人にとっても費用を費やしすぎたと感じられるほどであったかもしれないが、[24] 彼女の活動はダーバンやナタールという範囲を超えて認められ賞賛されるようになるのである。一九四〇年には、歴史的な遺跡の認定に当たる自然歴史遺跡委員会の委員に女性として初めて選出され、[25] また四五年にはアフリカナ収集家ジョン・ガビンズのコレクションを核としたヨハネスブルグのアフリカナ博物館の機関紙 *Africana Notes and News* に著名な収集家として自身のコレクションを紹介する機会を得ている。[26]

史跡保存と博物館設立

キリー・キャンベルの歴史との関わりは、書物や家具・工芸品の収集に留まらなかった。彼女はまた歴史的にゆかりのある場所の保存運動にも深く関わっていた。彼女は南アフリカ国内の史跡の保護を目的とする団体、南アフリカ・ナショナル・ソサエティ（South African National Society）のダーバン支部の会長を務め、また先に述べたように郷土史家、収集家としての功績が認められ、一九四三年からは、女性として初めて南アフリカ自然・歴史記念碑委員会の委員を五年間勤めている。

彼女が史跡の保存に傾ける情熱の一端は、例えば、ナタール植民地への初期入植者に関わりの深い場所を認知し、記念することで保存を促すことを主張する新聞の投書からうかがい知ることができる。ナタール州内で保存すべき場所を様々に列挙した後、彼女は次のように投書を結ぶ。「地域の歴史はすぐに忘れ去られ、古い入植者はあまりにもすぐにこの世を去ってしまう。正確な情報が私たちの手の届かないところに行ってしまう前に、事実や土地を記録に録ることが不可欠なのである」[27]。このように彼女の保存活動は確かに彼女の入植者の子孫としての意識と不可分に結びついたものではあるが、ナタールという場所への愛着という点でイギリス系入植者に限定されるものではなく、アフリカーナーやアフリカ人に関わる史跡をも含むものであった。例えば、彼女は一九四二年に、史跡の保存を目的としてズールー部族歴史コンテストを開催する。このコンテストにおいて、彼女はアフリカ人学生に対して、自身の属する民族の歴史にとって重要な場所を、老人への聞き取りを中心として明らかにするエッセイを執筆することを求めたのである。自身で賞金を提供してコンテストを開催する彼女の目的は、エッセイによって明らかにされた史跡を写真に収め、後世に伝えていくことにあった[28]。

そして、この歴史を後世に伝えていくという情熱が彼女の戦後の史料館・博物館の設立を目指す運動へと繋がっていく。その第一は彼女自身が集めた、またナタール歴史協会（Natal Historical Society）が収集した入植者の品々を展示し保存するための博物館を設立することであった。彼女の精力的な活動が実り、ナタール植民地の初代首相ジョージ・ロビンソン（George Robinson）の子孫チャールズ・コリンズ（Charles Collins）が、かつて先祖が住んでいた屋敷を提供し、一九五四年にはオールド・ハウス博物館（Old House Museum）としてオープンする[29]。また同博物館オープン後も彼女は入植者の品々を収集し、兄ウィリアムの名を冠した博物館ウィリアム・キャンベル博物館（William Campbell Museum）を自宅に開くとともに、彼女自身の蔵書についてもナタール大学への寄贈という形をとり、一九六五年の彼女の死後も彼女が収集した史資料をナタールの歴史に関心を持つ人々の利用に供する体制を築いたのである[30]。

以上がキリー・キャンベルの簡単な生涯であるが、二〇世紀南アフリカという激動の舞台にあって彼女の生はあまりに静かであり、歴史研究の対象としての重要性が感じられない、とあるいは思われるかもしれない。しかし、彼女の収集活動と収集物に込めた彼女の想いを検討することは、南アフリカにおいて人々が日常いかに歴史を意識し、集団としてのアイデンティティを造っていくかを明瞭に捉えるための有力な視座を提供する。これが、本稿がキリー・キャンベルに注目する理由である。しかし、彼女の活動を二〇世紀の南アフリカ政治に位置付けて理解するという目的を達成するためには、少々回り道をしてアフリカナ収集とはそもそも何であったのかを把握する必要があるだろう。これが次節の課題である。

二　「メンデルスゾーンにも挙げられていない」——アフリカナとは何か

キリー・キャンベルはアフリカナの収集家として知られる。収集家のコレクションを説明する方法として、意識的であれ無意識的であれ書き手の歴史観に基づいて集められたモノの価値を述べていくという手法がありうる。しかし、そのような説明の仕方から抜け落ちてしまうのは、選択されたモノを集めるという行為によって、そして収集されたモノを物理的な空間の中で、また目録という抽象的な形で、特定の位置に配置するという行為によって、特定の歴史の見方を作り出すという点である。本節ではキャンベルが活躍した二〇世紀南アフリカにおいてアフリカナとされたモノを集めるという行為にどのような意味が込められたいたのかを検討することを通して、実践としてのアフリカナ収集が作り出す集合体としてのモノと人々との関わりを説明したい。

まずは取っ掛かりとして、*Oxford English Dictionary* の定義を掲げておこう。

「アフリカナ（Africana）、名詞。もともとはアフリカに関する研究を意味した。その後、アフリカ、特に南部アフリカに関する本や、工芸品、その他収集家のアイテムを指す」[31]。

ＯＥＤは、なぜこの言葉が特に南部アフリカに関わるモノを指すのかを説明していないが、アフリカナ収集家を対象とした書籍や雑誌を読むと、南部アフリカにおける入植者社会の形成がこの地域を非歴史的なエキゾチズムの対象として捉えるだけではなく、入植者社会の形成という歴史的視点からの関心を引き起こしたことが要因であることが分かる。

例えば、その後の多くのアフリカナ収集の解説書で、そのアフリカナの定義が頻繁に引かれることとなる、南アフリカ図書館（South African Library）の司書を務めていたヴァーレイ（D. H. Varley）の著作『アフリカナにおける冒険（*Adventures in Africana*）』（一九四九年）を見てみよう。ヴァーレイが歴史愛好家を対象に行った講演を元にした同書において、彼は南アフリカの国家形成に関わった人々の活動を記録し、収集することの重要性を説く。アフリカナという言葉は白人入植者の歴史と結びついて語られるのだ。彼は冒頭でアフリカナを次のように規定する。

「私たちがアフリカナについて語るとき、私たちが言おうとしているのは、巨大であれ小さいものであれ、自然のものであれ人工物であれ、アフリカと特に南部アフリカの歴史に関わる全てのモノです。それはテーブルマウンテン（と言っていいですよね）から、ケープの古い家具、ケープタウンで出版されたパンフレットからボウラーの絵に至るまでを含みます。より具体的に言えば、私たちはアフリカナをこの亜大陸における人間の定住という観点から、しかし常に歴史的な、そして現在に関係する過去という観点から考えるのです」[32]。

彼は、過去の人々の生活が残した痕跡としての物品から、往時の人々の生活を明らかにする社会史を描くことができるのであり、その様な歴史が現在望まれているのだと主張する。しかし、たどるべき過去を持つ人々と彼が（そして当時の南アフリカ国家が）想定していたのは、白人入植者とその子孫たちのみであり、「有色の人々」は、探検記の中の奇妙な種族、あるいは帳簿の中の数字など限られた場しか与えられなかった。

ヴァーレイの定義は、その後のアフリカナに関する文献において何度も引用される定義ではあるけれども、定義としては茫漠としており、収集家がいかにして自分の集める対象を決め、日々の収集を行っていたのかは見えてこない。そこで次にアフリカナの収集において最も有名な人物シドニー・メンデルスゾーン(Sideny Mendelssohn)を取り上げて、彼の出版した文献目録を中心に彼の収集活動をたどりたい。彼の目録の影響力を測ることは、アフリカナ収集家の日々の収集活動とそれを行う際の彼らの意識という領域に入っていくことを可能にするだろう。

シドニー・メンデルスゾーン――収集の秩序

メンデルスゾーンという名前とアフリカナの収集は非常に密接に結びついている。実際先に挙げたOEDの Africana の項目の例文には、二度メンデルスゾーンの名前が見られる。[33] 彼がこのような地位を確立したのは、OEDの例文に見られるような彼の収集した膨大な蔵書によるものでもあるが、それ以上に、彼の出版した文献目録の影響が大きい。

ラビの息子であるシドニー・メンデルスゾーンは、一八六〇年にイングランドで生まれ、十八歳の時に両親とともに南アフリカ・キンバリーに移住する。そこで彼は、ダイヤモンド取引に従事し、それによって得た資金で、南アフリカに関する書籍を購入し始める。彼は、書籍を集めるだけでなく、それぞれの書籍に関して感想や注釈を書き溜めていった。これが、彼の目録の基礎となっていたのである。特に一八九九年ロンドンに居を構えて以降は蔵書のスケールが拡大し、秘書を雇って書籍の整理・内容の確認などをさせていた。そして、一九〇四年、第一回南アフリカ図書館司書全国大会で、南アフリカに関する文献の包括的な目録の作成を促す講演を聞き、自分でそのような目録を作成することを決意する。彼は、自身の蔵書を中心に、大英博物館図書館などに所蔵されているものを含めて、南アフリカに関する文献のほとんどを網羅し、かつ各文献に関して簡単な説明を付した、南アフリカ文献目録（*South African Bibliography*）を一九一〇年に出版するのである。[34]

この目録は、出版後すぐにアフリカナ収集家に衝撃を与えた。その影響力を、アフリカナ収集に関するいくつかの案内書や記事からの引用で見てみよう。

「アフリカナの書物を真剣に、熱意を持って集めようと試みる者すべてにとって、メンデルスゾーンの目録を所有することは、必要不可欠な前提に等しい」。[35]

「幸いなことに、収集家は現在いくつもの素晴らしい文献目録を利用することができる。その中で最も重要なのは一九一〇年に二巻本で出版されたシドニー・メンデルスゾーンによる記念碑的作品『南アフリカ文献目録』である」。[36]

「著名なメンデルスゾーンの文献目録は、（収集家にとって）最も価値のある資産である」。[37]

このように引用文を列挙すると、洋書の裏表紙の宣伝文のようなものが出来上がる。しかし、同種の派手な広告文を備えた研究書の多くと異なり、収集家にとってメンデルスゾーンの目録は、実際に欠かせないものであった。それは、メンデルスゾーンの目録が、文献を探す際に参照するという用途だけにとどまらず、収集家が自身のコレクションの価値を測る物差しとしても機能していたからである。すなわち、メンデルスゾーンの目録はその内部に、収集家という集団において何が価値のあるものとされているのかを指し示す指標の集合、すなわち価値の体系を宿していたのである。

メンデルスゾーンの目録がアフリカナ収集における価値基準となっていたことを特徴的に指し示す言葉が、「メンデルスゾーンにも見られない（unknown to Mendelssohn）」や「メンデルスゾーンにもない（not in

Mendelssohn)」といったフレーズである。この言葉は、メンデルスゾーンでさえ見つけることができなかった珍品として、自身の収集品を目録の中で誇示し、あるいはオークションで出品された書物の価格を上げようと画策する時に使われる(38)。

この成句の使用例を、いくつか見ていこう。ヨハネスブルクの著名な収集家で、現在はウィットワータースランド大学図書館のコレクションにその名を残すハンフレー(J. C. N. Humphreys)は、自身のコレクションの目録で、自慢の本を次のように記述する。

「この本(Jakob Breyne 著 *Exoticarum aliarumque minus cognitarum plantarum centuria prima*)は、(息子)Johann Philipp Breyne の献本である。南アフリカに関する植物学的著作という分類で、メンデルスゾーンに記載された中で最も古い著作であり、メンデルスゾーンはこの本を所有しておらず、南アフリカ図書館所有のものを記述している。(中略)ここに示した Breyne の二つ目の著作は、PRODOMI FASCECULI RARIORUM PLANTARUM である。これは大英博物館、その他の世界の大図書館を探したメンデルスゾーンにも知られていなかった(unknown to Mendelssohn)」(39)。このようにメンデルスゾーンの目録は、コレクターに共有された評価の基準となっていたのである。

またアフリカナに関するオークションの歴史を記述した記事の著者は、次のように嘆息する。

「最後に議論するオークションは、クープマンス・デウィット夫人と娘によって一九一三年五月にケープタウンで開かれたものである。この時点においてメンデルスゾーンの影響は強く感じられる。彼を参照する注釈と言及がいくつもなされ、それはおそらく最も早い時点での常套句「メンデルスゾーンにも見られない(Not in Mendelssohn)」を含むものである。「メンデルスゾーンはこの著作に言及しなかった」、「メンデルスゾーンはこの本を見つけなかった」「メンデルスゾーンはこの本を手に入れることができなかった」というような注釈がカタログを通して見られるのである。ああ、なんとメンデルスゾーンはこの国の書物収集と書籍価格に影響を与えたことか！」[40]。

このように収集家たちは、メンデルスゾーンの文献目録を参照することで、個々の文献の位置を確認し、また自身のコレクション全体の価値を評定する。あるいはむしろ、収集家がメンデルスゾーンの目録を、他者が求めているものを示す本として利用することによって、この目録は価値基準それ自体になっていったということができるだろう。読者の個々の実践が、メンデルスゾーンの価値基準を具現化するのだ。

それでは、収集家たちが依拠するメンデルスゾーンによって作られた価値の体系はどのような秩序を持つものなのだろうか[41]。それを明らかにするためには、この目録が実際にはどのように読まれたのかを検討しなくてはならない。メンデルスゾーンの目録において記載された文献は、著者名のアルファベット順に並んでいる。しかし、読者はこの巨大な二巻本の文献目録をアルファベット順に並んでいる文献を並べられた順序で読むということはしない。手元に調べたい文献を備えている利用者は著者名でこの目録を引くことだろう。しかし、それ以外でこの目録を利用する人、特に関心を持つ分野での文献を知りたいという目的で利用する人は、おそらく第二巻末尾の年代・地域別索引の項目に行き着くはずである[42]。この地域別索引において特徴的であるのは、文献が出版年順に並べられていることである。それゆえに先に引用したハンフレーは、所有する書物を「メンデルスゾーンに記載された中で最も古い著作」と述べることができたのである。そして、年代が下れば出版物が増えるという視覚的特徴それ自体が、入植者社会の発展という観念を支えもする。そしてこの出版年による文献の並べ方が、著者名順の本文よりもメンデルスゾーンの文献目録作成の意図を反映しているだろう。彼は、南アフリカがイギリス帝国の一部を担う国家として、南アフリカ連邦の形成に至るまでに辿ってきた波乱に満ちた歴史を研究しようとする者に、この大陸の記録を容易に利用できるようにしたいと考えていたのだ。

メンデルスゾーンは連邦成立の七年前の一九〇三年にキンバリーで行った講演で、次のように述べている。

「何年かのちに、私たちが、自由で啓蒙された共同体の芯に私たちの結びつけられた伝統への愛を強く持つ、そのような統合された幸福な国民となることができた時には、私たちの間に芸術と文学への愛が興り、それは南アフリカが地上の諸国民の間に地歩を得ること、また私たち国民の土地から「暗黒の大陸」という叱責を一掃することを可能にするだろう」[43]。

この引用から明らかなように、メンデルスゾーンはイギリス植民地とアフリカーナーの共和国が連合し、イギリス帝国の一翼を担う国家を形成するという考え方に心酔していた。実際、彼はこの文献目録を一九一〇年の連邦議会開設に合わせて出版したのである[44]。この点において、メンデルスゾーンと彼の文献目録は、歴史家ソール・デュボウ（Saul Dubow）が南アフリカ戦争後のイギリス系知識人の多くが唱えた南アフリカ主義、すなわち南アフリカ全体の利益を最優先し、イギリス系住民とアフリカーナーとの連帯を維持することに尽力するという政治姿勢の流れの中に位置付けることができるだろう[45]。

しかし、イギリス系とアフリカーナーとの連帯が図られる一方で、アフリカ人は南アフリカ連邦の国民とは認められていない。アフリカ人は歴史を持たず（目録においてもアフリカ人の歴史という項目はない）、ヨーロッパ人入植者以前アフリカは暗黒の大陸であった。暗黒大陸アフリカに光をもたらすものとしての帝国主義という考え方は、メンデルスゾーンの蔵書票によく表れている。蔵書票の中央にはセシル・ローズの顔と彼の唱えるケープからカイロへを表すようにケープタウンからキンバリー、ブラワヨを通りカイロまでをつなぐ線が描かれたアフリカの地図が位置している。そしてローズの後ろからは光がさしており、暗黒の大陸としてのアフリカを照らしている。その下には書物が広げられて置かれており、その見開きのページにはレオ・アフリカヌス、バルトロメオ・ディアス、ヴァスコダ・ガマ、ファン・リーベック、ディビッド・リビングストンとアフリカへの探検家（あるいは侵略者）の名前が記されている。彼の書物に付されたこの蔵書票は、メンデルスゾーンの収集した書物が、白人入植者によってアフリカという闇の大陸が啓かれていく、その過程を後付けていることを意味する。それゆえに、メンデルスゾーンにとって南アフリカの歴史は白人入植者社会の発展の歴史であることは疑いを得ない。収集家たちは、メンデルスゾーンの目録を利用し、それに依拠して個々の書物やコレクション全体の価値を評価していくことを通して、植民地主義と結びついたその価値基準を実体化していったのである。

ジョン・ガビンズ——歴史観の広がり

収集家の間でのメンデルスゾーンの目録の利用の仕方に見られるように、収集家たちは他の収集家との関わりの中で、自身のコレクションを形成する。しかし、収集家同士の関わりはアフリカナ市場への参加という抽象的な形に限定されていたのではない。収集家たちはお互いのコレクションを見るために訪問し合い、手紙をやり取りし、また収集家向けの会合や雑誌を通して、情報を交換していた。実際キリー・キャンベルの手紙にも彼女と他のアフリカナ収集家との関わりが残されている。[46]

例えばキャンベルは自身のアフリカナ収集家としての経歴を回顧した記事の中で、ヨハネスブルクの著名な収集家ジョン・ガビンズの訪問を印象深く記している。

「亡くなる少し前に、ガビンズ氏が私のコレクションを見に来ました。彼は九時半に到着し、きっと一、二時間を過ごすつもりだったのでしょう。しかし、彼は私に昼食の時間もほとんど取らせてくれずに、結局五時に私は重要な予定が入っていると告げざるをえなかったのです。南アフリカは彼がアフリカナに大いなる関心を持ったことに恩義があると思います。その強烈な個性と知識によって彼は南アフリカについての研究と愛着への熱狂を引き起こしたのです。彼は生まれついての収集家（born collector）でした[47]」。

ガビンズが訪問の翌年に亡くなることを考えれば、二人の収集家の間での無言の申し送りのように読める一節である。ガビンズの長居はそれだけキャンベルのコレクションが興味深く、ガビンズのような著名な収集家からその価値が認められたことで間接的にキャンベルのコレクションの価値を示すものとなっている。それでは次にキャンベルが懐かしく思い出す収集家ガビンズについて述べよう。ガビンズについて触れることは収集家の日常の水準において、いかに南アフリカ主義とアフリカナ・コレクションの形成及びその収集物による歴史像の提示が結びついていたかを明確にするだろう。

ジョン・ガビンズの収集活動の道程は、自身の住む土地への私的な愛着によって始められた収集活動の成果が人々によって共有され、公的機関の支援を受けることで、入植者中心の歴史観を公的に支える装置となっていく過程を示している。ガビンズは収集愛好家の農家という市井の収集家という立場からその収集活動を始め、その収集品の拡大に伴い、蔵書がウィットワータースランド大学に、また物品がヨハネスブルク市図書館の専用に造られた博物館に所蔵されることになり、いわば公的な収集家という立場に移っていったのである。ガビンズと彼の収蔵品が収められたアフリカナ博物館（Africana Museum: 現 Museum Africa）を対象としたサラ・バヤラ（Sara Byala）の研究書は、ガビンズの収集活動は、南アフリカ主義の影響を強く受け、白人入植者の間で共通の国民意識を醸成するという理念の実現を目指したものであったとまとめる。バヤラは、南アフリカ戦争後に南アフリカに移住したガビンズは、ヨハネスブルク郊外に居を構え、周囲をアフリカーナー農家に囲まれる中で、トランスヴァールで最初に死んだ白人女性（アメリカ人宣教師の妻）の墓碑やフォールトレッカーの記念碑や記録などを収集することで、白人入植者としての共通の過去をイギリス系住民とアフリカーナー住民の意識に上らせることを目指し、収集活動を通して両者の調和を達成しようと試みていたのだと指摘する。[48]

そして、この点がよく体現されているのが、ガビンズが自宅を図書館として開放し、イギリス系・アフリカーナーに関係なく、自身の蔵書や収集物を利用に供したことだろう。アフリカナ収集活動におけるガビンズの意図は、入植者の苦難を共通の過去として認識することを助けることであったのだ。

ガビンズの図書館を訪れた経験を回顧したある利用者の証言は、彼の意図が酌み取られていたことをよく表している。「四〇年以上前のことではあるが、トランスヴァールの彼の農場にガビンズ氏を訪れたことをいまだに憶えている」とアーサー・ラボネ（Arthur Rabone）は書く。父と彼はコレクションを見に十二マイルを歩き、自宅の農場からガビンズの農場を訪れたのだ。ラボネは、その当時でさえ彼が集めていた豊富な資料を見せられて、少年がどんなに影響を受けたかお分かりでしょうと嘆息するのだ。(49)

しかし、少年は感銘を受けただけではない。ガビンズのコレクションを見ることは、納められた記録を残した人々と現在の自分とをつなぐ行為でもあったのだ。「父から私の母がウィリアム・アンダソン師の子孫であると知らされて、ガビンズ氏は私たちに一八二〇年代初めにアンダソン師がジョン・フィリップ氏に宛てて書いた手紙を私たちに見せてくれた。手紙にパカルスドロップ（Pacaltsdrop）で育てられた蚕によって紡がれた絹のもつれが同封されていた。アンダソン師はそれが南アフリカで初めて紡がれた絹であると書いていた」。(50)ガビンズの収集品を見ることで人々は現在に生きる自分を入植者の苦難の過去と結びつけるのだ。

そして、それは同時に、ヨーロッパ人によって南アフリカに「文明」がもたらされるという歴史観を体感する行為でもあった。ガビンズの収集活動は入植者の記録に留まらず、二〇年代後半からは急激な工業化で都市に押し寄せるアフリカ人の脱部族化という関心から、アフリカ人の歴史・文化も収集対象に含まれるようになる。ガビンズは、蔵書をウィットワータースランド大学に、物品をヨハネスブルク市図書館の専用に造られた博物館に寄贈した直後の一九三五年に亡くなった。しかし、ガビンズの死後、彼が残した収集品は入植者の歴史を展示する北翼とアフリカ人の伝統文化を対象とした南翼に分離され、南アフリカにおける二重の統治体制を空間的に表す構図を示すこととなった。(51)さらにはアフリカ人に関する収集品のみが、ヨハネスブルクのニュータウンの旧市場を改築した建物に移されるなど、人々の分離を徹底する方針は、収集品という文化の側面にも及んだのである。この点で、アフリカナという収集品は、アパルトヘイト政策に影響を受けつつ、一方でそのイデオロギーを裏書きする役割を担っていったのである。

ガビンズの自宅兼図書館及び彼の収集品を展示する図書館・博物館は、人々に見学されることによって、書物・物品を購入できない人にも彼の歴史観が広がっていく、そのような回路であった。そして、キリー・キャンベルにとっても彼女が収集活動を始めた当初からガビンズと同様に南アフリカ主義は大きな目標として意識されていたことだろう。そしてこの目標が、二〇世紀中葉の南アフリカ政治の変容とともにいかに変わっていったのか、この点を捉えることが次節の目標である。

三　過去が意味するものの変容

一九四七年キリー・キャンベルは知人から彼女の蔵書票の図柄の意味するところを尋ねられた。それは、後景に頂上から陽光がさす山並みを配し、山に向かって曲がりくねった道を牛車が進むところを描いており、道の右手にはアフリカ人の小屋と焚き火がある。「牛車は、理解と知識に続く長い道のりにおいて私たちが登らなくてはならない、ゆっくりと確実で根気のいる歩みを象徴している」。キャンベルは図柄をこのように説明する。しかし、山頂の象徴する知識の頂にたどり着けるのは偉大な詩人など少数の人だけであり、彼女自身は、そこで旅人が休息し、力を蓄える小屋のように、「収集家として本を広げ、参考資料を提示することで知の登山をする旅人を助け、励ます」のである。[52] この記述からは、キリー・キャンベル自身は知識の高みには達し得ないにしろ、そのような試みを助けていこうという気持ちを込めた蔵書票であることがわかる。しかし、南アフリカという文脈において牛車がフォールトレッカーを象徴することを考えれば、キャンベルが、この蔵書票の牛車をアフリカーナーと特定してないことには、この時点においてキャンベルがアフリカーナーとの協調という政治姿勢にためらいを抱いていることが見受けられるのである。

「共通の過去」

しかし、キャンベルがアフリカナ収集を始めた当初から少なくとも一九三〇年代半ばまでは、彼女はアフリカーナーの歴史、特にフォールトレッカーの移住の過去を掘り起こすことに心酔している。彼女は先に述べた南アフリカ主義という時代的な背景から大いに影響を受けていたのである。キリー・キャンベルにとって南アフリカ主義は、父マーシャルの行動を通して日々感じることができるものであった。マーシャル・キャンベルの手紙からは、彼が南アフリカ国民としての一体感を創出しようという時代の中にあり、その流れに棹さす政治家であったことが分かる。例えば彼は、自身の蔵書をかつてアフリカーナーの共和国の一つであり、アフリカーナー住民の割合が高いオレンジフリーステート州所在の専門学校に提供している（この蔵書を基にした図書館は、Sir Marshall Campbell Collection と名付けられた）。また彼は、同州出身でダーバンを訪れた学生を対象として作文のコンテストを主催してもいる。[53] キリー・キャンベル自身も父とアフリカーナー農民が（父はアフリカーンス語が話せず、農夫は英語が話せなかったため）お互いの共通語であるズールー語で語らい合う微笑ましい場面を回顧している。[54]

アフリカーナーとイギリス系、両者の間に国民としての一体感の醸成を目指すというキャンベルが収集活動を始めるまでに浸っていた時代的な雰囲気は、彼女の収集態度に影響を与えることとなった。彼女はロータリー・クラブでの講演で過去の記録を収集し、保存するに際して、ナタールの記憶を「イギリス系のものとそうでないものという完全に分かれた、防水加工の容器に押し込める」べきではないと述べる。「私たちが伝統というものを持つとすれば、それはオランダ系とイギリス系両方の人々が一緒にこの若い南アフリカという国民を創り上げたという偉業に対する相互理解と国民的な誇りの意識に基づいたものでなくてはならない」[55]のだ。イギリス系とアフリカーナーとの間に壁を設けないこと、両者の歴史を南アフリカという国家の形成の歴史という共通の土台の上で、人々に捉えさせること、これがキャンベルが求めていることであった。

キリー・キャンベルの活動がアフリカーナーとの連帯という理念からどのように影響を受けていたか、例を挙げてみていこう。イギリス系とアフリカーナーに共通する過去を掘り起こしたいという彼女の意図を理解すれば、キリー・キャンベルが文筆家・音楽家のチャールズ・ボニフェイス（Charles Etienne Boniface）の手稿を手に入れ、ボニフェイスが作曲した曲の演奏会を実施した時の嬉々とした姿を当然のこととして受け取ることができるだろう。[56]ボニフェイスは一七八七年にフランスに生まれ、革命を逃れてケープ植民地に居住し、その後ケープ植民地におけるイギリス支配を忌避し北上したアフリカーナーに同行した人物であり、ナタール共和国が設立されるとそこで新聞出版人となった。ボニフェイスは、ナタールがイギリス植民地になった後も同地にとどまり、英語・フランス語・アフリカーンス語で劇を作成したのである。ボニフェイスの手稿を保存することは、彼女が愛着を持つナタールという植民地が設立されるその場の空気を感じることとともに、イギリス系とアフリカーナーの共通の歴史を保存することを体現する行為でもあっただろう。[57]

また彼女のアフリカーナーへの関心は、自身のコレクションの収集に留まらなかった。新聞への投書において、彼女はアフリカーナー住民の少ないナタール州ではあるが、過去にこの場所がフォールトレッカーによって設立を宣言された最初の共和国であったことを読者に呼び起こすことを求める。そして、この州に残っているフォールトレッカーの遺物（relics）を掘り起こし、またオランダ風の建物をダーバンに建設し、南アフリカの歴史を提示する博物館として活用することを提案したりしている。[58]

さらにキャンベルの残した史料の中にはアフリカーナーの将軍プレトリアス（Andres Pretorius）を讃える講演の原稿も残されている。この原稿において、彼女は現在の行政首都プレトリアの名前の由来ともなっているアフリカーナーの将軍が、アフリカーナーの共和国トラスンヴァールの独立を達成した後、イギリスと友好的な関係を築いていたことを述べ、プレトリアスの生き方が、「新生の国民である私たちに、有効と、平和、そして理解に至る方法を示している」ことに注目することを促すのである。[59]

彼女のアフリカーナーへの共感は一九三八年のフォールトレッカー百周年記念祭への協力において最高潮に達する。彼女は記念祭のダーバン支部の委員となり、かつてのフォールトレッカーを模して、南アフリカ各地からプレトリアへ向けて、牛車で移動するというページェントに参加もした。[60] しかし、この記念祭は同時に、キャンベルがアフリカーナー・ナショナリズムにためらいを抱き始め、彼女の南アフリカ主義に亀裂が入り始める、そのような契機でもあった。キリー・キャンベルはいとこのエゼルとともに記念祭に参加した。詩人でもあったエゼルは、記念祭に合わせて、アフリカーナーとイギリス系が対立と反目の歴史を超えて新たな国民が創生されるプロセスを詠った詩を作り、アフリカーナーの聴衆の前で朗読をした。以下に挙げる彼女の詩には、南アフリカ主義が直截な形で書き記されている。


アフリカ！　あなたの愛が、かつてはイギリスとボーアの二つであった人々から、一つの真正な国民を創り上げた。

かつて私たちは戦い、お互いを勇敢な敵だと認めた。そこからより誠実で、真正な仲間が育つのだ。

今、苦難の年々に流された血と涙から、合一！、確かな心情を持った一つの国民が現れるのだ。

平和は見つけ難く、愛を築くのには時間がかかる。今、彼らの力が重なり合い、より確かなものになる。

神よ、私たちの産まれた土地に祝福を！　同胞よ、立とうではないか。こころから信頼し、容易に解けないように手に手を取り合って。

二つの民族は、神の加護により、一つの力強い国民に合一した。溶接されて、私たちはさらに土地を得るのだ、これからも！[61]

しかし、この直截さは、また詩人の当時の南アフリカ政治に対するナイーブさを表すものでもあるのだろう。彼女は記念祭において、英語で朗読してしまったのだ。歴史家イザベル・ホフメイヤー（Isabel Hofmeyr）は、十九世紀最後の四半世紀からのアフリカーナー・ナショナリズムの高揚がアフリカーンス語という言語の創出と普及という形で見られ、それは一方で語彙などにおける「有色的」要素を削ぎ落とし言語として「純化」していくこと、また他方で特に南アフリカ戦争後イギリスが南アフリカにおける支配権を確立した状況下においてアフリカーナーの生活様式のイギリス化をくい止め、アフリカーナーの伝統を保持するための重要な媒体としてアフリカーンス語の雑誌などを通して古き良きアフリカーナーの暮らし方を普及することが目指されたと指摘する。[62]それゆえに、イギリスの支配から逃れて共和国を樹立した偉大な祖先たちフォールトレッカーを顕彰するアフリカーナー・ナショナリズムの発揚の場において英語で朗読することは、たとえその内容にフォールトレッカーを讃える部分を含んでいたにせよ、英語それ自体への反発を持つアフリカーナーへの想像力を欠いた、記念祭の趣旨から外れた行為であった。彼女の朗読を侮蔑と受け取り、ブーイングを浴びせる者すらいた。彼女の朗読はアフリカーナー・ナショナリズムがイギリスの支配に対抗して形成されてきたという、キリー・キャンベルを含む南アフリカ主義を信奉する人々が抑え込みたいと考えていた記憶の形を呼び起こしてしまったのである。エゼルは、この記念祭で受けたショックから立ち直ることができなかったという。[63]そしてキリー・キャンベル自身にとってもこの経験はアフリカーナーの記憶と関わることの危うさを認識させることともなったであろう。

その後、彼女は、プレトリアを中心とした強烈なアフリカーナー・ナショナリズムに対して距離をとるようになる。例えば、ある投書で、彼女はピーターマリッツバーグの小さく素朴な博物館とプレトリアの巨大なフォールトレッカー・モニュメントを対比させ、前者こそが今後の南アフリカを二つの集団が統合された形で国家を保っていく上で重要だと指摘するのである。ダーバンの歴史について学習する高校生の課外活動に触れながら、キャンベルは細々とした過去の入植者の所持品こそが彼らの苦難を偲ぶことにつながると述べる。彼女は、「フォールトレッカーの真の精神は、プレトリア郊外の壮大なフォールトレッカー・モニュメントにのみあるのではない。むしろピーターマリッツバーグの小さく古いフォールトレッカー博物館によく体現されている。そこでは、古い荷馬車や、マスケット銃と火薬、角笛が、彼らが行った危険な旅を、また女性の心にとってとても愛おしいものである日よけの帽子や家庭の日用品や小物をこしらえる母の愛を手に取るようにわかる形で思い起こすことができる」[64]と主張するのだ。

次に注目するのは、フォールトレッカーを単純に寿ぐことへのためらいがいかにして生じたのか、そして彼女の収集品を説明する際の語り方がいかに変化していったかである。一九四八年に国民党政権が成立し、アパルトヘイトが中心的な政治理念となっていく中で、彼女のアフリカーナー・ナショナリズムへの不安は拡大し、南アフリカ主義に基づいた彼女の収集活動もその目的を修正することを強いられていくのだ。

「彼らと同じくらい真正なのです」

ピエール・ノラは『記憶の場』の序論において、記憶の場の生成の背後にある忘却への恐れを指摘する。「記憶の場を生み出し、またその糧となっているものは自然な記憶はもう存在しないという意識である。(中略)記憶の場は、われわれがみずからを支える砦なのだ。もし護られているものが脅かされていないのであれば、記憶の場を作り上げる必要などなかったであろう」[65]。

一九四八年にアフリカーナーを支持母体とする国民党が政権を握ったことは、キリー・キャンベルを含め多くのイギリス系南アフリカ人に不安を与えた。国民党は選挙において人種隔離政策の徹底化（アパルトヘイト）を唱えていただけでなく、アフリカーナーの社会的・経済的地位の向上も主要な目的の一つとしていた。国民党政権はこの目的を達成するために公務員に多くのアフリカーナーをつけ、またアフリカーナー農民への経済的支援を拡張する政策をとり、これらは都市住民の多いイギリス系から反発を買うことになった。また多くのイギリス系が予想し、またその後徐々に実現することとなったのであるが、国民党は南アフリカ国民であることとアフリカーナー・ナショナリズムに奉じることを同一視し、イギリスへの忠誠を問題視し、国歌や国旗としてイギリス本国と同じものを使用するという慣習は廃止されることとなったのである。[66]

南アフリカ国民の歴史を語る際の焦点がイギリス系とアフリカーナーの和解にではなく、アフリカーナーとされた人々だけが経験した苦難に絞られる中で、忘却に対する危機感をキリー・キャンベルが強く抱いていたことは疑いを得ない。アフリカーナー・ナショナリズムの興隆と国民党政権の成立という歴史の波にさらわれて、イギリス系入植者の歴史は忘却の淵へと運ばれてしまう。その様なキャンベルの焦燥感はこの時期の彼女の手紙によく表れている。彼女はあるアフリカーナーの知人への手紙の中で、次のように心中を告白する。「あなたは、南アフリカの歴史においてイギリス系南アフリカ人が果たした役割に関心を持つ、私の知る本当に数少ないアフリカーナーの南アフリカ人の一人です。私は、私たち（イギリス系）もあなたと同じくらい真正な南アフリカ人なのだということを心からアフリカーナーの南アフリカ人にわかってもらえないということを常に悲しく感じてきました」[67]。またアフリカーナー・ナショナリズムの波は彼女が高く評価していたピーターマリッツバーグのフォールトレッカー博物館にも押し寄せる。キャンベルは、同館が最初期のイギリス系入植者の記録の展示を取りやめたことに対して、現在の風潮は南アフリカの歴史をアフリカーナーの歴史と同一視し、イギリス系入植者の歴史を排除していると批判を加える。[68]

しかし、キリー・キャンベルは、フォールトレッカーによる国家建設を中心とする歴史観に対抗的な歴史を提示する、あるいはそのために史資料を収集するという方向には向かわなかった。むしろ彼女はアフリカーナ・ナショナリズムと同じ土俵に立った上で、イギリス系入植者の国家建設への貢献を認知させるために尽力するようになったのである。その背景には何があったのだろうか。レズリー・ウィッツ (Leslie Witz) は一九四九年のフォールトレッカーの創立記念祭においては、前年の選挙での国民党の勝利が薄氷を踏むものであっただけに、イギリス系白人も含め白人としての一体感を醸成するということにも重きが置かれていたと述べる。例えば、基調講演者の一人として呼ばれたイギリス系の裁判官トムソン (J. C. Newton Thompson) は、イギリス系とアフリカーナーという二つの民族は、本来ともにヨーロッパ文明の末裔であり、南アフリカ国民を白人共同体としてみなすことも可能であると論ずるのである(69)。

このような状況を背景に、キャンベルは国民党政権の成立を主要なきっかけとして、南アフリカの歴史に関わる活動を進める際に、入植者社会の形成という記憶を求めアフリカーナーとイギリス系との共有すべき過去を築くという観点から、入植者社会の形成にイギリス系入植者の果たした役割を顕彰することへと活動の重点を移す。そして、彼女のこの関心の移行がよく表れている事例が、一九四九年五月に開催されたナタール植民百周年祭である。キャンベルはナタール植民地の最初期の入植者であるバーン入植 (Byrne Settlers) の顕彰を目的とした、この記念祭に組織委員会の一員として関わった。この記念祭のために、彼女は「すべての時間をナタール百周年記念祭のための素材を集め、入植者の多くの子孫に接触するために費やす」ほど尽力した(70)。また、キリー・キャンベルは、この記念祭においてイギリス系入植者の辛苦をフォールトレッカーに劣らぬものとして提示したいという意図を持っていたのだ。例えば、記念祭準備のための会合で、キャンベルは、イギリス系入植者が果たした役割を記念する郵便切手を連邦政府が発行するように依頼することを検討しようと発言している(71)。ダーバンで開催された入植以来の発展の歴史を描くページェントには、キャンベル兄妹も参加し、初期入植者の衣装に身を包んだ二人の写真が残っている(72)。

イギリス系入植者を顕彰することがキャンベルの主要な関心となる中で、史料の語り方にも変化が見られる。フォールトレッカーの記念映画を作成したいと語る映画監督には、イギリス系入植者が果たした役割を強調する。彼女は、フォールトレッカーの功績を尊重するとしながらも、「イギリス系入植者が南アフリカという国を造り上げる中で果たした偉大な役割に関して、感謝されたり、理解を示されるということが未だかつてなかった」と不満を漏らす。そして、キャンベルは記憶に留められるべきイギリス系入植者の歴史を列挙する。例えば、「フォールトレッカーよりずっと以前に（フランシス・）フィンは商人たちとナタールに来ているし、一八二〇年の入植者や、私たちが来月その百周年を祝うことになるイギリスからの大量の入植がある。（中略）これらの入植者たちは、フォールトレッカー以上の辛苦を舐めてきたのである」[73]。

この手紙において、フォールトレッカーは、荒野を移動し、社会を一から造っていくという共感すべき存在としてではなく、比較の基準として挙げられる。フォールトレッカーが崇拝の対象となるのであれば、彼ら以前の白人冒険家・商人は当然その功績が認められるべきである。これが、キャンベルがその出版に尽力したナタール地誌の最も古い記録である、ヘンリー・フィン（Henry Francis Fynn）の日記の価値を主張する際の論拠である[74]。

イギリス系入植者とその子孫に関する史料収集それ自体は、キャンベルが収集活動を始めた当初から行っていたことである。しかし、国民党政権成立後にキャンベルが、イギリス系入植者の史料収集に尽力した際に特徴的であるのは、単に収集する史料の量が増えたということではなく、収集物がアフリカーナー・ナショナリズムと緊張関係を持つ、それまでとは異なる位相に位置付けられることになったという点である。南アフリカ戦争中の祖父の日記を寄贈したイギリス系の人物にキャンベルは日記の史料的意義に触れつつ、感謝の返事を書く。彼女は「イギリスがボーア戦争を始めたという点が強調されすぎていて、人々は最後通牒を突きつけたのはトランスヴァールだということに気が付かない」と嘆く。そして、彼女は、アフリカーナーの軍隊がナタールに侵攻した際の経験を記したこの日記の重要性を「後年より多くの歴史がボーア戦争について書かれる時に、あなたが送ってくれたこのような資料が研究調査において最も価値のあるものとなるでしょう」と指摘する。(75) エゼル・キャンベルは、戦争中に流された血と涙から一つの国民が現れると詠った。しかし、この時点のキャンベルにとって南アフリカ戦争は未だに南アフリカに住む人々を分かつものであり、そしてその記憶はアフリカーナーの苦難にのみ集約されてはならなかったのだ。(76)

イギリス系入植者の顕彰を目指すキャンベルの活動は、百周年記念祭にとどまらなかった。イギリス系南アフリカ人ジャーナリスト、ジョン・ボンド（John Bond）が執筆した「南アフリカ建国を助けた人々：イギリス系の貢献（Men Who Helped to Make South Africa: the English-speaking Contribution）」というタイトルのパンフレットを広めようとする彼女の活動からは、その南アフリカ国家建設への貢献を顕彰することによってイギリス系を南アフリカの正当な市民として認識させるというキャンベルの意図が強く感じられる。イギリス系探検家や入植者、著名な宣教師や企業家を素描するこのパンフレットは、アフリカーナーに先行する入植者としてイギリス系を提示し、イギリス系の国家建設に果たした役割を強調する。同書を知人・友人に勧めることで、キャンベルは国民党政権の下でアフリカーナー・ナショナリズムを受け入れることと南アフリカ人であることが同一視される風潮の中で、イギリス系入植者の記憶を保とうと尽力したのである。

ボンドはパンフレットを次のように締めくくる。「イギリス系南アフリカ人にとって過去の教訓は明白である。ビジネスに引きこもるのではなく、この国の自由と秩序、名声を気にかける多くのアフリカーナーの同胞と連帯し、幅広く社会へ奉仕し、政治的に活動をすることで、この国の公的生活を現在脅かす危険な退行を止めることができるのである(77)」。

キリー・キャンベルもこの危機感を共有し、私生活に引きこもることなく政治的活動を開始する。キャンベルにとって、それは国民党による憲法改正への反対運動であった。「白人と有色人の完全な分離」を掲げる国民党にとって、ケープ州が連邦成立以前から維持しているカラードと呼ばれる混血の人々の投票権（ただし男性のみ）を剥奪することは長年の目標であり、国民党政権後この公約を実施するために法案を提出したのである。しかし、違憲であるとの理由で上院の反対投票が上回り、廃案の憂き目を見た同党は、戦略を変え上院の議員数を増やし憲法を改正することでこの目的を達成しようとした。国民党にとって一九一〇年制定の憲法を変更することはカラードの投票権を奪うだけでなく、イギリス支配からの独立という象徴的意味を持つものであった。同党は、連邦成立時の憲法がイギリス議会の承認を得て発布されたことを問題視していた。それゆえに、この問題はイギリス系とアフリカーナーの間に楔を打ち込む争点だったのである[78]。

一九五五年にケープ州におけるカラードの投票権を奪うことを目指す政府の動きへの反対を目的として、ヨハネスブルクで結成されたのが冒頭で見たブラック・サッシュという団体である。ブラック・サッシュはすぐに各都市へと広がりを見せ、キャンベルもダーバン支部の立ち上げに参加し、友人・知人にも参加・協力を呼びかけるなど積極的な活動を展開した。キャンベルは五五年の手紙において彼女の時間の大半をブラック・サッシュの活動に割いていると述べている[79]。ブラック・サッシュの活動それ自体は、イギリス系白人のリベラリズムの伝統を保持するものだ。しかし、ダーバンの位置するナタール州にはカラード系の住民はほとんど住んでおらず、実際には彼女の活動は理念的な動機、とりわけ彼女の両親がその成立に尽力した一九一〇年連邦成立時の憲法が、アフリカーナーを中心とする国民党政権によって変更されることへの反対という側面が強い。

アフリカ人の伝統文化への関心

イギリス系入植者の南アフリカへの貢献の歴史を顕彰するジョン・ボンドのパンフレットには、同時に典型的な形で入植者コロニアリズムが見られる。すなわち、入植者がいなければ南アフリカという土地は停滞したままであり、入植者の尽力によって初めて発展するというのである。それでは、このような見方をキリー・キャンベルも共有していたのだろうか。以下では簡単にキャンベルとアフリカ人社会・歴史との関わりについて触れておきたい。

一九四五年に *Africana Notes and News* に発表した自身のコレクションを紹介した記事において、彼女は自身が収集したアフリカ人に関する書物及び伝統工芸品を最終的にはナタール大学のバンツー研究科（Bantu Studies）に寄贈し、アフリカ人に関する研究を推進することを目的としていると述べている。しかし、アフリカ人に関する知を形成することは、単に学術的な目的にとどまるものではなく、統治と密接に結びついたものであった。様々な研究ですでに述べられているように、南アフリカにおいて人類学的知識は、白人入植者の社会とアフリカ人の社会を分離し、別々の法体系で統治する際の根拠として利用されていったのである[80]。そしてキリー・キャンベルの周囲に集った人々の多くもアフリカ人統治行政に携わった人々であった。その中には、キャンベルが主催したズールー歴史コンテストにおいて審査員を務めたナタール州原住民主任教育視学官ダニエル・マック・マルコム（Daniel Mck. Malcolm）や、キャンベルが収集したズールー語の頌歌を英語に翻訳した原住民弁務官ハリー・ラグ（Harry Lugg）など関わりの深い人物もいる。キリー・キャンベルの書物の収集も、ナタール大学のバンツー学科を立ち上げ、そこに寄贈する目的があったためであろう[81]、一九五五年には書籍の三分の二はアフリカ人に関するものであると述べるまでに至っている。

キリー・キャンベルはアフリカ人に関する資料収集の目的は、彼らにふさわしい来歴を与えることであると述べる[82]。アフリカ人にとってふさわしい来歴（rightful background）とは曖昧な物言いではあるが、それは同時にイギリス系白人、特に知識層のアフリカ人統治政策への紆余曲折した関わり方を仄見せるものでもある。デュボウは、白人リベラルの態度の変遷を、一九二〇年代末に、それまで理論的な面で政府の人種隔離政策を裏書してきたイギリス系知識人の間に政府の政策に対する反発・幻滅が見られるようになったと指摘する。

一九二四年に労働者を支持層とするナショナリスト党が選挙に勝利し、ヘルツォーク内閣が成立した。南アフリカ戦争中にはアフリカーナーの軍人として戦ったヘルツォークに対して、イギリス系知識人の間では成立当初イギリス系が政権ブレインとして引き続き起用されたこともあり、支持が見られた。しかしデュボウが指摘するところでは、二七年ごろからヘルツォーク政権のアフリカ人統治政策に対して反対に回る人々が多くなっていった。この転換を象徴的に示すのがエドガー・ブルックス（Edgar Brookes）の存在だろう。一九二四年には、人種隔離政策への支持を骨子とした原住民政策の歴史をまとめ出版したブルックスであるが、ヘルツォーク内閣のもとで提案されたアフリカ人統治に関する法案には反対の姿勢を見せるようになる[83]。そしてアパルトヘイト体制成立後は、アフリカ人の利益を代表する白人議員として立候補し、国民党の擁立した対立候補を破って当選し、政治家としての道を歩むことになるのである。

しかし、その反対を表明する際の論理は、彼らが人種隔離政策を唱えた際の論拠を引きずっている。すなわちナショナリスト政権下で提示された政策では黒人を「その人種的特性に沿った形で発展」させることができなくなってしまうと反論するのである。例えば、リベラル派が結集した政治団体ジョイント・カウンシルズ（the Joint Councils）は、一九二七年のアフリカ人統治行政法に基づいてナタール原住民法を改定する法案が提示された際に、原住民法はそもそも固定的なものではなく、それをその当時の政権の要求に沿う形で定めることはできないと反論している[84]。

そして、このような政府の原住民政策に対峙する際の跛行的な論理が持つ曖昧さをキリー・キャンベルの収集活動も帯びていた。十九世紀末から二〇世紀初頭にかけてアフリカ人統治に関わる行政職についていたジェームズ・スチュワート（James Stuart）の残した資料を集めることに傾けた情熱はこの点で示唆的である。一九〇六年のアフリカ人首長バンバタが起こした植民地政府への反乱の後、入植者経済の浸透によるアフリカ社会の伝統的な生活の崩壊を感じたスチュワートは、より良い統治に役立てようと、ズールー人を中心に聞き取りを行い、その記録を残した。キリー・キャンベルはこの記録をアフリカ人の伝統的な生活を知るための貴重な資料と考え、スチュアートの未亡人を説得して買い取り、ズールー語の資料は先述のマルコムに翻訳を依頼し、図書館の利用者が活用できるようにした[85]。また先述のように彼女はズールー人学生を主な対象として作文コンテストを開催し、ズールー人にとって歴史的に重要な場所を調べて書くことを求めたのである。

このようなキリー・キャンベルのイギリス系入植者の伝統に結びつくリベラリズムに導かれた行動の極致がブラック・サッシュとしての活動である。ブラック・サッシュは、カラードの投票権を奪うことを目指す政府の動きに反対する運動として開始されたものの、メンバーには白人女性以外は含まず、当初は非白人のために運動をしてはいるが、非白人を変革の主体とは認めていなかったのである[86]。

最後に本稿の最初に提示した問いに立ち返ろう。アフリカーナーとの協調とブラック・サッシュとしての活動がキリー・キャンベルという一人の女性の人生の中に見られること、それは二〇世紀前半の南アフリカを背景として彼女が歩んできた収集家としての道のりを端的に示すものである。彼女が収集活動を始めた当初はアフリカーナーとの協調の可能性が広く信じられていた時代であった。しかし国民党政権が成立し、アフリカーナー・ナショナリズムを信奉することと南アフリカ人であることを同一視する圧力が強まる中で、彼女はイギリス系入植者の歴史を顕彰し、その伝統を保持することに重点を置くことになる。その変化がよく表れているのが、一九四九年のイギリス系入植者百年祭とブラック・サッシュとしての活動であったのだ。

確かにキリー・キャンベルの収集家としての生涯はこのようにまとめることができる。しかし、彼女の収集活動が政治的背景の揺れによって焦点を変化させてきたことは、総体としてのコレクションにどのような影響を与えたのだろうか。この点を最後に考えたい。

おわりに

本稿は過去を保存し、意味づけ、記憶することで、南アフリカが進むべき道を指し示そうとしてきた一人の女性の人生を語ってきた。彼女自身はブラック・サッシュとしての活動を除けば政治的な発言をすることもなく、穏やかに暮らしてきたと言える。彼女の生において特徴的であるのは、過去を通して自己を造形する、そのあり方である。収集家としての彼女の歩みはそれまで生きてきた死者たちの連なりに自分を位置づけ、そうすることによって特定の観点から過去を照らし、照射された過去を他者へ提示し、願わくば共有する、このような一連の過程で成り立っていた。

この点は、本稿が依拠してきたキャンベルのスクラップブックから強く感じることができる。彼女が関心を持った記事と、彼女自身の投書や、彼女と親族を取り上げた記事を切り貼りしたスクラップブックには、彼女の過去を保存することに情熱をかけてきた人生がまとめられている。[87] このスクラップブックを繙いて感じるのは、過去を保存することとそれ自体が彼女の目的となっていったのであり、守護者として生きていくという一貫した姿勢である。しかし、過去を保存することは、ただ過去に関わるモノや書物を集めるというだけで完結するわけではない。彼女が収集家としての人生を語る上でガビンズなど他の収集家からの影響と彼らから受けた評価を重視していること、また彼女が自身のコレクションを見てもらうために頻繁に人を招待していることからも分かるように、その活動は記憶する価値があると彼女が認めたものを他者が共有し、また彼女が集めたものを利用することを想定したものであった。キリー・キャンベルの書物収集が、溜め込むことではなく知識を広げていくことに重点を置いていたことは、彼女が文献を目録に整理することに力を入れていたことからも分かる。[88]

それゆえ、キャンベルの図書館を利用することは、彼女の構築した過去の秩序に分け入ることなのだ。そして、その秩序は、メンデルスゾーンの文献目録の秩序とは異なり、確固としたものではない。時代に翻弄された彼女の収集活動には対象の意味づけに揺れが見られる。それは彼女が収集家としての人生を歩む上で、他者を通して自己を表現せざるをえない、他者の事績を編むことによって自身を社会の中に位置付けざるを得ない立場にいたからでもある。[89]

しかしそれゆえにこそキリー・キャンベルの図書館は、体制の転換によって過去の悪しき遺産となることなく、現在においても新しい歴史叙述を生み出す可能性を秘めた場となる弾力性を備えることとなった。[90]キャンベルの図書館に入り、彼女の集めた資料を利用し過去を知ろうとすること、それは彼女が収集物に込めた意味をなぞるとともにそれに反発し、裏をかき、新たな可能性を引き出していく、その対話の舞台に立つことなのだろう。[91]

謝辞

本稿を書くにあたり、助言をいただいた、あるいは史料収集を手伝っていただいた方々に感謝申し上げます。特に関西大学の北川勝彦先生とキリー・キャンベル図書館元司書のボビー・エルドリッジ（Bobby Eldridge）氏には一方ならぬお世話になりました。お名前を挙げて感謝の意を示させていただきます。

注

（1）例えば、キャンベルは自身のコレクションについての講演を「南アフリカの本について総体として話すのは不可能な課題であるので、今日はパンフレット、抜粋、雑誌について話そうと思います」と断りを入れて始める。Killie Campbell, “No. II What’s in My Africana Collection,” n.d. KCM9583b, file 59a, Killie Campbell Papers, Killie Campbell Africana Library, Campbell Collections, University of KwaZulu-Natal.（以下、KCP, KCAL と省略）。また、アフリカナ収集家向けの雑誌で、自分のコレクションを紹介する際にも、私蔵されている南アフリカのアフリカナ・コレクションについて書くことは、素晴らしい考えだと思うが、「自分のものを書くとなると気後れする」との但し書から始めている。Killie Campbell, "My Africana Collection," *Africana Notes and News*, v.2 1945, 119.

（2）Susan M. Pearce, *On Collecting: An Investigation into Collecting in the European Tradition* (London: Routledge, 1995), 4.

（3）アフリカーナーは、オランダ語のクレオールである、アフリカーンス語を母語とする「白人」の名称である。アフリカーナーの歴史、及び南アフリカ社会における「白人」の形成の歴史は複雑であるが、さしあたり、永原陽子「「白」と「茶色」の間」藤川隆男編『白人とは何か？』（刀水書房、二〇〇五年）を参照。

（4）"Voortrekker's Day: Call for Unity," *Natal Mercury*, September 13, 1949, in File 8a newspaper clippings, KCP, KCAL. 以下、新聞記事からの参照・引用は全てキャンベル自身が作成したスクラップブックに保存された記事を利用している。

（5）"Black Sash Vigil in Durban," *Natal Witness*, September 17, 1955, in File 8a newspaper clippings, KCP, KCAL. ダーバンの政治家であり、一九一〇年の連邦成立後は上議院議員を務めた父のマーシャルは、ナタール州において憲法の批准の説得に努めた。David Herd, *Killie's Africa: the Achievements of Dr. Killie Campbell* (Pietermaritzburg: Blue Crane Books,1982), 119.

（6）そのような修飾語としては、例えば、「南アフリカの／South African」、「ナタールの／Natal」、「イギリス系の／British, English Speaking」、「白人の／White」、入植者の／Settler」、そして「女性の／Woman」が挙げられるだろう。

（7）本論文の主題は、キリー・キャンベルという個人を通してみたアーカイブズ構築の歴史にある。それゆえ、アパルトヘイト体制と国家機関としてのアーカイブズの関係という重要な点に触れることができなかった。この点に関しては、特に民主化後南アフリカにおけるアーカイブズの再構築という観点から、Verne Harris, *Archives and Justice: A South African Perspective* (Chicago: Society of American Archivists, 2007)、及びジャック・デリダを南アフリカに迎えたセミナーの記録であり、アーカイブズについての理論的な論考を収録する Carolyn Hamilton et al., *Refiguring the Archive* (Dordrecht: Springer Science+Business Media, 2002) が議論している。また南アフリカも含め、英語圏における近年のアーカイブズに関する研究動向の整理としては、Elizabeth Yale, "The History of Archives: The State of the Discipline," *Book History*, 18 (2015): 332-59. を参照した。

（8）Killie Campbell, "A Collector of South Africana: Miss Killie Campbell and Her Hobby," *South Africa: A Weekly Journal for all in-*

terested in South African Affairs, May 27, 1939, 247.

（9） Herd, *Killie's Africa*, 42.

（10） Campbell, "A Collector of South Africana," 247.

（11） Herd, *Killie's Africa*, 29-32. ドンのコレクションは、彼の死後、妻によってダーバン市立図書館に寄贈され、現在もドン記念図書館として保存されている。ドンの生涯と、彼のコレクションについては、Ester Roberts, "Don Memorial Library," *Lantern*, September, 1966, 28-39. を参照。

（12） Herd, *Killie's Africa*, 29-32.

（13） Campbell, "A Collector for South Africana," 247.

（14） Herd, Killie's Africa, 55; ""Fynn Papers" come back to Durban," *Natal Mercury*, October 10, 1946. 及び本稿第三節を参照。なおキャンベル図書館の主要所蔵史料に関しては、本稿末尾の表1を参照。

（15） Herd, *Killie's Africa*, 64.

（16） "Historic Relics of Natal: Miss K. Campbell's Plea," *Natal Advertiser*, October 29, 1935 in File 8 newspaper clippings, KCP, KCAL.. キリー・キャンベルが紙誌上で、史料収集と保存を訴えた例、あるいは彼女の講演が取り上げられた例は多い。例えば、Killie Campbell, "Forgotten Days. Work of S.A.N.S. Miss. Campbell's Appeal" Natal Advertiser, 1934 n.d. また特定の史料に関して、情報提供を呼びかけた記事もある。例えば、Killie Campbell, "Lost Bit of Old Durban," *Natal Mercury*, August 19, 1952 では、写真に写った場所の特定のための情報提供を呼びかけている。

（17） Killie Campbell, "Collection of Africana," *Natal Mercury* n.d.（一冊目のスクラップブックの四三ページに貼りつけられた本記事の発行日は不明だが、内容からおそらく、三七年初頭と推測される）File 8, Newspaper Clipping 43KCP, KAL. キャンベルが言及しているボウルズのアピールは C. W. Bowles, "History Appeal," *Natal Mercury*, December 29, 1936.

（18） Campbell, "Collection of Africana," File 8, Newspaper Clipping 43KCP, KAL.

（19） 例えば、F. N. Broome to Killie Campbell. January 4, 1956. KCM6527, File 32, KCP, KCAL. を参照。彼は南アフリカ戦争中の祖父の日記をキャンベルに寄贈している。

（20） A. Wagner to Killie Campbell, May 2, 1948, KCM4841, file 16, KCP, KCAL.

（21） Campbell, "Collection of Africana," File 8, Newspaper Clipping 43KCP, KAL.

(22) Killie Campbell to Reverend G. D. Schneider, October 4, 1955, KCM6420, File31, KCP, KCAL.

(23) Tim Couzens, *The New African: A Study of the Life and Work of H.I.E. Dhlomo* (Johannesburg: Raven Press, 1985), 296. ディロモのエッセイに関しては、H. I. E. Dhlomo, "Zulu History and Culture," n.d. file 1 Dhlomo Papers, KCAL を参照。

(24) 書籍の購入を持ちかけてきた人に対してキャンベルは「宝物を得るためにお金を使いすぎたかもしれません」と書いている。Killie Campbell to Mrs. Burkes, February 28, 1949, KCM4946, KCP, KCAL.

(25) Herd, *Killie's Africa*, 87. 同委員会に関しては、Andrew Hall and Ashley Lillie, "The National Monuments Council and a Policy for Providing Protection for the Cultural and Environmental Heritage," *South African Historical Journal* 29(Nov. 1993):102-117 を参照。

(26) Campbell, "My Africana Collection"

(27) Killie Campbell, "Historical Places," *Natal Mercury*, December 3, 1936.

(28) "Bantu Historical Records: Prizes Offered for Essays," *Native Teachers' Journal* 21, no. 3 (1942) :151.

(29) Herd, *Killie's Africa,* 124-6.

(30) ウィリアム・キャンベル博物館設立のためのキリー・キャンベルによる家具収集の活動に関して、Killie Campbell to Mrs. Clark, December 8, 1956, KCM6507; Killie Campbell to J.G. Allsopp, October 12, 1955, KCM6514 file 31, KCP, KCAL.

(31) "Africana, n. Originally: †African studies (obs.). Subsequently: books, artefacts, and other collectors' items connected with Africa, especially southern Africa." オンライン版（アクセス日　二〇一六年八月二六日）

(32) D. H. Varley, *Adventures in Africana* (Cape Town: University of Cape Town and the Trustees of the South African Library, 1949), 5.

(33) 例文はそれぞれ、"1903　I. Bud-M'Belle *Kafir Scholar's Compan*. Pref. p. xxii,　Mr. Sidney Mendelssohn, a well-known collector of Africana". 及び "1949　L. G. Green In Land of Afternoon vi. 78　Greatest of all Africana collectors was Sidney Mendelssohn". である。

(34) Frank R. Bradlow, "Sidney Mendelssohn and his Collection," *Jewish Affairs*, May 1965, 12-13; Frank R. Bradlow, *African Books & Pictures; A Selection of Published Papers* (Cape Town: A. A. Balkema, 1975), 27; Evans Lewin, "the Mendelssohn Library and Bibliography," *Africana Notes and News* 3 (1946): 101-102.

(35) Denis Godfrey, *The Enchanted Door: A Discourse on Africana Book-collecting, with Notes on Famous Collectors, Collections and Books* (Cape Town: Howard Timmins, 1963), 45.

(36) Bradlow, *Africana Books & Pictures*, 4.

(37) C. R. Sawyer, "Collecting Africana," *African Affairs* 54, no. 217 (October 1955): 316.

(38) R. F. Kennedy, "Not in Mendelssohn," *Africana Notes and News* 4 (1947): 1.

(39) J. C. N. Humphreys, "JACOB BREYNE,"n.d. J. C. N. Humphreys Paper A2201, D.1.3. Index to the Blue Books, list of maps, notes on Botanical books kept by Mr. Humphreys, University of the Witwatersrand Department of Historical Papers. この他にもメンデルスゾーンへの言及は、ハンフレーが自身のコレクションを記述したノートや目録の多くに見られる。

(40) Stephan Weltz, "Africana at Auction," *Bibliophilia Africana* 5 (1986): 192-193.

(41) 文献・書物の集合が価値体系を持つ秩序を形成するという観点に関しては、ロジェ・シャルチエ（長谷川輝夫訳）「幻想の図書館」『書物の秩序』（文化科学高等研究院出版局、一九九三年）を参照。

(42) このような読み方を示唆するものとして、Evans Lewin, "The Mendelssohn Library and Bibliography," *Africana Notes and News* 3 (1946): 104.

(43) Sidney Mendelssohn, *South African Bibliography Volume One* (London: The Holland Press, 1957 org.1910), 1006.

(44) Mendelssohn, *Bibliography Volume One*, X.

(45) Saul Dubow, *A Commonwealth of Knowledge: Science, Sensibility, and White South Africa 1820-2000* (Oxford: Oxford University Press, 2006), 162-5.

(46) 例えば、キャンベルは、著名な絵画収集家ウィリアム・ファー (William Fehr) とアフリカナについて手紙をやり取りしている。手紙の内容は、最近入手したもの、手に入れたいと長年考えていたもの、偶然見つけたがもしかしたら相手が欲しいと思うかもしれないものなど、多岐にわたる。Killie Campbell to William Fehr, May 11, 1956; William Fehr to Killie Campbell, June 28, 1956; William Fehr to Killie Campbell, July 31, 1956, KCM6627, KCP, KCAL. アフリカナ収集家向けの雑誌としては、Africana Museum（現 MuseumAfrica）が発行していた、*Africana Notes and News* を参照。また主に書物の収集家に限定されてはいるが、南アフリカ図書館主催の会合の記録、*Bibliophila Africana* も参照。

(47) Campbell, "A Collector of South Africana," 247.

（48） Sara Byala, *A Place That Matters Yet: John Gubbins's MuseumAfrica in the Postcolonial World* (Chicago: University of Chicago Press, 2013), chaps 1 and 2.

（49） Denis Godfrey, "A Schoolboy's First Visit to Dr. Gubbins," *Sunday Chronicle* May 2, 1965, John Gubbins Papers, A1479, Press Material, File 7, University of the Witwatersrand Department of Historical Papers.

（50） " Collector's notebook by Denis Godfrey. A Schoolboy's First Visit to Dr. Gubbins," *Sunday Chronicle* May 2n, 1965, John Gaspard Gubbins Papers, A1479 File 7, Press Material, University of the Witwatersrand Department of Historical Papers.

（51） さらに、アフリカ人に関する収集品はその後ニュータウンにある旧市場に移され、ガビンズのコレクションは分離して展示されることとなる。Byala, Place that Matters Yet, 119-120. ただし、イギリスからの入植者に起源を持つ国家においては、博物館が一方で入植者の歴史の進展を、他方で保存すべき消滅しかけた「原住民」の文化及び伝統的生活を空間を分けて展示するという形態は広く見られる。この点に関しては、カナダ・南アフリカ・オーストラリア・ニュージーランドを対象にイギリス帝国内の博物館の比較史を展開した、John M. Mackenzie, *Museums and Empire: Natural History, Human Cultures and Colonial Identities* (Manchester: Manchester University Press, 2009) を参照。

（52） Killie Campbell to R. Gerard, November 14. ,1947. file 15, KCM4731, KCP, KCAL.

（53） G. Macdonald to Marshall Campbell, March 24, 1917, KCM32407, Marshall Campbell Papers, file 1, KCAL; "Competition open to Scholars now Visiting Natal from O.F.S.," n.d. Marshall Campbell Papers, file 2, KCAL.

（54） Campbell, "A Collector of South Africana," 247.

（55） "Historic Relics of Natal: Miss K. Campbell's Plea," *Natal Advertiser*, 29 Oct. 1935.

（56） 夜会でのスピーチ原稿である、Killie Campbell, "Charles Etienne Boniface" File59a, KCP, KCAL を参照。

（57） Herd, *Killie's Africa*, 78.

（58） Killie Campbell, "Relics Being Lost to Durban," *Natal Mercury*, n.d.

（59） Killie Campbell, "Two Incidents in Connection with the Life of Andries Pretorius," n.d. KCM10113b, File 59a KCP, KCAL.

（60） Herd, *Killie's Africa*, 83-5.

（61） Ethel Campbell, *"Die ou Pad"& Other Rhymes by Ethel Campbell,*（私家版）8-9. Die ou Pad は、アフリカーンス語で "The old road" の意味。原文は以下のとおりである。

Africa! Love of you/Builds up a nation true/Of Those Who Once were Two,/Briton and Boer. // In our wars, long ago/ Each knew a valiant foe. /From such do comrades grow/Stancher & Truer.//Now, from the blood & tears/ Shed Thro' The Troubled Years/ Union! A Race Appears /With soul secure.// Peace which was hard to find,/Love which was slow to bind./Now in their strength entwined,/Making more sure.//God bless our native land!/Countrymen! May we stand/ Staunch in heart, hand in hand, /Strong to endure. // Two peoples, by God's Grace,/ Merged in a Mighty Race./ Welded, We take Our Place,/ One Ever More !

(62) Isabel Hofmeyr, "Building a nation from words: Afrikaans language, literature and ethnic identity, 1902-1924," in *The Politics of Race, Class & Nationalism in Twentieth Century South Africa*, eds. Shula Marks and Stanley Trapido (London: Longman, 1987).

(63) Herd, *Killie's Africa*, 84-5. イギリス系白人が抱いていた、イギリス支配への対抗としてのアフリカーナーの歴史という表象への忌避感に関しては、Lesilie Witz, *Apartheid's Festival: Contesting South Africa's National Past* (Bllomington: Indiana University Press, 2003), 98 を参照。

(64) "Inspiring Show," *Natal Mercury*, December 15, 1950.

(65) ピエール・ノラ（谷川稔訳）「序論」『記憶の場――フランス国民意識の文化＝社会史〈第1巻〉対立』（岩波書店、二〇〇二年）、三七。

(66) Hermann Giliomee, *The Afrikaners: Biography of A People* (University of Virginia Press, 2009), 492-4. イギリス系白人が感じた不安については、Lambert, John. "'An unknown People': Reconstructing British South African Identity," *Journal of Imperial and Commonwealth History*, 37 no. 4 (2009): 599-617.

(67) Killie Campbell to Mr. Groenewald June 8, 1950, KCM5142, file 19, KCP, KCAL.

(68) Killie Campbell, "Honouring Settlers," *Natal Mercury*, June 24, 1957.

(69) Witz, *Apartheid's Festival*, 97.

(70) Killie Campbell to Dr. Cawston, November 28, 1948. KCM4901, file 17, KCP, KCAL.

(71) Centenary of the First Organised Settlement of the Colony of Natal:1849-1949, "Report of a Meeting Held in the Office of the Administrator, Colonial Buildings, Pietermaritzburg, on Friday, 9th, April, 1948," file 16 KCM4829, KCP, KCAL.

(72) ダーバンのページェントは二八日に開催された。当日のプログラム及び山車については、Natal Centenary Committee, *Natal Settlers Centenary, 1849-1949: Official Souvenir Programme* (Pietermaritzburg : Natal Centenary Committee, 1949) を

参照。ページェントに参加したキャンベル家及び知人、会社従業員の写真は、以下のアルバムを参照。“Record of Centenary Celebrations Natal Setlers, 1849-1949,” B13/001-019, L9548, KCAL.

(73) Killie Campbell to Alexander Korda, April 21, 1949. KCM4969, file 18, KCP, KCAL.

(74) Killie Campbell to Alexander Korda, April 21, 1949. KCM4969, file 18, KCP, KCAL.

(75) Killie Campbell to F.N. Broome. January 9, 1956. KCM6527, File 32, KCP, KCAL.

(76) ただし、南アフリカ戦争をイギリスとアフリカーナーという白人間の対立とのみ捉える認識には、戦争中に黒人(アフリカ人や、カラード、インド人)がどのように巻き込まれたのかという視点が欠けている。この点に関しては、井野瀬久美惠「アングロ・ボーア戦争勃発一〇〇周年記念国際会議に参加して」『歴史学研究』七四一号(二〇〇〇年一〇月):五七―六〇を参照。

(77) John Bond, *Men Who Helped to Make South Africa: The English-speaking Contribution* (Johannesburg: n.d., ca.1955.), 21.

(78) Cherry Michelman, *The Black Sash of South Africa: A Case Study in Liberalism* (London: Oxford University Press, 1975), 39.

(79) ブラック・サッシュの活動に関しては、上窪一世「ブラック・サッシュの自己認識と外部からの認識――認識と社会の関係(一)」工学院大学共通課程研究論叢、二〇一一年、四八巻二号:二一―三四を参照。

(80) Saul Dubow, *Racial Segregation and the Origins of Apartheid in South Africa* (London: Macmillan, 1987), 29-39; Mahmood Mamdani, Citizen and Subject: Contemporary Africa and the Legacy of Late Colonialism (Princeton: Princeton University Press, 1996).

(81) 実際にはアフリカ研究科(Department of African Studies)という名称で一九四六年に設立され、キャンベルの友人マルコムが原住民教育主任視学官を退任後、講師として就任した。また、キャンベルは同研究科に多額の寄付をしている。E. H. Brookes, *A History of the University of Natal* (Pietermaritzburg: University of Natal Press, 1966), 148.

(82) Killie Campbell to Kemack, February 8, 1955, KCM6212, file 29, KCP, KCAL.

(83) Dubow, *Segregation*, 45-50.

(84) J. D. Rheinallt Jones, “Joint Council's Criticism of Native Law Draft,” 27 June, 1932, J. D. Rheinallt Jones Papers A394, C9a, Natal Code of Native Law, University of the Witwatersrand Department of Historical Papers. ジョイント・カウンシルズについては、Paul B. Rich, *White Power and the Liberal Conscience: Radical Segregation and South African Liberalism, 1921-60* (Manchester:

Manchester University Press, 1984), chap 1 を参照。
(85) ジェームズ・スチュワートの聞き取りと、その記録の刊行については、John Wright, "Making the James Stuart Archive," *History in Africa* 23 (1996): 333-50、及び Carolyn Hamilton, "Backstory, Biography, and the Life of the James Stuart Archive," *History in Africa* 38 (2011): 319-41 を参照。収集された記録は、以下の六巻に及ぶ資料集として刊行されている。Colin de B. Webb and John B. Wright, eds., The James Stuart Archive of Recorded Oral Evidence Relating to the History of the Zulu and Neighbouring Peoples, 6 vols. (Pietermaritzburg: University of Natal Press, 1976-2014).
(86) ただし、ブラック・サッシュ自体は、その後憲法に関する争点からパス法への反対など実際の統治に関わる活動を行い、黒人の運動団体との連帯を模索するようになっていく。Michelman, *The Black Sash*, 80-3.
(87) スクラップブックは二冊存在する（File 8 and 8a, KCP, KCAL）。スクラップブックを作成することが、同時に自己を作り上げるという観点に関しては、Ellen Grubed Garvey, *Writing with Scissors: American Scarpbooks from the Civil War to the Harlem Renaissance* (Oxford: Oxford University Press, 2013). 特に女性参政権運動家を扱った、第五章を参照。
(88) キャンベルは研究者の問い合わせに応じて、自身の保有する資料を中心に文献目録を作成して返答していた。例えば、南アフリカにおけるアフリカ人の民話に関する文献を問い合わせた研究者に対する返答である Killie Campbell to Father Schneider, October 4, 1955, KCM6420, file 31, KCP, KCAL を参照。
(89) この点で、彼女が支援した画家バーバラ・ティレル（Barbara Tyrrell）との関係は示唆的である。ティレルに関しては、Herd, *Killie's Africa*, 105-111. を参照。
(90) 第二節で述べたガビンズ及びハンフレーの蔵書を保存する、ウィットワータースランド大学図書館司書ピーター・ダンカン（Peter Duncan）氏は、植民地主義と結びついたものとしてアフリカナ・コレクションが捉えられることによって、今後の政治情勢によっては今ある形でコレクションを維持することが難しくなるかもしれないと語る（二〇一六年三月三日聞き取り）。
(91) 本節の叙述の仕方は、Arlette Farge, *The Allure of the Archives*, trans. Thomas Scott-Railton (New Haven: Yale University Press, 2013 [1989]) を参照した。

寄贈・取得年	名称	内容
1912	Zulu Historical Competition	父マーシャルと開催した、アフリカ人学生を対象とした歴史エッセイ・コンテストの応募エッセイ
1935	Charles E. Boniface Papers	フォールトレッカーに同行したイギリス人劇作家・作曲家ボニフェイスの手紙・詩・楽譜など
1936	Colenso Family Papers	宣教師／主教 John Colenso とその娘 Harriet の手紙を中心としたコレクション
1942	Zulu Historical Competition	アフリカ人学生を対象とした歴史エッセイ・コンテストの応募エッセイ（ズールー人の歴史にとって大切な場所がテーマ）
1942	James Stuart Papers	ズールーランドの行政官、James Stuart がアフリカ人を対象に行ったインタビューの記録、ナタール大学出版局から 6 巻本で出版されている。
1942	Fynn Family Papers	探検家、ナタールの最初期の入植者 Henry Francis Fynn の日記・手紙など
1950	Zulu Historical Competition	アフリカ人学生を対象とした歴史エッセイ・コンテストの応募エッセイ
1955-1997	Black Sash Papers	キリー・キャンベルが活躍したナタール地域を中心とした Black Sash の記録

表 1：Killie Campbell Africana Library の主要な史料

出典：KCAL Manuscript Inventory (http://campbell.ukzn.ac.za/?q=ManuscriptView2) 及び、Killie Campell's Scarpbook, file 8KCP, KCAL をもとに筆者作成。ただし Inventory の閲覧には password の登録が必要。

執筆者紹介

渡辺尚志（わたなべ・たかし） 編者
1957年生まれ。東京大学大学院人文科学研究科博士課程単位取得退学。博士（文学）。一橋大学大学院社会学研究科教授。日本近世史専攻。『百姓の力』（柏書房、2008年、2015年にKADOKAWA〈角川ソフィア文庫〉より再刊）、『百姓たちの江戸時代』（筑摩書房〈ちくまプリマー新書〉、2009年）、『幕末維新期の名望家と地域社会』（同成社、2014年）。 ［担当］第1章

吉川紗里矢（きっかわ・さりや）
1988年生まれ。一橋大学大学院社会学研究科博士後期課程在籍。日本近世史専攻。「川路聖謨関係史料と川路寛堂」（大口勇次郎監修『勘定奉行・川路聖謨関係史料』ゆまに書房、2015年）、「老中の文書管理と幕府人事――『御覚之控』を中心に」（『書物・出版と社会変容』第20号、2016年）、「天保期老中における手留の伝達と文書管理――水野家・真田家を事例に」（渡辺尚志編『藩地域の村社会と藩政――信濃国松代藩地域の研究Ⅴ』岩田書院、近刊）。 ［担当］第2章

古畑侑亮（ふるはた・ゆうすけ）
1990年生まれ。一橋大学大学院社会学研究科博士後期課程在籍。日本近世史・思想史専攻。「幕末・明治における「好古家」の随筆受容――武蔵国の在村医小室元長の場合」（『書物・出版と社会変容』第20号、2016年）、「鎌原桐山『朝陽館漫筆』の基礎的研究――松代藩家中における記録の蒐集と継承」（渡辺尚志編『藩地域の村社会と藩政――信濃国松代藩地域の研究Ⅴ』岩田書院、近刊）。
［担当］第3章

長島祐基（ながしま・ゆうき）
1988年生まれ。一橋大学大学院社会学研究科博士後期課程在籍。総合社会学研究専攻。「都立多摩社会教育会館市民活動サービスコーナー資料とそのアーカイブズ化に関する考察」（国文学研究資料館紀要『アーカイブズ研究篇』第12号、2016年）。 ［担当］第4章

伴野文亮（ともの・ふみあき）
1989年生まれ。一橋大学大学院社会学研究科博士後期課程在籍。日本近現代史・思想史専攻。「金原明善の「偉人」化と近代日本社会――顕彰の背景とその受容」（『書物・出版と社会変容』第16号、2014年）、「越境する「偉人」金原明善――植民地支配における「偉人」の位置づけをめぐって」（『日韓相互認識』第6号、2015年）、「金原明善の天竜川治水構想と地域社会――近代移行期「名望家」の経済史的位置づけをめぐって」（渡辺尚志編『移行期の東海地域史』勉誠出版、2016年）。
［担当］第5章

関原正裕（せきはら・まさひろ）

1953年生まれ。一橋大学大学院社会学研究科博士後期課程在籍。埼玉県公立高校教員。日本近現代史専攻。「関東大震災時の朝鮮人虐殺事件、片柳村での事件と常泉寺の墓碑」（修士論文、2016年）、「竹島／独島問題をどうとらえるか」（日朝協会編『日本と韓国・朝鮮 平和と友好をめざして』学習の友社、2015年）、「今こそ、憲法教育を」（歴史教育者協議会編『歴史教育・社会科教育年報2013年版』三省堂、2013年）。 ［担当］第6章

新井　隆（あらい・りゅう）

1988年生まれ。一橋大学大学院社会学研究科博士後期課程在籍。日本学術振興会特別研究員（DC2）。太平洋諸島研究専攻。「グアムにおける戦争の記憶の表象――追悼・慰霊の場から考える」（『日本オセアニア学会ニューズレター』第111号、2015年）。 ［担当］第7章

上林朋広（かんばやし・ともひろ）

1986年生まれ。一橋大学大学院社会学研究科博士後期課程在籍。アメリカ合衆国・南アフリカ関係史専攻。「南アフリカにおけるアメリカ南部黒人教育の受容」（『歴史評論』第792号、2016年）。 ［担当］第8章

アーカイブズの現在・未来・可能性を考える
歴史研究と歴史教育の現場から

2016年12月30日　初版第1刷発行

編　者　渡辺尚志
発行所　一般財団法人　法政大学出版局
〒102-0071 東京都千代田区富士見 2-17-1
電話03(5214)5540 振替00160-6-95814
組版：HUP　印刷：平文社　製本：積信堂
装幀：竹中尚史

Printed in Japan
ISBN978-4-588-32133-7